Découvrez l'histoire par les archives de presse

RETRONEWS

Le site de presse de la BnF

www.retronews.fr

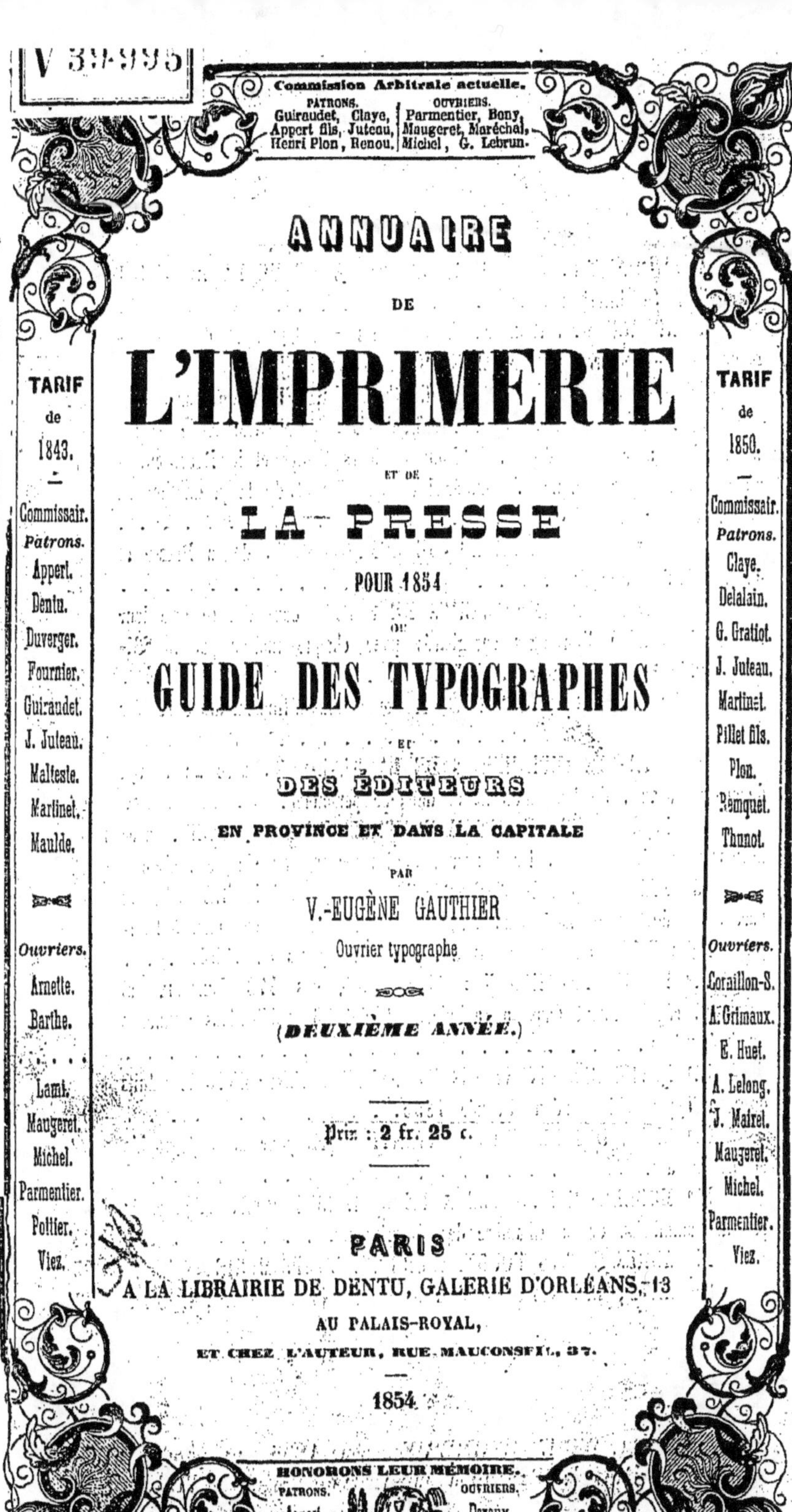

ANNUAIRE

DE

L'IMPRIMERIE

ET DE

LA PRESSE

POUR 1854

OU

GUIDE DES TYPOGRAPHES

ET

DES ÉDITEURS

EN PROVINCE ET DANS LA CAPITALE

PAR

V.-EUGÈNE GAUTHIER

Ouvrier typographe

(DEUXIÈME ANNÉE.)

Prix : **2 fr. 25** c.

PARIS

A LA LIBRAIRIE DE DENTU, GALERIE D'ORLÉANS, 13

AU PALAIS-ROYAL,

ET CHEZ L'AUTEUR, RUE MAUCONSEIL, 37.

1854

Dessin de la Presse universelle (Voir page 6).

SOMMAIRE DES MATIÈRES.

AVIS.

L'ANNUAIRE DE L'IMPRIMERIE, pour 1855, ne paraîtra qu'un mois après la clôture de l'Exposition universelle des Produits de l'industrie.

ANNUAIRE

DE

L'IMPRIMERIE ET DE LA PRESSE

POUR 1854

PAR

V.-EUGÈNE GAUTHIER,

Ouvrier typographe.

Le fleuron ci-dessus est gravé par Lacoste aîné, rue des Grands-Augustins, 20.

MINISTRE DE L'INTÉRIEUR,

M, le comte de PERSIGNY ✳.

DIRECTEUR DE LA SURETÉ GÉNÉRALE

(IMPRIMERIE, LIBRAIRIE, PRESSE, COLPORTAGE),

M. COLLET-MEYGRET ✳.

PREMIER BUREAU : Presse et Colportage.

M. PETIT, CHEF.

DEUXIÈME BUREAU : Imprimerie, Librairie, etc,

M. JUILLERAT, CHEF.

COMMISSAIRES DE L'IMPRIMERIE ET DE LA LIBRAIRIE

MM. GAILLARD ET PIRAS.

APERÇU GÉNÉRAL

ou

RÉSUMÉ DES STATISTIQUES ET DES RENSEIGNEMENTS.

D'après un relevé minutieux d'un savant statisticien, M. H. Say, les affaires commerciales de l'imprimerie parisienne atteignent le chiffre annuel de 15,247,211 fr., soit en moyenne pour chaque imprimerie 175,255 fr.

Sur ce nombre, 6 font pour 500,000 fr. d'affaires et plus.

        18 de 500,000 fr. à 200,000 fr.
        27 de 200,000 fr. à 100,000 fr.
        19 de 100,000 fr. à 50,000 fr.
        9 de 50,000 fr. à 25,000 fr.
        6 de 25,000 fr. à 10,000 fr.
        2 moins de 10,000 fr.

« Dans l'imprimerie, ajoute M. Horace Say (1), on trouve 95 ouvriers instruits sur 100; et, bien qu'il y ait un grand nombre de jeunes gens dans cette industrie, 89 sur 100 typographes ne logent pas en garni. On rencontre 54 ouvriers sur 100 placés convenablement, 66 ouvriers sur 100 se trouvent occupés, et 25 sur 100 sont dans de bonnes conditions d'existence. »

Ces chiffres, que nous relevons scrupuleusement parce qu'ils émanent d'une autorité sérieuse, démontrent que 25 ouvriers sur 100 seulement participent au bien-être avec de *bonnes conditions d'existence*; et le rapporteur ajoute : « que, malgré les habitudes de PARESSE et de DISSIPATION que font contracter aux typographes leurs longs chômages, il se trouve encore 80 ouvriers sur 100 qui ont une conduite régulière! »

Ces longs chômages se produisent principalement aux mois de juillet, août et septembre.

La reprise des affaires se fait ordinairement sentir en mars, novembre et décembre.

Cette année, nous avons dressé, en grande partie, notre statistique du personnel de l'imprimerie parisienne pendant ces deux derniers mois, afin de pouvoir établir les différences : elle nous a fait constater la présence de 138 ouvriers de plus en novembre et décembre qu'en janvier et février, soit 96 compositeurs, 14 imprimeurs, 13 correcteurs et 15 conducteurs.

Bref, voici les chiffres que nous avons recensés : 2,638 compositeurs, 761 imprimeurs, 179 correcteurs et 165 conducteurs de mécaniques, formant ensemble un personnel typographique de 3,743 employés.

Le nombre d'ouvriers inoccupés peut être évalué à 450.

---

(1) *Rapport de la Commission d'enquête de la Chambre de commerce de Paris.*

Celui des malades est d'environ 35.

Les cinq ateliers qui occupent le plus de monde sont : 1º l'Imprimerie impériale, 2º M. l'abbé Migne, 3º M. Paul Dupont, 4º M. Lahure, 5º M. Firmin Didot.

Les cinq imprimeries qui produisent le plus de labeurs ou plutôt d'ouvrages de librairie se placent dans cet ordre : M. Firmin Didot, M. Lahure, M. Claye, Mᵐᵉ Dondey-Dupré et M. Simon Raçon.

Les livres que M. Firmin Didot imprime au Méni n'étant distingués par aucun signe particulier d'avec ceux qu'il exécute à Paris, nous n'avons pu faire la part de l'un et de l'autre atelier, et nous avons été obligé d'énoncer par un seul chiffre cette double production.

Nous avons étendu nos détails jusqu'au matériel d'impression cette année.

Les sept maisons qui comptent le plus de mécaniques sont : 1º M. Dubuisson, 13; 2º M. Lahure, 12; 3º l'Imprimerie impériale, 11; 4º M. Dupont, 10; 5º MM. Chaix, Claye et Serrière, 9 chacun.

En France, l'imprimerie qui est la plus riche en mécaniques est celle de M. Alfred Mame et Cᵉ, à Tours : elle en possède 18, qui dévorent 300 rames de papier par jour.

Pour les presses manuelles, le classement s'opère de cette façon : l'Imprimerie impériale se place au premier rang, avec 107 presses, M. Paul Dupont au second avec 29; M. l'abbé Migne au troisième, avec 20, M. Plon en quatrième avec 17, M. Chaix en cinquième, avec 16.

Le nombre de presses recensé dans la capitale est de 558.

Celui des mécaniques est de 273.

L'ordre d'importance des premières imprimeries de France, pour les labeurs ou autrement les ouvrages de librairie, s'établit ainsi :

1º Firmin Didot, Paris.	8º Simon Raçon, Paris.	15º Gratiot, Paris.
2º Ch. Lahure, Paris.	9º Martinet, Paris.	16º Ardant, Limoges.
3º J. Claye, Paris.	10º Thunot, Paris.	17º Pélagaud, Lyon.
4º Jacquin, Fontainebleau	11º Périsse, Lyon.	18º Dépée, Sceaux.
5º Crété, Corbeil.	12º Bonaventure, Paris	19º Arbieu, Poissy.
6º Dondey-Dupré, Paris.	13º Imprimerie impériale.	20º Moussin, Coulommiers.
7º Mame, Tours.	14º Plon, Paris.	21º J. Delalain, Paris.

Paris a exécuté, cette année, 374 ouvrages d'idiomes divers, qui se répartissent ainsi : 20 labeurs allemands, 48 anglais, 87 espagnols, 64 grecs, 23 italiens, 125 latins, 1 persan et 6 portugais.

Les maisons qui ont une propension marquée pour certaines langues étrangères ou mortes, sont : MM. Claye, Guiraudet et Thunot pour l'allemand; MM. Lahure, Thunot et Bonaventure pour l'anglais; MM. Dubuisson, Walder et Simon Raçon pour l'espagnol; MM. Lahure, Delalain et Bonaventure pour le grec; MM. Gratiot et Claye pour l'italien, et MM. Firmin Didot, Lahure, Delalain et Bonaventure pour le latin.

Maintenant, agrandissons la sphère de nos déductions et laissons la parole aux chiffres de notre statistique générale de l'imprimerie, de la presse et de la librairie françaises.

D'abord, ces chiffres constatent l'existence en France de 1,037 imprimeries et de 1,115 journaux.

Les dix départements qui ont le plus d'imprimeries sont : la Seine, le Nord, la Seine-Inférieure, le Pas-de-Calais, l'Hérault, le Calvados, la Gironde, la Haute-Garonne, le Rhône et les Bouches-du-Rhône.

La moyenne des imprimeries par département est de 12.

Les dix départements qui comptent le plus de journaux sont : la Seine, la Haute-Garonne, le Nord, la Seine-Inférieure, la Gironde, le Pas-de-Calais, l'Hérault, la Loire-Inférieure, le Bas-Rhin et le Rhône.

La moyenne des journaux par département est de 13.

Les chiffres de cette statistique démontrent aussi que la capitale fait annuellement 734 ouvrages de plus que tous les départements réunis : Paris, 4,366 ouvrages; la province et les autres localités de la Seine, 3,632.

La moyenne de la production en labeurs pour chaque imprimerie de France, y compris Paris, est de 7 ouvrages 2/3.

Celle de Paris est de 51.

Celle des imprimeries françaises, à l'exclusion de la capitale, est de 4 ouvrages.

Celle des ateliers hors barrière et dans l'enceinte des fortifications, prise sur quatre maisons, arrive à 29.

Celle de la banlieue (voir page 46) atteint 11 ouvrages 1/3.

C'est donc une différence de 40 ouvrages entre la moyenne de Paris et celle de la banlieue, de 47 entre celle de Paris et celle de la province, et de 22 entre celle de Paris et celle des imprimeries des faubourgs.

Six départements n'ont produit aucun ouvrage de librairie cette année; ce sont : l'Ardèche, l'Ariège, la Corrèze, le Gard, les Landes et l'Yonne.

L'Algérie, le front encore humide du baptême de la civilisation, dépasse déjà l'Allier, la Dordogne, les Ardennes, l'Orne, les Côtes-du-Nord, etc., tous beaux pays qui se chauffent au soleil de l'instruction publique depuis des siècles.

Les dix départements qui produisent le plus d'ouvrages de librairie, après celui de la Seine, se classent de cette manière : Seine-et-Marne, Rhône, Seine-et-Oise, Indre-et-Loire, Haute-Vienne, Nord, Doubs, Aube, Seine-Inférieure et Meurthe.

En dehors de la banlieue, il y a deux départements qui travaillent dans une proportion minime pour la librairie parisienne : ce sont l'Aube et la Marne.

Quant aux villes qui emploient le plus de compositeurs, elles se placent dans l'ordre suivant : Paris. 2,638; Lyon, 119; Bordeaux, 115; Marseille, 111; Lille, 110; Toulouse, 102; Tours, 79; Nantes, 78; Rouen, 70; Strasbourg, 62; Besançon, 59; Amiens, 55.

Les ateliers qui emploient des compositrices sont au nombre de 4 en France : M. Firmin Didot, au Méni; M. Crété, à Corbeil; M. Arbieu, à Poissy, et M. Sauzon, à Roanne (Loire). Le nombre de femmes employées à la composition par ces 4 maisons est de 67. En ajoutant 5 ou 6 personnes de plus à ce chiffre, on obtiendra le nombre exact des compositrices qui travaillent dans les imprimeries françaises.

Les départements le plus mal partagés sous le rapport du salaire sont ceux de l'Est et de l'Ouest, la Meuse, la Meurthe, les Ardennes, les Vosges, la Vendée, les Deux Sèvres, les Côtes-du-Nord, l'Ille-et-Vilaine, le Finistère. Ils se relèvent un peu dans le Nord, et sont généralement raisonnables dans le Midi. Aussi, voit-on, à Paris, beaucoup moins de jeunes gens de ces contrées-là que des autres.

La *Bibliographie de la France* a enregistré, cette année, 7,992 ouvrages typographiques. Depuis vingt ans, ce chiffre est presque invariable ; mais, à notre époque, il faut tenir compte du grand nombre de livres clichés qui se remettent sous presse de mois en mois, d'année en année, ce qui amoindrit la production actuelle de deux cinquièmes au moins sur les années antérieures.

A Lyon, l'influence des clichés n'est pas la moindre cause de la pénurie de travail. En rapprochant certains renseignements de l'*Annuaire*, on s'apercevra que plusieurs maisons, placées au premier rang par la quantité d'ouvrages imprimés, sont presque nulles par leur personnel comme compositeurs. D'un autre côté, il y a vingt ans, l'expédient des apprentis inspirait plus de répulsion que de nos jours. Il n'était pas, comme à présent, la base d'opérations aventureuses, l'instrument d'une concurrence regrettable et la ressource des imprimeurs avides ou malheureux de la province. A peine ouvriers, ces jeunes gens sont obligés de céder la place à d'autres ; alors ils quittent la ville impuissante à utiliser leurs bras, et ils accourent vers la métropole typographique, où leur arrivée diminue encore les chances de ceux qui les avaient précédés.

Comme il nous est impossible de donner une grande extension aux considérations morales des chiffres que nous avons relevés, nous rappellerons, en terminant cet aperçu général, quelques paroles de M. Say : « Plus les peuples grandissent, plus aussi doivent se développer les arts qui facilitent les communications des idées. » Ces paroles de l'illustre économiste viennent renforcer notre conviction : c'est que la prospérité de l'industrie typographique est la conséquence de la grandeur d'une nation. L'imprimerie, il est vrai, n'entre que pour 25 millions dans les relevés des produits français ; elle se trouve donc l'une des dernières catégories industrielles ; cependant elle n'en est pas moins la tête et le cœur de la France.

En examinant les différentes imprimeries de la capitale, nous avons d'abord eu pour but de démontrer dans quelle situation se trouve l'imprimerie parisienne ; mais ensuite nous avons pris à tâche de relever le moral découragé de la typographie ouvrière, en constatant l'esprit de concorde, qui est presque général ; en lui montrant que les bons ateliers, comme les bons patrons, y dominent par le nombre.

En accomplissant cette double mission, nous avons malheureusement constaté que l'état présent est loin d'atteindre le chiffre normal. MM. les imprimeurs, dont nous n'avons qu'à louer ici l'extrême obligeance à notre égard, nous ont affirmé que le nombre d'ouvriers employés par eux est au-dessous de ce que comportent leurs maisons.

Ne recherchant que d'utiles enseignements pour tous, ne voulant que resserrer les relations cordiales qui existent, dans la typographie parisienne, entre les patrons et les ouvriers, n'aspirant qu'à voir observer religieusement dans tous les ateliers cette charte de conciliation, ce préservatif des coalitions qui s'appelle Tarif, ce n'est ni la passion, ni l'intérêt, ni l'esprit de coterie, et encore moins la flatterie et le dénigrement qui ont été nos mobiles. Notre conscience, éclairée par la sagesse de l'opinion générale et un amour profond de l'art typographique, a parlé seule dans ce livre.

V.-Eugène GAUTHIER.

Paris, 25 février 1854.

TABLEAU

DES

IMPRIMEURS DE PARIS

ADHÉRENTS AUX STATUTS DE L'ASSOCIATION.

—❦—

Membres de la Chambre

(1854).

MM.	MM.	MM.
GUIRAUDET, président.	GRATIOT, secrétaire-adjoint.	LAHURE.
COSSE, vice-président.	CLAYE, trésorier.	MARTINET. } membr. du bureau.
THUNOT, président.	DELALAIN, membre du bureau.	PLON.

Siége de la Société : rue Bonaparte, 12.

—❦—

CONSEIL JUDICIAIRE DE LA CHAMBRE.

HUET, avocat à la Cour de cassation, rue de Vaugirard, 48.

R. MAGNIER, avocat à la Cour impériale, rue de l'Abbaye, 14.

BONNEL DE LONGCHAMP, avocat de première instance, rue de l'Arbre-Sec, 48.

CHAUVELOT, avoué d'appel, rue Neuve-Saint-Augustin, 20.

TOURNADRE, agréé près le Tribunal de commerce, rue de Louvois, 10.

CLÉRAMBAULT, commissaire-priseur, rue du Faubourg-Poissonnière, 18.

CAUET, huissier, rue du Battoir-Saint-André-des-Arts, 19.

SERGENT (Adolphe), agent du contentieux rue des Filles-Saint-Thomas, 5.

—❦—

MEMBRES DE L'ASSOCIATION.

APPERT & VAVASSEUR.	DESOYE & BOUCHET.	MAULDE & RENOU.
AUBUSSON (D') & KUGELMANN.	DIDOT (FIRMIN).	MEYRUEIS.
BAILLY & DIVRY.	DONDEY-DUPRÉ (Mme Ve).	MINSTER & WIESENER.
BEAULÉ & MAIGNAN.	DUPONT.	MOBLET (HENRI ET CHARLES).
BÉNARD.	DUVERGER.	PANKOUCKE (ERNEST).
BEST.	GRATIOT (GUSTAVE).	PENAUD.
BLONDEAU.	GRIMAUX.	PILLET (FILS).
BOISSEAU.	GUILLOIS.	PLON.
BONAVENTURE & DUCESSOIS.	GUIRAUDET & JOUAUST.	REMQUET.
BOUCHARD (Mme Ve).	GUYOT & SCRIBE.	SCHILLER.
BOUCQUIN.	JOUSSET.	SERRIÈRE.
BRIÈRE (ÉMILE).	JUTEAU (JULES).	SIMON-DAUTREVILLE.
CHAIX.	LACOUR.	SIMONET-DELAGUETTE.
CHASSAIGNON.	LAHURE.	SMITH-MERCHÉ.
CHRISTOPHE.	LEBON.	THUNOT.
CLAYE.	LE CLERE (A).	VINCHON.
COSSE & J. DUMAINE.	LENORMANT.	WITTERSHEIM.
COSSON.	MALLET-BACHELIER.	
DELALAIN (JULES).	MARTINET.	

Ordre d'Importance. Par le personnel typographique.	Par la quantité d'ouvrages Impr.	NOMS des IMPRIMEURS.	ADRESSES des IMPRIMERIES.	NOMS DES PROTES ou Premières Consciences.	Compositeurs.	Imprimeurs.	Correcteurs.	Conducteurs.	Nombre de presses.	Nombre de mécaniques.
59	63	Appert et Vavasseur	Passage du Caire , 54.....	Lucas............	12	3	1	1	2	1
65	68	D'Aubusson et Ku-gelmann..........	Rue Grange-Batelière, 13..	Huart............	10	4	1	»»»	3	1
35	22	Bailly, Divry et Cᵉ..	Place Sorbonne , 2........	Divry............	20	4	2	1	3	3
67	86	Banque (Impr. de la), pour les billets....	Rue de la Vrillière, 3.....	Broglie jeune ...:	2	12	»»»	»»»	7	»
56	54	Beaulé et Cᵉ........	Rue Jacques-de-Brosse, 10.	Duronssoy.......	9	8	1	1	3	2
36	42	Bénard et Cᵉ.......	Rue Damiette, 2..........	Direct., Poitevin ; pr., G. Lallemand et A. Wallon....	14	22	»	»	12	1
70	53	Best...............	Rue Poupée, 7...........	Pellegrin.........	8	2	»»»	2	2	3
27	39	Blondeau (Adolphe).	Rue du Petit-Carreau, 26.	Masson père.....	36	6	1	2	4	3
68	71	Boisseau , Malvaux et Augros.........	Passage du Caire, 123-124.	Alexandre Groux.	6	8	»»»	»»»	3	»
18	8	Bonaventure et Du-cessois............	Quai des Augustins, 55...	Saint-Léger......	45	10	3	4	6	4
37	85	Boniface..........	Rue des Bons-Enfants, 19.	Hali.............	31	1	2	1	1	2
58	33	Bouchard-Huzard Vᵉ	Rue de l'Eperon, 5........	Jules Baraguet...	14	2	1	1	8	2
49	75	Boucquin..........	Rue de la Ste-Chapelle, 5..	Marcellin........	11	12	1	»	9	»
2)	52	Brière (Emile)......	Rue Sainte-Anne, 55......	J.-P. Laborde....	50	3	2	2	3	4
61	56	Garion père.......	Rue Richer, 20...........	Roland	10	4	1	1	3	1
39	58	Caron (Noël)	Place de la Bourse, 4.....	Vialart..........	30	2	1	1	3	3
78	77	Carré (Vᵉ) (1er atel.).	Impasse de la Grosse-Tête.	Michels (Poucet).	4	3	»»»	»»»	»	»
6	13	Chaix (Napoléon)...	Rue Bergère, 20.........	Chaix fils........	85	20	4	4	16	9
85	82	Christophe.........	Rue du Plâtre-St-Jacq., 11.	....	2	1	»	»	3	»
12	3	Claye et Cᵉ........	Rue Saint-Benoît, 7.......	Broglie	55	10	3	6	7	9
76	78	Cordier	Rue du Ponceau, 24.......	....	5	3	»»»	»»»	3	»
15	25	Cosse et Dumaine..	Rue Christine, 2..........	Creuset..........	50	12	3	2	6	3
42	43	Cosson...........	Rue du Four-St-Germ., 47.	Cosson fils.......	23	6	1	1	4	3
52	62	Delacombe (Mme)...	Rue d'Enghien, 14........	Pàris	15	4	1	1	3	2
30	12	Delalain (Jules).....	Rue des Math.-St-Jacq., 5.	A. Viez..........	24	12	4	2	2	2
60	84	Delcambre	Rue Bréda, 15...........	Bertrand........	12	2	2	1	3	5
71	34	Desoye et A. Bouchet	Place du Panthéon, 4......	A. Bouchet.......	8	2	»	1	2	2
5	1	Didot (Firmin).....	Rue Jacob , 56...........	Lainé............	94	24	11	8	11	8
26	4	Dondey-Dupré (Vᵉ).	Rue St-Louis-au-Marais, 46.	Blot.............	35	4	2	6	9	6
7	32	Dubuisson et Cᵉ....	Rue Coq-Héron, 5........	Roullin..........	89	4	5	2	5	13
3	30	Dupont (Paul)......	Rue Grenelle-St-Honoré, 45	Bramet..........	70	57	7	6	29	10
50	19	Duverger...........	Rue des Grès, 7..........	Durand..........	18	2	1	2	2	3
81	72	Gaittet [Chassai-gnon] (1)...........	Rue Gît-le-Cœur, 7........	Quertier	3	2	»»»	»»»	5	1
72	73	Galban	Pass. Kustner, à Belleville, à 4 kil. de Notre-Dame (2)..	Carpentier........	4	7	»»»	»»»	7	»
21	11	Gratiot (Gustave)...	Rue Mazarine , 30........	Abel Bourdier....	40	8	2	3	4	3
24	51	Grimaux (L.) (1er at.)	Rue du Croissant, 16......	Vannié	14	2	1	3	3	7
		2ᵉ atel. (le *Siècle*)..	Même maison............	Voivenel.........	26	»»»	2	»»»	»	»
38	29	Gros	Rue des Noyers, 74.......	Goupil...........	24	8	1	2	3	3
79	80	Guillois et Cᵉ.......	Faubourg-St-Antoine, 115.	Edmond Hartard.	4	2	1	»»»	2	»
34	17	Guiraudet et Jouaust	Rue Saint-Honoré, 338....	Charles Durmoy.	32	2	1	3	4	6
51	59	Guyot et Scribe.....	Rue Nve-des-Mathurins, 18.	Spisser	18	1	2	1	4	3
25	26	Hennuyer..........	Rue du Boulevard, 7, à Batign.-Monc. , 5 k. de N.-D.	Louis Deherme..	40	3	3	2	5	3
47	27	Henri et Ch. Noblet.	Rue St-Dominiq.-St-G. , 56.	P. Drosne........	20	4	1	2	6	3
1	9	Impr. impériale	Rue Vieille-du-Temple, 87.	(*Voir page* 17.)...	143	185	12	5	107	11
73	79	Jousset (Gabriel) ...	Rue Furstemberg, 8.......	Francis Dufour...	4	5	»»»	1	3	3
75	69	Juteau (Jules)......	Rue Saint-Denis, 341......	Leconte..........	6	3	»»»	»»»	3	»
14	28	Lacour et Cᵉ.......	Rue Soufflot, 16.........	Tabary	55	6	3	4	4	4
4	2	Lahure............	Rue de Vaugirard, 9.......	Laloux...........	107	6	7	12	3	12
				A reporter...	1446	513	97	97	340	164

(1) Les noms placés entre crochets indiquent les prédécesseurs.
(2) Les imprimeries accompagnées des distances kilométriques de Notre-Dame sont hors barrière et dans l'enceinte des fortifications.

Nombre d'ouvrages imprimés.	Nombre de feuilles que comportent ces ouvrages.	RÉCAPITULATION DES OUVRAGES PAR FORMATS.										OUVRAGES D'IDIOMES DIVERS.					
		in-po	in-fo	in-4o	in-8o	in-12	in-16	in-18	in-24	in-32	in-64	Allemand.	Anglais.	Espagnol.	Grec.	Italien.	Latin.
40	77	»	27	1 1/2	33	5/6	7 1/4	7 1/3	»	»	»	»	»	»	»	»	»
6	38 1/4	»	»	»	25	13	»	»	»	»	»	»	»	»	»	»	»
71	644 5/6	1	»	19	281	143	12	145	12	29	»	»	»	»	»	»	»
64	134	1	1/4	6 1/4	65	29	14	15	»	2 1/2	»	»	»	»	»	»	»
24	299	»	6	107	166	16	»	4	»	»	»	»	»	»	»	»	»
8	139 5/8	»	»	»	114	»	»	20	»	5 5/8	»	»	»	»	»	»	»
30	385	»	71	4 1/4	276	5 1/4	6	2 4/9	1/4	21	»	»	1	3	»	»	»
12	22	»	»	1	13	7 1/2	»	»	»	»	»	»	»	»	»	»	»
140	1750	»	16	543	630	279	21	224	1	36	»	»	5	1	8	1	10
40	453	»	»	159	287	7 5/6	»	»	»	»	»	»	»	»	»	»	»
11	17	»	»	1/2	7 3/8	4 1/2	»	4	»	1	»	»	»	»	»	»	»
37	152	»	3	5 3/4	88	»	»	56	»	»	»	»	1	»	»	»	»
17	127 1/2	»	12	1	95	11	»	3 1/2	»	4 1/4	»	»	»	»	»	»	»
16	122 1/2	»	1	1 1/2	96	1/2	»	19	»	3 3/4	»	»	»	»	»	»	»
14	8	»	1 1/2	3/4	3 1/2	»	1/6	2	»	»	»	»	»	»	»	»	»
65	877 3/4	3	5	654	58	22	105	27	»	2	»	»	»	»	»	»	»
4	1	»	»	1/2	5/8	»	»	»	»	»	»	»	»	»	»	»	»
172	2398	»	15	47	1330	506	58	386	»	52	»	4	3	7	»	3	8
4	5	»	»	1/4	1/2	4	1/4	»	»	»	»	»	»	»	»	»	»
25	615 1/2	»	»	14	507	36	»	57	»	»	»	»	»	»	»	»	»
32	251	»	»	8	103	44	»	90	3 1/2	2 1/4	»	»	»	»	»	»	»
31	89 1/2	1	3 1/2	29	25	26	1/4	4 1/2	»	»	»	»	»	»	»	»	»
147	1068 1/2	»	»	23	124	679	63	176	2 1/2	»	»	3	2	»	15	»	17
76	427	»	»	6 3/4	241	98	26	50	»	4 1/2	»	»	»	»	»	1	»
277	4207 1/2	»	149	678	2545	486	27	265	»	56	»	1	1	1	8	»	25
239	2100 1/2	1	20	689	461	454	31	429	»	15	»	3	»	26	»	2	1
77	478 1/2	»	2	15	254	101	1/2	78	»	27	»	»	»	»	»	1	»
68	494 1/2	1	»	188	256	15	6 1/2	19	»	6 1/8	»	»	»	»	1	»	3
60	671	»	»	3	322	230	11	165	»	»	»	»	»	»	»	»	»
15	[illegible]	»	»	1/2	2 3/4	16	»	2 2/9	»	»	»	»	»	»	»	»	»
6	20 1/2	»	6	»	5 1/4	1	»	8 1/2	»	»	»	»	»	»	»	»	»
109	1494	18	14	1	581	228	3 1/2	575	»	73	»	»	1	4	1	4	4
29	166 2/9	»	5	68	61	1 1/2	6	24	»	»	»	»	»	»	»	»	»
38	517	»	45	19	258	140	»	55	»	»	»	»	1	1	»	1	»
3	3	»	»	1 1/2	1	»	1 1/4	»	»	»	»	»	»	»	»	»	»
83	782	»	»	8 1/2	348	255	152	16	»	1	»	4	»	»	»	»	1
16	109	»	3	14	91	5/6	»	»	»	»	»	»	»	»	»	»	»
74	630	»	1	38	449	65	»	75	»	1 3/4	»	»	»	»	»	»	1
32	604	»	»	5	573	2 1/3	6 1/2	17	»	»	»	»	»	»	»	»	»
42	1567	»	»	910	648	»	»	8 2/3	»	»	»	»	»	»	»	»	1
1	4 1/4	»	»	»	4 1/4	»	»	»	»	»	»	»	»	»	»	»	»
12	33	»	»	1 3/4	7 5/8	»	3 1/4	19	»	2	»	»	»	»	»	»	»
46	578	»	»	31	410	80	16	36	»	3 1/2	»	»	»	1	»	»	»
302	2801	7	14	53	1059	829	516	279	»	44	»	1	15	1	20	1	17
2615	27385	33	420	4257	12908	4827	1093	3294	19	393	»	12	30	45	63	16	88

Ordre d'importance. Par le personnel typographique.	Par la quantité d'ouvrag. Imprim.	NOMS des IMPRIMEURS.	ADRESSES des IMPRIMERIES.	NOMS DES PROTES ou Premières Consciences	Compositeurs.	Imprimeurs.	Correcteurs.	Conducteurs.	Nombre de presses.	Nombre de mécaniques.
				Reports...	1446	513	97	97	340	164
62	48	Léautey	Rue Saint-Guillaume, 21	Philib. Delcourt	8	6	1	1	6	2
80	61	Lebon (A.)	Rue des Noyers, 8		4	2	»»	1	3	1
32	35	Le Clerc et Ce	Rue Cassette, 29	Henri Leclère fils.	29	8	1	1	5	2
33	65	Le Normand (1er at.)	Rue de Seine, 10	Boisson	3	1	»»	1	4	2
	88	2e at. (*les Débats*).	Rue des Prêtres-Saint-Germain-l'Auxerrois, 17	Frédéric Camus	30	»»	3	1	1	2
41	31	Mallet-Bachelier	Rue du Jardinet, 11	Bailleul	18	12	2	»»	8	»»
48	47	Malteste et Ce	Rue des Deux-Portes-St-Sauveur, 22	Richard	18	6	1	1	7	2
10	6	Martinet	Rue Mignon, 2	Cassan	75	6	3	6	8	6
11	36	Maulde et Renou	Rue de Rivoli, 114	Reboulot	56	16	2	3	10	4
66	70	Meyer (E.)	Rue de l'Abbaye, 3	Aug. Meyer; aux presses, Pouls	3	12	»»	»»	9	»»
43	15	Meyrueis [Ducloux]	Rue Saint-Benoît, 7	Levray	28	2	1	»»	»»	»»
2	20	Migne (L.)	Rue d'Amboise, 20, au Petit-Montrouge, 4 kil. de N.-D.		190	38	24	4	20	4
69	83	Minster	Place Laborde, 12		3	10	»»	»»	8	»»
82	45	Moquet	Rue de la Harpe, 90		3	2	»»	»»	3	1
40	66	Morris [Bureau]	Rue Amelot, 64	Victor Peseux	30	12	1	2	5	2
77	60	Moronval (T.)	Rue Galande, 65	Debergne	3	4	»»	1	3	»
84	87	Monnaie (Imp. de la), pour les timb.-post.	Quai de Conti, 11		»»	4	»»	»»	4	»
63	86	Pagnier	R. de l'Eglise, 8, à Vaugirard		12	2	1	1	4	2
19	21	Panckouke (E.) (1r at.)	Rue des Poitevins, 14	Lucas, directeur	15	4	2	2	4	8
		2e at. (*Moniteur*)	Rue des Poitevins, 6	Prot. de nuit, Suin; de jour, Fourché	33	1	4	»»	2	»
45	67	Penaud (E. et V.) frèr.	Rue du Fg-Montmartre, 10	Aug. Monpied	15	10	1	2	6	3
22	24	Pillet fils aîné	Rue des Gr.-Augustins, 7	Dubos	45	2	3	3	4	3
53	55	Pilloy frères et Langrand	Boulevard Pigale, 48, à Montmartre, 4 k. de N.-D.	Pilloy aîné	15	4	1	1	4	2
28	67	Pinard (Alfr.) [Saintin] (*la Patrie*)	Rue du Croissant, 12	Alfred Pinard	30	2	1	1	2	5
		2e atelier	Cour des Miracles, 9	Alex. Grimaux	4	6	»»	»»	3	»»
13	10	Plon frères	Rue Servandoni, 11	Delanchy	53	12	4	5	17	6
86	76	Pollet	Rue Saint-Denis, 331	Jardin	1	1	»»	»»	3	»
57	18	Pommeret et Moreau	Quai des Augustins, 17		11	6	1	1	4	2
»»	64	Poussielgue	(*Brevet inexploité.*)							
44	50	Preve et Ce (1er atel.)	Rue J.-J.-Rousseau, 15	Emile Nicolas	8	1	»»	1	2	1
		2e atelier (*le Moustiquaire*, etc.)	Même maison	Em. Lindemann	18	»»	1	1	»»	»»
9	5	Raçon (S.)	Rue d'Erfurth, 1	Pitrat	70	11	4	7	10	7
31	14	Remquet (W.)	Rue Garancière, 5	Olmer	35	4	2	1	10	2
55	38	Rignoux	Rue Monsieur-le-Prince, 31		16	2	1	1	4	2
23	46	Schiller aîné (1er at.)	Rue du Fg-Montmartre, 11	Hauquelin	45	1	1	2	4	3
17	57	Serrière	Rue Montmartre, 131	Josse et Serbitte	52	4	3	3	4	9
64	44	Simon-Dautreville	Rue Ne-des-Bons-Enf., 3	Bosc	14	»»	1	1	1	4
83	74	Simonet-Delaguette	Rue Sainte-Croix-de-la-Bretonnerie, 48		3	2	»»	»»	3	»»
74	49	Smith (Ve)	Rue Fontaine-au-Roi, 18	Charles Maréchal.	6	4	»»	»»	4	»
87	81	Soupe-Vimeux	Passage du Ponceau, 18	Alexandre Valin.	1	1	»»	»»	3	»»
8	7	Thunot	Rue Racine, 26	Gaillourdet	80	9	6	5	8	5
16	37	Vinchon (1er atel.)	Rue J.-J.-Rousseau, 8	Portier	45	12	1	2	6	5
		2e atel. (*Cours de la Bourse*)	Place et palais de la Bourse		2	»»	1	»»	»»	1
29	41	Vrayet de Surcy	Rue de Sèvres, 37		35	2	2	2	4	4
54	16	Walder [Gerdès]	Rue Bonaparte, 42	Charaire	17	»	1	3	1	5
46	40	Wittersheim	Rue Montmorency, 8	Jules Cruché	20	6	1	1	7	3
		Chiffre du personnel et du matériel typographiques, recensé du 15 novembre au 15 décembre 1853			2638	761	179	165	566	274
		Résumé du Recensement					**3743**			

Column groups: columns *in-po* through *in-64* fall under **RÉCAPITULATION DES OUVRAGES PAR FORMATS.**; columns *Allemand* through *Latin* fall under **OUVRAGES D'IDIOMES DIVERS.**

Nombre d'ouvrages imprimés.	Nombre de feuilles que comportent ces ouvrages.	in-po	in-fo	in-4o	in-8o	in-12	in-16	in-18	in-24	in-32	in-64	Allemand.	Anglais	Espagnol.	Grec.	Italien.	Latin.
2615	27385	33	420	4257	12908	4827	1093	3294	19	393	»»	12	30	45	63	16	88
16	200 1/2	»	»	17	24	28	»	130	»	»	»	■	»	»	»	»	»
14	103 1/2	»	24	1/2	67	1 1/3	»	10	»	»	»	»	»	»	»	»	»
25	426	»	2 1/2	1	106	162	»	67	»	88	»	»	»	»	»	»	5
12	49 1/2	1/2	»	2	47	»	»	»	»	»	»	»	»	»	»	»	»
39	484 3/4	1	»	93	347	37	1/4	6 3/4	»	»	»	»	»	»	»	»	»
48	201 3/4	1	22	15	97	37	7	20	»	»	2 1/2	»	»	»	»	»	»
134	1954	»	»	175	1520	152	»	59	»	47	»	»	»	»	»	2	»
52	412	»	»	13	211	36	6	15	»	30	»	»	»	»	»	»	1
3	24 1/2	»	»	19	5	»	»	»	»	»	»	»	»	1	»	»	»
77	801	»	»	1 1/2	389	147	30	215	»	17	»	»	»	»	»	»	»
11	666	»	160	4 1/2	472	9 5/6	»	»	»	»	»	»	»	»	»	»	3
1	1/2	»	»	1/2	»	»	»	»	»	»	»	»	»	»	»	»	»
44	223	»	1/2	2	129	63	»	28	»	»	»	»	»	»	»	»	»
8	42	»	»	1	6 3/4	54	»	»	»	»	»	»	»	»	»	»	»
16	109 1/2	»	»	»	1	32	»	18	52	6	»	»	»	»	»	»	»
»	»	»	»	»	»	»	»	»	»	»	»	»	»	»	»	»	»
92	659	»	23	2 1/2	245	224	»	163	»	1	»	»	»	»	»	»	5
18	641	»	»	»	619	»	»	22	»	»	»	»	1	1	»	»	»
72	615 5/6	»	4	4	387	33	25	110	»	51	»	»	1	1	»	»	1
26	134	»	36	1 1/2	70	»	»	16	»	10	»	»	»	»	»	»	»
»	»	»	»	»	»	»	»	»	»	»	»	»	»	»	»	»	»
15	42	»	»	2 1/2	32	1	»	4 1/3	»	2	»	»	»	»	»	»	»
105	1559	»	12	155	1039	148	23	166	■	16	»	»	»	»	»	1	4
11	10	»	»	1	9	»	»	»	»	»	»	»	»	»	»	»	1
97	683	»	28	5	341	121	2 1/2	180	1/2	3 1/4	»	»	»	»	»	»	1
10	63 1/2	■	2 1/2	7	20	»	10	20	»	3 3/4	»	»	»	»	»	1	»
28	170	1	»	33	112	21	»	»	»	2	»	»	»	»	»	»	2
250	2022	»	»	53	828	190	123	759	»	67	»	»	»	11	»	»	1
79	850 1/2	»	»	9 1/2	488	197	7 1/4	144	»	4 1/2	»	1	»	»	1	1	4
30	391	»	»	18	293	59	12	8 4/9	»	»	»	»	»	»	»	»	1
23	219 1/2	»	15	1/2	187	2 1/2	14	»	»	»	»	»	»	»	»	»	»
15	122 1/2	»	2	3	93	14	»	10	»	»	»	»	»	»	»	»	»
35	233	»	1	2	120	78	»	25	»	6 1/8	»	»	»	»	»	»	»
6	20 1/4	»	»	4	16	»	»	»	»	»	»	»	»	»	»	»	»
10	172	2	»	141	17	»	1/2	2 1/2	»	10	»	»	1	»	»	»	»
3	1 1/2	»	»	1/4	1 1/4	»	»	»	»	»	»	»	»	»	»	»	»
127	1935 3/6	»	»	427	700	646	»	144	»	16	»	4	15	1	»	1	7
43	400	»	3	40	164	188	3	2 2/9	»	»	»	»	»	»	»	»	»
»	»	»	»	»	»	»	»	»	»	»	»	»	»	»	»	»	»
54	361 1/2	»	3	53	229	52	»	22	»	1 3/4	»	»	»	1	»	»	2
69	793	»	»	5 1/4	373	156	50	181	»	28	»	3	»	26	»	1	»
33	382	»	»	3 1/2	316	23	36	3	»	»	»	»	»	»	»	»	»
4366	45392	39	759	5534	23029	7720	1443	5665	71	803	2 1/2	20	48	87	64	23	125

STATISTIQUE GÉNÉRALE DE L'IMPRIMERIE, DE LA PRESSE ET DE LA LIBRAIRIE FRANÇAISES.

(Ne sont pas portées aux colonnes réservées à la librairie les fractions de feuilles, ni la production de l'Imprimerie de Pondichéry.)

DÉPARTEMENTS.	NOMBRE d'Imprimeries.	NOMBRE de Journaux.	NOMBRE d'Ouvrages imprimés.	NOMBRE de feuilles que comportent ces ouvrages.	ORDRE d'importance.
Ain	5	5	20	93	45
Aisne	13	13	27	238	28
Algérie	14	7	17	61	55
Allier	8	7	14	60	56
Alpes (Basses-)	5	3	7	57	61
Alpes (Hautes-)	2	2	3	45	62
Ardèche	7	4	»»	»»	»»
Ardennes	12	11	9	31	70
Ariège	4	2	»»	»»	»»
Aube	19	8	115	1164	9
Aude	7	7	10	58	60
Aveyron	8	5	4	87	47
Bouches-du-Rhône	20	9	49	256	24
Calvados	23	13	102	755	13
Cantal	7	8	1	6	79
Charente	13	6	»»	»»	»»
Charente-Infér	16	11	41	107	38
Cher	5	5	9	61	54
Corrèze	7	2	»»	»»	»»
Corse	3	3	16	90	17
Côte-d'Or	13	9	79	588	46
Côtes-du-Nord	10	9	7	25	74
Creuse	5	7	7	39	72
Dordogne	9	8	11	59	58
Doubs	11	7	62	1274	8
Drôme	7	5	20	159	32
Eure	14	6	12	80	49
Eure-et-Loire	7	4	11	31	71
Finistère	14	8	15	86	48
A reporter	279	194	659	5501	
Report	279	194	659	5501	
Gard	14	7	»»	»»	»»
Garonne (Haute-)	21	21	100	790	14
Gers	7	6	4	41	65
Gironde	23	17	86	766	15
Hérault	24	15	68	583	19
Ille-et-Vilaine	13	11	26	187	30
Indre	6	8	6	40	66
Indre-et-Loire	7	3	194	2123	5
Isère	11	9	29	140	34
Jura	7	6	9	44	63
Landes	7	3	»»	»»	»»
Loir-et-Cher	6	3	8	43	64
Loire	9	7	18	32	69
Loire (Haute-)	5	2	4	20	75
Loire-Inférieure	15	15	42	289	27
Loiret	12	9	31	259	23
Lot	7	2	6	74	51
Lot-et-Garonne	9	7	17	106	39
Lozère	4	3	2	6	80
Maine-et-Loire	14	8	15	101	43
Manche	17	13	13	58	59
Marne	15	10	68	640	16
Marne (Haute)	8	4	7	57	68
Mayenne	7	7	9	70	52
Meurthe	15	14	96	874	11
Meuse	8	5	8	62	53
Morbihan	8	5	10	100	44
Moselle	11	5	45	391	22
Nièvre	7	4	12	105	40
A reporter	596	423	1586	13482	
Report	596	423	1586	13482	
Nord	46	20	236	1619	7
Oise	12	11	60	188	29
Orne	10	4	5	13	78
Pas-de-Calais	25	16	30	245	26
Puy-de-Dôme	9	8	22	140	35
Pyrénées (Basses-)	11	6	20	1 5	41
Pyrénées (Hautes-)	6	4	23	59	57
Pyrénées-Orient	2	1	7	18	77
Rhin (Bas-)	11	15	128	708	12
Rhin (Haut-)	7	7	34	248	25
Rhône	21	15	301	4443	3
Saône (Haute-)	3	3	3	19	76
Saône-et-Loire	8	6	31	115	37
Sarthe	8	4	53	508	20
Seine	91	470	4417	47186	1
Seine-et-Marne	11	6	179	4799	2
Seine-et-Oise	18	10	302	4036	4
Seine-Inférieure	35	19	126	952	10
Sèvres (Deux-)	7	8	7	37	67
Somme	12	10	22	188	31
Tarn	7	5	15	26	73
Tarn-et-Garonne	6	3	7	103	42
Var	12	6	23	155	33
Vaucluse	15	7	60	496	21
Vendée	6	4	13	116	36
Vienne	8	7	23	553	18
Vienne (Haute-)	12	2	242	1985	6
Vosges	14	6	22	79	50
Yonne	8	9	»»	»»	»»
TOTAUX	1 37	1115	7997	82541	

REVUE

DES

IMPRIMERIES DE PARIS

DANS L'ORDRE

que leur assigne le nombre d'ouvrages enregistré pour chaque maison

par la

Bibliographie de la France

de 1853 (1).

1. Firmin Didot frères ✳, rue Jacob, 56 (brevet cédé par M. Firmin Didot père, en 1829). — En parlant de l'imprimerie Firmin Didot, nous devrions, en quelque sorte, faire l'historique de cette maison plus que séculaire. Notre cadre restreint nous en empêche; mais l'an prochain, s'il plaît à Dieu, nous comblerons ce vide. Pour le moment, bornons-nous à constater que MM. Firmin Didot se trouvent dans une sphère bien autrement active que celle où vivaient leurs ancêtres : leurs relations commerciales sont étendues maintenant d'un bout du monde à l'autre. Un matériel colossal, inépuisable, les met à même d'entreprendre toute espèce d'ouvrages, langues usuelles ou langues mortes. Éditeurs de l'*Univers pittoresque*, de l'*Almanach des 500,000 adresses*, des classiques, etc., ils sont, en outre, imprimeurs de l'Institut. L'*Illustration*, la *Maison rustique*, le *Journal d'Agriculture* et plusieurs journaux de médecine sortent de leurs presses. Le personnel est d'environ 200 ouvriers pour la typographie et la clicherie seulement. Il nous est impossible de préciser le nombre de commis, commissionnaires et employés pour la librairie et l'*Annuaire*, aucuns renseignements ne nous étant parvenus à cet égard. MM. Firmin Didot possèdent au Méni , près de Dreux , une seconde imprimerie et une fabrique de papier. Le personnel féminin est l'un des grands rouages de ces deux établissements. N'oublions pas de mentionner ici

---

(1) Pour l'instruction des personnes qui ne compulsent pas la *Bibliographie de la France, journal de l'Imprimerie et de la Librairie*, disons de suite que cette publication ne consigne pas les travaux de ville, ni les mémoires, ni les thèses, ni les services administratifs, ni les affiches, ni les règlements de société, ni les rapports des associations ou entreprises, ni les circulaires, prospectus, polices, catalogues industriels, financiers, etc.; ni les journaux ou recueils paraissant à des époques fixes. En un mot, elle est exclusivement réservée aux ouvrages de librairie. Elle n'est ouverte qu'à tout ce qui est labeur, ou, autrement dit, œuvres de littérature, de religion, de législation, d'histoire, d'instruction, de sciences, d'art, etc., etc., etc. Quand il se crée des publications périodiques nouvelles, ou lorsque les anciennes changent d'imprimerie, la *Bibliographie* se borne à enregistrer l'apparition des unes et le changement des autres, en indiquant leur format et leur mode de publicité. Cet avertissement était absolument nécessaire dans l'intérêt de certaines imprimeries alimentées spécialement par les travaux du genre de ceux que nous venons d'énumérer, comme, par exemple, les maisons Dubuisson, Grimaux, Chaix, Brière, Martinet et Serrière pour les journaux; — les maisons Vinchon, Thunot, Rignoux, Lacour et Bailly pour les thèses; — les maisons Dupont, Chaix et Jousset pour les services administratifs; — les maisons Maulde et Renou, Dondey-Dupré, Morris et d'Aubusson pour les affiches, — enfin 25 ateliers de Paris pour les bilboquets de commerce, d'industrie, de médecine, etc. — Dans notre précipitation à mettre sous presse nos feuilles 2 et 3, nous avons, pour quelques exemplaires, interverti, par malheur, l'ordre d'importance de deux notices. Le véritable ordre d'importance par la production est établi à la 2e colonne de nos pages 8 et 10.

M. Théotiste Lefèvre, illustration typographique de la maison Firmin Didot. L'auteur du *Manuel d'Imposition*, du *Manuel pour composer le grec*, et de la casse dite Théotiste, appartient à cette riche pléiade de praticiens habiles, que nous signalons avec tant de plaisir dans notre Revue des ateliers. M. Théotiste Lefèvre joint à l'habileté pratique un incontestable talent d'érudition. Nous nous applaudissons donc de l'apparition prochaine d'un nouvel ouvrage de cet homme spécial, ouvrage qui sera un des plus beaux livres élémentaires qui aient paru jusqu'à ce jour; il embrassera les notions les plus simples comme les plus compliquées de l'art typographique. Ce *Nouveau Manuel* sera une œuvre de science et de savoir-faire qu'on trouvera bientôt dans les mains de tous ceux qui font de l'imprimerie un usage noble et élevé, et qui la considèrent comme une école artistique et civilisatrice.

2. Charles Lahure, rue de Vaugirard, 9 (ancien brevet de M. Crapelet fils, cédé le 8 juillet 1852). — L'imprimerie de M. Lahure est l'incarnation des coutumes nouvelles du travail, ou plutôt des exigences souvent exagérées de l'époque, qui consistent à maintenir dans les ateliers un personnel toujours supérieur aux besoins réels, afin d'être en mesure de parer aux éventualités de chaque jour, devenues l'état normal de l'imprimerie. Jamais la typographie n'a eu de phase plus onéreuse à l'ouvrier, en ce sens qu'elle l'astreint à des changements continuels de travaux, à des pertes de temps sans compensation, à une captivité désœuvrée au milieu d'un atelier, enfin à des alertes où domine la mauvaise humeur de tout le monde. Le pire côté de cette dégénération, c'est qu'elle habitue malheureusement le patron à n'avoir plus aucun attachement pour l'ouvrier, à le considérer comme un simple instrument de son industrie; c'est qu'elle dispense l'ouvrier lui-même d'une fixité presque impossible envers les imprimeries que l'époque a transformées en véritables grèves. Ah! il est bien loin le temps où l'illustre M. Crapelet mettait à l'abri du besoin les vieux ouvriers, les vieilles colonnes de sa maison, comme il se plaisait à les appeler. Ajoutons à ces tendances générales l'irritation particulière causée à l'imprimeur par l'impatience et les obsessions du client, l'embarras que suscite la gérance de vastes ateliers, l'impétuosité d'un caractère qui se cabre un peu devant des principes qui font la règle de toutes les maisons; formons un faisceau de toutes ces causes, et nous présenterons une idée assez exacte de l'imprimerie de M. Lahure. Si elle prête un peu le flanc à la malignité sous le rapport administratif, elle appelle l'éloge franc et chaleureux au point de vue de la production : c'est sans contredit la maison par excellence pour faire rapidement et bien les labeurs les plus longs et les plus compliqués. La *Bibliothèque des Chemins de Fer* est là pour attester éloquemment l'éclat et la régularité de ses tirages, le soin de la correction et la bonne main-d'œuvre typographique de ses livres. M. Lahure emploie, d'un bout de l'année à l'autre, un personnel de 160 à 170 ouvriers, qui est alimenté par des labeurs français, arabes, grecs, latins, anglais, italiens, portugais, allemands, russes, grecs paléographiques, et par des ouvrages de mathématique et de musique. Le grec, surtout, est très familier à l'imprimerie de la rue de Vaugirard : il en a été établi jusqu'à 100 feuilles. En dehors de ces immenses travaux, M. Lahure exécute les impressions de la cour de cassation et imprime la *Revue des Beaux-Arts*, bi-mensuelle; le *Correspondant des Juges de Paix*, le *Journal de Médecine* et la *Revue archéologique*, mensuelle, et le *Manuel de l'Instruction primaire*, hebdomadaire.

3. Jules Claye, rue Saint-Benoît, 7 (ancien brevet de M. H. Fournier, cédé en 1846). — Un imprimeur de la capitale dont le nom a une incontestable autorité m'a fait l'honneur bien inattendu de critiquer, de corriger, de refondre, en quelque sorte, mon petit opuscule de l'an dernier, supposant sans doute que celui de 1854 ne serait qu'une édition retouchée de l'aînée. Dans la Revue des Imprimeries de Paris, à la notice qui concerne l'établissement de M. Claye et Cⁱᵉ, cette personne a ajouté : « Imprimerie dans laquelle s'impriment les plus belles publications de l'époque! » Nous qui savons combien cet éloge a de poids et de quelle conscience il est tombé, nous n'avons aucune crainte de l'outre-passer par la profusion de louanges; car, à notre avis, les splendides éditions typographiques qui surgissent nombreuses, rapides, correctes, des ateliers de M. Claye, lui confèrent le premier rang dans la typographie universelle. L'impression est l'uniforme de la pensée écrite;

mais chez M. Claye cette pensée revêt son plus brillant costume avant de faire la conquête du monde : dans les moindres ouvrages de cette imprimerie, l'amateur est charmé, étonné de retrouver l'heureux choix des caractères, la fantaisie gracieuse, la pureté de texte, le fini d'exécution, la régularité d'impression qu'elle apporte dans les chefs-d'œuvre, dans les livres somptueux confiés à sa capacité illustre. — La maison Claye possède un personnel de 113 ouvriers, alimenté par des labeurs et les publications suivantes : La *Revue des Deux-Mondes*, bi-mensuelle; les *Annales archéologiques*, le *Journal de Droit criminel*, le *Bulletin des Justices de paix*, le *Génie industriel*, l'*Echo des Feuilletons*, la *Publication industrielle*, le *Mémorial du Notariat* et le *Bulletin bibliographique*, tous journaux ou revues mensuelles.

4. Mᵐᵉ Vᵛᵉ Dondey-Dupré, rue Saint-Louis-au-Marais, 36 (ancien brevet de M. Dondey-Dupré, cédé en 1835). — La clientèle de cette imprimerie venant d'être scindée tout récemment par l'ouverture des ateliers de M. Morris, son ancien gérant (voir au nº 66), il est probable qu'avant peu elle sera déchue du rang élevé que lui assignait son degré d'importance productive. Déjà même elle a perdu l'aliment principal de son activité : les affiches de spectacles et une partie des pièces de théâtre. Ces travaux, à la vérité, étaient un champ ouvert à la concurrence par les apprentis, concurrence dont le moindre défaut est la décadence de l'art typographique (1), cependant nous ne savons trop s'il serait d'un bon chrétien de se réjouir d'un déplacement de travail qui affecte les intérêts d'une femme respectable à tous égards. En tous cas, il est d'un bon typographe de gémir sur l'existence de pareils abus. Mme Dondey-Dupré imprime la *France industrielle*, le *Petit Courrier des Dames* et la *Revue musicale*, hebdomadaires; le *Journal des Tailleurs* et la *Revue municipale*, bi-mensuels; le *Journal des Conseillers municipaux*, le *Journal des Demoiselles*, le *Journal des Fabriques* et le *Journal des Israélites*, mensuels. Cette imprimerie possède des caractères arabes.

5. Simon Raçon, rue d'Erfurth, 1 (ancien brevet de M. Schneider, cédé le 23 avril 1852). — M. Raçon est un parvenu, mais un parvenu dans la bonne et noble acception du mot. Ce qu'il est, il le doit à son intelligence, à ses goûts modestes et studieux, à ses bras laborieux; ce qu'il possède déjà lui vient de ses bons principes de travail, de sa parfaite entente des affaires, de la confiance qu'il inspire, de l'aptitude qu'il déploie : ce qui l'attend un jour, il le devra à ses travaux remarquables, à l'administration habile et libérale de ses ateliers, à l'attention qu'il met à s'entourer de gens et d'ouvriers capables. Après cette appréciation, que nous faisons sincèrement et de grand cœur, le plus bel éloge que nous puissions adresser à M. Raçon, c'est de lui apprendre, s'il ne le sait pas, que ses livres, de même que ceux de MM. Claye et Plon, résument, pour les praticiens les plus éclairés, le type du beau, la perfection dans l'art, la dernière limite du progrès accompli. Oublier ici M. Pitrat, le prote qui le seconde toujours si merveilleusement, mais qui le devance quelquefois dans cette voie brillante, serait une injustice aussi grande que si j'oubliais M. Raçon lui-même. — Les beaux ouvrages sortis des presses de cette maison sont si nombreux, que je me bornerai à citer les publications qui s'y impriment : l'*Artiste*, le *Journal de l'Enfance chrétienne*, l'*Ecole de Dessin*, le *Journal de la Société gallicane*, le *Journal de la Société pour l'Instruction primaire*, le *Musée des Dames et des Demoiselles*, le *Journal des Haras* et l'*Almanach de la Santé*, de Raspail. Une fonderie, occupant 10 ouvriers, est annexée à cet établissement, qui alimente constamment un personnel de 110 à 115 individus.

6. Martinet, rue Mignon, 2 (brevet transmis par M. Bourgogne en 1834). — Maison très active et spéciale pour les ouvrages de médecine et de science, ainsi que pour les ouvrages polonais. Le personnel de cette imprimerie est de 105 ouvriers. Les forts labeurs l'alimentent; on y compte 26 journaux ou recueils périodiques que voici : JOURNAUX SCIENTIFIQUES : la *Gazette hebdomadaire de médecine*; le *Bulletin de l'Académie de médecine*, deux fois par mois; le *Bulletin de la Société anatomique*; le *Répertoire de pharmacie*, les

---

(1) Voir la Collection du *Théâtre contemporain* éditée par MM. Michel Lévy frères.

Archives d'ophthalmologie, les *Annales des sciences naturelles*, la *Revue scientifique*, le *Bulletin de la Société géologique*, le *Bulletin de la Société de géographie*, journaux mensuels ; les *Annales médico-psychologiques* et les *Annales d'hygiène*, trimestriels ; les *Mémoires de la Société de chirurgie*, cinq fois par an, et les *Mémoires de la Société de géographie*, irrégulier. — JOURNAUX DE MODE ET DE TRAVAUX DE DAMES : le *Moniteur de la mode*, trois fois par mois ; l'*Echo du Moniteur de la mode* ; le *Moniteur des demoiselles* ; le *Moniteur de la mode américaine* ; *Cendrillon* ; le *Guide-Sajou*, le *Parisien*, *journal des tailleurs*, tous mensuels ; puis viennent le *Magasin utile*, concurrence au *Magasin pittoresque*, 52 livraisons par an ; le *Journal des mères et des enfants* ; le *Spectateur militaire* ; le *Soleil mystique* ; l'*Atenao italiano*, journaux mensuels, et enfin l'*Yatrienha*, publication irrégulière. L'imprimerie de M. Martinet est une de celles de la capitale qui sont le plus habilement dirigées. Là, pas d'emplois neutralisants, pas de coterie et, pour ainsi dire, pas de passe-droits. Tous les ouvriers relèvent du prote, dont ils n'ont qu'à louer franchement la gérance. En effet, M. Cassan veille à l'équitable répartition du travail ; il cherche et réussit pleinement à rendre presque insensible le chômage ; enfin il met tous ses soins à imprimer un roulement actif et bien ordonné au travail.

7. Thunot, rue Racine, 26 (ancien brevet de M. Fain, cédé en 1848). — Cette imprimerie occupe une des places d'honneur parmi les meilleurs établissements typographiques de Paris, non pas seulement à cause de la considération bien méritée qu'elle inspire aux ouvriers, mais encore par les soins qu'elle donne aux livres qui sortent de ses presses, par le matériel considérable et varié dont elle dispose, et par le personnel nombreux qui concourt à l'ensemble de ses travaux, lequel est de 132 ouvriers en temps normal, et de 113 individus en ce moment. C'est un atelier spécial pour les ouvrages de science, de droit et de langues étrangères. En dehors des produits portés à son nom dans la statistique générale placée plus haut, M. Thunot imprime : l'*Athénœum français*, tous les vendredis ; la *Gazette médicale*, tous les samedis ; le *Journal de Pharmacie et de Chimie*, mensuel ; les *Annales des Ponts-et-Chaussées*, un volume tous les deux mois ; les *Annales des Mines*, idem, et le *Technologiste*, mensuel. Cette maison, greffée sur la bonne et vieille réputation des imprimeries Casimir et Fain, dont elle a les richesses, les principes et le haut savoir, est noblement représentée par M. Thunot. Doué d'une aménité héréditaire, ce praticien distingué est sûr d'attirer le choix, lorsque quelque différend s'élève dans la typographie, pour être dénoué devant des arbitres. Président de la commission pour la révision du Tarif en 1850, il y apporta son zèle, ses lumières et son urbanité. Comme membre du conseil des Prud'hommes à plusieurs reprises, et secrétaire de la Chambre des Imprimeurs pour 1853, M. Thunot remplit ses honorables fonctions avec la louable abnégation qui rendit célèbre, dans le 12e arrondissement, l'ancien secrétaire des hôpitaux civils, M. Thunot père, dont il est le digne fils. M. Gaillourdet, son chef d'atelier, est l'un des doyens que la typographie honore à juste titre. Ouvrier de la maison H. Didot, il n'abandonna l'atelier que pour remplir ses devoirs de soldat. Parvenu au grade d'officier, 1815 le rendit à sa première vocation. M. Gaillourdet fut nommé chevalier de la Légion-d'Honneur en 1850, alors qu'il remplissait son mandat de conseiller des Prud'hommes. Avant de terminer l'appréciation de cette imprimerie, je veux rendre hommage à la haute capacité d'un de ses metteurs en pages, M. Parmentier, notabilité ouvrière de la typographie parisienne. Représentant de ses confrères dans presque toutes les missions corporatives depuis vingt ans, cet ouvrier, intelligent par excellence, a constamment justifié le choix de l'élection par une aptitude et une capacité incontestables. Sa collaboration au Tarif en 1843, ainsi qu'à sa révision en 1850, fut la preuve non équivoque de ses connaissances en typographie et de ses études sérieuses sur les intérêts généraux. L'habileté de M. Parmentier, comme praticien, est de notoriété publique, et cependant je ne puis résister au désir qui m'entraîne à citer, entre dix, deux chefs-d'œuvre de difficultés vaincues et de perfection sans égale : c'est la *Mappamunda*, ou l'*Histoire chronologique de tous les Peuples et de leur Religion*, et la *Chronologie des rois de Portugal*. Ces deux tableaux ne comportent pas moins de 1,000 à 1,200 justifications, et sont sillonnés de filets en tous sens.

8. Bonaventure et Ducessois, quai des Grands-Augustins, 55 (brevet cédé par M. Ducessois en 1847). — Cette maison est une ancienne et active imprimerie à labeurs anglais, espagnols, latins et allemands. Elle fait actuellement des romans espagnols illustrés, ainsi que le *Journal des Dames* et le *Journal d'Architecture*, mensuels. Un beau livre est sorti cette année de ses presses : c'est le *Dictionnaire encyclopédique d'Architecture.*

9. Gustave Gratiot, rue Mazarine, 30 (ancien brevet de M. Belin-Leprieur, cédé en 1844).—Maison recherchée pour les labeurs, ce qui n'exclut pas chez elle l'exécution d'ouvrages de ville faits avec goût. Elle entreprend aussi avec succès les tirages de vignettes et couleurs. Le personnel de cet atelier comporte 67 ouvriers, entretenus autant que possible. M. Gustave Gratiot met tous ses soins à donner à son imprimerie une extension qui contentera tout le monde une fois atteinte, bien dirigée qu'elle est par M. Abel Bourdier. Le nom de M. Gratiot compte deux générations de maîtres imprimeurs. Qu'elle en compte encore dix aussi honorables que les aînées, et les ouvriers n'auront qu'à se féliciter de leur bien-être et de leur sécurité.

10. Imprimerie impériale, rue Vieille - du - Temple , 87. — L'Imprimerie impériale fut fondée par Louis XIII, et installée dans le palais du Louvre en 1640. Établie dans un but scientifique, pour conserver la pureté de la typographie française, et pour mettre à la disposition des savants les types étrangers que l'industrie privée ne pouvait leur offrir, l'Imprimerie impériale fut, dès l'origine, dépositaire d'une collection précieuse. Les caractères grecs que François Ier avait fait graver, les caractères arabes, turcs, persans, dont Savary de Brèves avait surveillé la gravure et l'exécution pendant son ambassade à Constantinople, de 1589 à 1614, furent les premiers éléments de cette collection.

Plusieurs imprimeries gouvernementales furent successivement fondues avec l'Imprimerie impériale : un arrêt de 1765 y réunit l'imprimerie formée dès 1683 dans l'hôtel de la Guerre à Versailles ; un autre arrêt de 1789 y réunit également l'imprimerie dite *du Cabinet*, à Versailles.

Par suite de ces diverses adjonctions, l'Imprimerie impériale imprimait, en 1789, pour le cabinet du roi, pour les conseils, pour tout ce qui était relatif aux affaires secrètes, ou qui exigeait des garanties particulières, comme les congés des troupes, les passe-ports, les brevets, les valeurs du Trésor. On lui confiait, en outre, l'impression des lois et des ouvrages dont le roi ordonnait la publication à ses frais.

Après la révolution, l'Imprimerie impériale fut transférée à l'hôtel de Toulouse, dans les bâtiments occupés aujourd'hui par la Banque de France.

Il existait à la même époque une imprimerie spéciale de la Loterie de France, qui avait été successivement chargée des impressions administratives. Lorsque la loterie fut supprimé par la Convention, cette imprimerie fut néanmoins conservée par le décret du 27 frimaire an II, sous le titre d'*Imprimerie des administrations nationales ;* elle devait, d'après le décret, être chargée de toutes les impressions concernant le service des départements des ministères, de la trésorerie nationale et des diverses régies et administrations.

La loi de 21 prairial an III et l'arrêté du 14 brumaire an IV réunirent l'imprimerie des Administrations nationales à l'imprimerie de la République, qui, dès lors, eut deux caractères : un caractère scientifique et un caractère administratif.

Sa collection de types, enrichie par Louis XV de caractères hébreux et chinois, fut augmentée par Bonaparte, qui, faisant enlever les collections de l'imprimerie de la Propagande à Rome, et de l'imprimerie des Médicis à Florence, fit transporter à Paris une série de poinçons arabes, barmans, coptes, éthiopiens, malabars, persans, samaritains, syriaques et thibétains.

Le décret du 24 mars 1809, confirmé par l'ordonnance du 23 juillet 1823, assura à l'Imprimerie impériale le privilège des impressions administratives et régla ses atttributions.

La législation de 1823 est resté en vigueur ; les attributions de l'Imprimerie Impériale consistent, d'après cette loi :

« Dans l'impression du *Bulletin des lois ;*

2º Dans les travaux d'impression du cabinet et de la maison du roi, de la chancellerie, des ministères et des administrations qui en dépendent ;

3º Dans l'exécution des ouvrages exigeant des caractères qui ne se trouvent pas dans les imprimeries ordinaires.

4º Dans l'impression des ouvrages dont l'impression gratuite aura été ordonnée conformément au nº 4 de l'article 8 de l'ordonnance du 28 décembre 1814, et à l'article 10 de l'ordonnance du 21 janvier 1820.

L'Imprimerie impériale a été transférée, par suite d'un décret du 6 mars 1809, dans une partie de l'hôtel de Soubise, appelée palais Cardinal, et construite en 1712 par ordre du cardinal de Rohan.

Elle possède maintenant des ateliers de fonderie de caractères d'imprimerie typographique, de gravure et de dessin lithographiques, d'imprimerie lithographique, de coloriage, de satinage, de brochage, de réglure, de papeterie et de reliure.

L'impression des noirs des figures des jeux de cartes et de l'as de trèfle se fait également à l'Imprimerie impériale, et c'est même un travail assez important, puisqu'en 1847 la fabrication pour toute la France a donné un nombre total de 5,555,807 jeux de cartes. Paris entrait dans ce nombre pour 1,337,678 jeux.

Un fond capital de 783,435 fr. 10 c. avait été réservé sur la liquidation des exercices antérieurs à 1815. Il a été complété par une ordonnance de 1838, et s'élève à 1,000,000 fr. Il est représenté par les valeurs en caisse ou au Trésor, les créances actives et la valeur des travaux en cours d'exécution. Les impressions sont payées par les diverses administrations pour lesquelles elles sont faites, suivant un tarif arrêté.

L'Imprimerie impériale est chargée de faire gratuitement le service du *Bulletin des lois*, du *Bulletin des arrêts de la Cour de Cassation.*, et d'exécuter les impressions gratuites ordonnées, comme, par exemple, le *Moniteur des Communes.*

Une retenue de 2 pour cent est exercée sur les salaires au profit d'une caisse de retraite qui ne reçoit aucune subvention de l'État et dont le fond appartient à l'Imprimerie impériale.

La pension des ouvriers est fixé à 400 fr., minimum après trente ans de service, ou vingt-cinq ans et soixante ans d'âge, et au maximum à 500 fr. après trente-cinq ans de service. La pension des ouvrières est des deux tiers de celle fixée pour les hommes.

Des secours de maladie, fixés à 1 fr. par jour pour les ouvriers et à 0 fr. 75 c. pour les ouvrières, sont prélevés sur les retenues. Ces secours peuvent se prolonger pendant 90 jours dans une même année.

Voici la composition et la statistique des fonctionnaires et des ouvriers de l'Imprimerie impériale :

Directeur.

M. DE SAINT-GEORGES.

Bureau typographique.

MM. Rousseau, chef du service des travaux.
Babinet, sous-chef.

Composition.

PREMIÈRE DIVISION.

MM. Labouyrie, prote.
Arson, sous-prote.
Lancelin, { *liseurs* d'épreuves en 1re.
Ribaut, }
56 compositeurs.
2 imprimeurs pour les épreuves.
7 élèves compositeurs.
1 garçon d'atelier.

DEUXIÈME DIVISION.

MM. Besillat, prote.
Lecomte, sous-prote.
Dalonneau, contre-maitre.
Bernard, } liseurs d'épreuves en 1re
Maillard, }
70 compositeurs.
2 imprimeurs pour les épreuves.
9 élèves compositeurs.
1 garçon d'atelier.

CHAMBRE AUX CARACTERES D'ÉCRITURES.

2 compositeurs.
1 élève compositeur.
1 presse à épreuves.

**TROISIÈME DIVISION
OU CHAMBRE ORIENTALE.**

MM. Pihan. sous-prote.
Bigault, liseur d'épreuves.
10 compositeurs.
1 élève compositeur.
1 garçon d'atelier.

**LA RÉSERVE
OU LA CONSERVE DE TOUS LES MODÈLES.**

1 chef de réserve.
5 compositeurs.

Correcteurs en deuxièmes épreuves dans les trois divisions de composition.

MM. Laurent.
Dufau.
Gournet.
Besche.
Chollet.

Correcteurs orientaux.

MM. Lagrange.
Derenbourg, docteur en philosophie

Ateliers des presses,

Comprenant la COLLECTION *où se trouvent tous les ouvrages illustrés.*

7 presses à bras.
8 imprimeurs.
1 garçon d'atelier.

PREMIÈRE DIVISION.

MM. Mirat, sous-prote.
Parot, contre-maître.
50 presses à bras.
92 imprimeurs.
2 garçons d'atelier

DEUXIÈME DIVISION.

MM. Léné, sous-prote
Girard, contre-maitre.
46 presses à bras.
86 imprimeurs.
2 garçons d'atelier.

PRESSES MÉCANIQUES.

MM. Daney, contre-maitre.
Boulard,
Gosset,
Gilbert, } conducteurs.
Leroy,
11 mécaniques.
9 trempeurs.
4 margeurs.
36 margeuses.
1 garçon d'atelier.
En outre, il y a 3 presses colombier ou grand aigle.

RÉSUMÉ

Directeur	1
Chef du service des travaux	1
Sous-chef au même service	1
A reporter	3

Report	3
Protes de composition	2
Sous-protes	3
Contre-maître	1
Chef de réserve	1
Liseurs d'épreuves en première	5
Correcteurs orientaux et en deuxième	7
Compositeurs	143
Elèves compositeurs	18
Garçons d'atelier	9
Sous-protes aux presses	2
Contre-maîtres aux presses	2
Imprimeurs	189
Contre-maîtres aux mécaniques	1
Conducteurs	5
Margeurs	4
Margeuses	36
Trempeurs	9
Personnel typographique	440

Il faut ajouter à ce chiffre :

Fondeurs en caractères	25
Mécaniciens, serruriers, chauffeurs	10
Dessinateurs et graveurs lithographes	15
Imprimeurs lithographes	16
Satineurs, assembleurs, sécheurs, régleurs, paqueteurs	40
Papetiers et relieurs de registres	27
Relieurs de livres	4
Plieuses, brocheuses, relieuses	149
Satineuses	16
Apprêteuses à la fonderie	7
Sécheuses aux cylindres mécaniques	16
Coloristes à la lithographie	3
Total géneral	768

C'est avec intention que je ne mentionne pas ici l'armée d'employés qui remplit les bureaux de l'Imprimerie impériale, cela me mènerait trop loin.

Avant d'en finir avec l'Imprimerie impériale, un mot du livre publié en 1853 par l'un de ses correcteurs, M. Auguste Bernard, livre intitulé : *De l'Origine et des Débuts de l'Imprimerie en Europe.*

Cet important ouvrage est divisé en deux parties, formant chacune un volume : la première traite de l'origine de l'art, des inventeurs et de leurs travaux. De nombreux *fac-simile* y sont joints. La seconde fait connaître comment l'art se répandit en Europe et quels en furent les premiers vulgarisateurs. L'auteur les suit pas à pas dans leurs pérégrinations, et en décrit avec un soin minutieux tous les travaux.

Ce livre est le résumé de tous les travaux antérieurs sur l'origine de l'Imprimerie. Tous les écrivains qui avaient jusqu'ici traité de ce sujet l'avaient comme à plaisir enveloppé de fables. M. Aug. Bernard a pris à tàche de l'en dégager et de rétablir les faits dans leur réalité. Typographe et membre de la Société des Antiquaires de France, il pouvait mieux que tout autre traiter un sujet qui demande tant de sagacité et tant de connaissances réunies. Si les découvertes des bibliographes dans ces derniers temps ont contribué à lui rendre possible la tàche qu'il entreprenait, de nombreux voyages à travers l'Europe lui ont aussi permis de contrôler les assertions diverses émises avant lui, et de donner aux documents nouveaux, souvent mal compris, leur véritable sens. On peut dire qu'il a restitué à chacun des inventeurs de *l'art merveilleux*, comme l'appelaient nos pères, la véritable physionomie qui lui appartient, comme aussi la part de talent, d'imagination et de dévouement qu'ils apportèrent dans sa réalisation et ses premiers perfectionnements. Toutes les assertions de l'auteur sont fondées sur les monuments eux-mêmes ou sur des documents authentiques conservés dans les diverses bibliothèques de l'Europe, savamment étudiés et décrits *de visu.* Bref, c'est un livre très sérieux, très curieux, et qu'il n'est pas permis à un typographe amoureux de son art, ni à un bibliophile, de ne pas posséder et étudier.

Les détails qui précèdent sur l'Imprimerie impériale sont, en partie, empruntés à une brochure du même auteur qui a pour titre : *Notice historique sur l'Imprimerie nationale,* 1849.

11. Henri Plon ✳ , imprimeur de l'Empereur, rue de Vaugirard, 36, au 15 avril, rue Servandoni, 11 (ancien brevet de M. Béthune, cédé en 1836). — Cette imprimerie a eu la phase la plus brillante qu'il soit possible d'atteindre dans l'industrie typographique. Si elle a perdu quelque peu de son activité depuis plusieurs années, elle est toujours restée digne de sa brillante renommée. En possession de 864 poinçons et matrices de l'illustre Jules Didot aîné, elle a quelques types qui sont les plus riches de la capitale; alimentée par des éditeurs fameux, experts, méticuleux, faire bien, chercher le beau, exécuter vivement, poursuivre en tout la perfection, est dans ses habitudes; stimulée par l'ardeur travailleuse des quatre frères Plon, qui prêchent d'exemple chacun dans leurs attributions, poussée en avant par leur savoir étendu et recherché, elle pratique avec une égale aptitude plusieurs branches de la typographie, ce qui porte encore son personnel à 130 personnes. Pour montrer la diversité des travaux de cette maison, nous allons procéder au dénombrement de ses employés. — ADMINISTRATION : prote général, M. Delanchy; — faisant fonctions de prote aux presses et à la composition, M. Hippolyte Plon.—*Librairie ecclésiastique et de droit,* 4 personnes;—*magasin,* 5 hommes, 4 femmes;—*coloris* (Chemin de la Croix), 3 hommes et 2 femmes; — *menuiserie,* 2 personnes; · *taille-douce et lithographie,* 1 dessinateur, 1 imprimeur; — *g açage* (2 machines), 8 hommes, 4 receveurs (enfants);—*mécaniques* (six), 1 prote (M. Ad. Grumel), 5 conducteurs, 2 chauffeurs, 2 trempeurs, 6 margeurs, 10 receveurs, 1 découpeur;—*presses à bras,* 17 (plus une presse-machine pour les affiches), 1 prote (M. Berthelot), 12 imprimeurs; — *fonderie et clicherie,* 2 ouvriers et 1 jeune homme; — *composition,* 53 compositeurs, 4 correcteurs, 2 teneurs de copie, 2 faiseurs de courses, 1 concierge spécial pour les ouvriers. — JOURNAUX : l'*Abeille,* tous les dix jours; la *Lancette,* semi-quotidien; le *Journal des Tribunaux de commerce,* mensuel; le *Journal pour rire,* hebdomadaire; les *Modes parisiennes,* hebdomadaire.

12. Jules Delalain, imprimeur de l'Université, rue de Sorbonne, 4 (ancien brevet de M. Delalain père, cédé en 1838). — Cette maison n'imprime spécialement que des classiques et les publications régulières que voici : le *Recueil des Lois et Actes de l'Instruction publique,* les *Annales législatives de l'Instruction publique,* mensuels, et l'*Annuaire de l'Instruction publique.* Le nombre d'individus employés dans cet atelier est de 50 à 60. On y compte 56 casses montées. M. Jules Delalain administre son imprimerie d'une manière simple et paternelle; mais aussi n'y entre pas qui veut. Pour jouir de ce patronat d'une prévoyance si grande dans le travail, d'une générosité si délicate dans les maladies et l'affliction, ah ! dame, il faut remplir certaines conditions de moralité. Mais on est bien loin de faire un crime à M. Jules Delalain de ses précautions, lorsqu'on le voit montrer tant de noblesse de sentiment et tant d'exquise sollicitude envers ceux qu'il emploie; on est bien loin de se blesser des garanties qu'il demande, lorsque lui-même, si riche par ses œuvres, donne l'exemple du courage et des habitudes laborieuses. Disons-le avec regret, les patrons du caractère de M. Jules Delalain sont malheureusement trop rares par le temps qui fuit. Nommé en 1850 membre de la commission du Tarif, M. Jules Delalain défendit scrupuleusement les intérêts en jeu; il le fit équitablement et en homme de cœur. — Cet atelier possède, en qualité de prote, un homme qui a rendu des services notoires à la typographie parisienne. Avec une aménité pleine de ressources, avec une mesure et une clarté peu ordinaires, avec un savoir consommé et un fonds d'idées larges, sensées, justes, M Antoine Viez a contribué puissamment aux réformes introduites dans les prix de main-d'œuvre depuis douze ans. Comme ouvrier, nul mieux que lui ne savait familiariser les patrons avec les questions brûlantes. De même que M. Parmentier, M. Antoine Viez a toujours réuni une immense majorité pour tous les postes honorifiques dont voulaient l'investir ses confrères, et toujours il a débattu leurs intérêts avec sagesse et modération.

13. Chaix et Cie , rue Bergère, 20 (ancien brevet de M. de Berny, cédé en 1845). — Cette maison s'intitule: *Imprimerie centrale des chemins de fer,* et c'est justice. Elle est même une sorte de débarcadère pour les jeunes compositeurs qui arrivent à Paris avec cet air timide et ce ton ultra-poli qui décèlent le typographe primitif, l'homme ignorant des habitudes parisiennes du travail, l'ouvrier facile à cultiver et pur de tout contact avec les mauvaises têtes de la capitale. Comme imprimerie, celle de M. Napoléon Chaix offre l'aspect le plus ravissant qu'on puisse voir! Aucun atelier de la capitale ne peut rivaliser avec elle par l'heureuse distribution du local, par la disposition symétrique et élégante des rangs, des marbres, des presses et des mécaniques; par la nouveauté des instruments de travail, enfin par l'éclairage et la décoration! Mais regardez jusqu'où va l'originalité de certains ouvriers : il y en a pourtant qui préfèrent la vieille architecture des ateliers de MM. Thunot, Dupont, Raçon, Dubuisson et Claye, au palais typographique de M. Chaix! Il y en a qui aiment mieux être placés *derrière le poële* proverbial de M. Cosson, que dans cette immense galerie chauffée et égayée par la vapeur! Interrogez-les à cet égard?... Eh bien! cette gent indisciplinable répondra hardiment qu'il lui est arrivé plus d'une fois de servir d'ornement pur et simple à l'établissement; elle dira encore que les réglements de la maison lui donnent la chair de poule; enfin elle ira jusqu'à alléguer qu'on est forcé d'invoquer trop souvent la sagesse des prud'hommes, dans ce temple élevé à la toute puissance du dieu rail-way! Voilà leurs raisons, à ces gens difficiles! — M. Napoléon Chaix imprime l'*Assemblée nationale*, quotidien; le *Dock*, le *Tintamarre*, le *Nouveau Journal des Théâtres*, le *Spectateur universel* et le *Journal des Chemins de Fer*, de MM. Jules Mirès, hebdomadaires; le *Favori des Dames* et l'*Eclairage au Gaz*, mensuels. En dehors de ces publications, l'imprimerie centrale des chemins de fer produit des labeurs, d'immenses travaux administratifs, des impressions considérables en papiers de sûreté. Ajoutons que ces derniers travaux se distinguent par une recherche, une précision, une grâce, poussées au suprême degré !

14. Remquet et Cie, rue Garancière, 5 (ancien brevet de M. Renouard, cédé en 1848). — Seule association typographique parisienne qui ait conservé sans modification ses statuts commerciaux depuis sa fondation. Son personnel associé, qui est de 14, se complète par 16 ouvriers auxiliaires. L'activité qui règne en ce moment dans cet atelier est des plus méritantes: le zèle éprouvé de M. Remquet, gérant de l'association, ainsi que la bienveillance du prote, M. Olmer, sont des garanties sérieuses pour tous les ouvriers, associés ou non. Nous ajouterons que la confraternité est des mieux établies dans cette imprimerie, ce qui nous démontre suffisamment la vitalité des associations ouvrières lorsqu'elles auront pour base un loyal patronat, secondé par une direction intelligente, qui sait amoindrir les rivalités, sujet de découragement et de ruine. Il nous est arrivé plusieurs fois de discuter publiquement cette opinion, qui est nôtre, à savoir qu'une association typographique isolée, qui prend pour unique base le bon marché et la course aux éditeurs, au lieu de se fonder par l'émulation, le talent, la perfection, la supériorité de ses produits, cette association, disons-nous, conduit immanquablement à l'avilissement des salaires et à la décadence de l'imprimerie; car il est évident que si moi, association, je me contente d'un prix minime d'étoffes, à cause du dédommagement de mon salaire, le patron, lui, qui exploite seul, à ses risques et périls, réduira le gain de ses ouvriers pour soutenir la lutte. Bien que ces réminiscences nous arrivent à propos de l'association Remquet et Ce, nous sommes heureux de déclarer que les conditions d'existence de cette imprimerie n'ont rien de commun avec le système de travail que nous réprouvons comme ami dévoué du Tarif. La maison Remquet possède des caractères allemands; elle imprime le *Moniteur des Hôpitaux*, la *Presse médicale*, *Cosmos* et la *Semaine religieuse*.

15. Meyrueis et Cie, rue Saint-Benoît, 7 (brevet transmis le 20 juin 1853, à la suite du décès de M. Ducloux). — Spécialement destinée aux publications protestantes, cette imprimerie est un des ateliers moyens les mieux estimés des ouvriers typographes. Dans l'intérêt de mes confrères, puisse cette maison se développer et prospérer tout autant que je le désire entre les mains de son nouveau directeur et sous la proterie juste et sans prétention de M. Levray. Cette maison imprime le *Bulletin de la Société du Protestantisme français*, 12 numéros indéterminés par an; les *Archives du Christianisme*, deux numéros par mois ; *l'Ami de la Jeunesse*, le *Magasin des Ecoles du Dimanche* et les *Archives du Méthodisme*, mensuels. Son personnel est de 30 à 35 ouvriers.

16. Walder, rue Bonaparte, 42 (ancien brevet de M. Gerdès, cédé le 20 juin 1853). — Le patronat n'a exercé aucune influence sur les habitudes laborieuses de M. Walder. Ancien ouvrier imprimeur, puis conducteur de mécaniques, il est resté comme devant : soigneux dans ses tirages et dédaigneux pour les fatigues. C'est lui qui conduit ses machines et qui surveille l'impression des publications illustrées dont il a la clientèle, parmi lesquelles nous citerons l'*Illustration espagnole*, hebdomadaire. Cette maison fait, outre cela, le *Souvenir, journal de la Noblesse*, hebdomadaire. Succéder à un homme de bien impose des devoirs et donne carrière aux rapprochements. Jusqu'à présent, M. Walder a su consoler la typographie ouvrière de la retraite de M. Gerdès, dont les bons principes se perpétueront, bien sûr, dans l'imprimerie de la rue Bonaparte. — M. Walder occupe un personnel de 35 a 40 ouvriers.

17. Guiraudet ✳ et Jouaust, rue Saint-Honoré, 338 (brevet transmis, en 1829, par Mme veuve Moreau). — Dans cette imprimerie s'impriment les ouvrages périodiques suivants : le *Journal du Palais*, 10 feuilles grand in-8° par mois ; — le *Journal de l'Enregistrement*, trois fois par mois, en livraisons d'une feuille ; — les *Mémoires des Travaux de la Société des Ingénieurs civils*, 6 feuilles par trimestre ; — le *Bulletin des Crèches*, 4 feuilles par trimestre ; — le *Bulletin de la Société aérostatique*, 3 feuilles par mois. De nombreux labeurs, des tableaux, des ouvrages d'algèbre et de ville alimentent cette maison, recommandable à plus d'un titre. Le savant ouvrage de M. Radu, qui a pour titre *les Bibliothèques communales*, sort de cette imprimerie. On peut avoir une idée de ses ressources en examinant ce livre, de plus de 500 pages, lequel renferme une série de tableaux chronologiques. — M. Guiraudet, depuis nombre d'années, est le président de la chambre syndicale des maîtres imprimeurs de Paris. En 1843, il fut appelé, par le suffrage de ses confrères, à participer à une œuvre de conciliation entre les patrons et ouvriers de la capitale ; il concourut aux laborieux travaux de la commission mixte pour l'élaboration du Tarif uniforme que j'ai rendu applicable à la province. Président de cette commission, M. Guiraudet fit entendre des paroles chaleureuses dans les fêtes typographiques qui se succédèrent pendant nombre d'années. Appelé aux fonctions de prud'homme, réélu plusieurs fois, soit par la typographie, soit par différents corps d'état qui appréciaient sa loyauté industrielle, ce maître imprimeur fut nommé chevalier de la Légion-d'Honneur le 20 août 1852. Entraîné par son ardeur à faire le bien, inspiré par son amour tout juvénile du progrès, M. Guiraudet prit, cette année, l'initiative d'un projet de Caisse de Secours pour les ouvriers typographes ; mais comme depuis longtemps déjà la typographie possédait, sous diverses formes, une œuvre collective qui répond aux besoins des misères imméritées, la proposition n'eut pas le succès que faisait espérer une série d'articles très larges et très libéraux. Mais M. Guiraudet est plutôt homme à prendre sa revanche qu'à se laisser décourager, et j'espère bien qu'un jour ou l'autre il tentera de faire légaliser le conseil amiable des patrons et ouvriers typographes de Paris, ce qui donnerait une sécurité de plus à ces derniers, et un grand avantage aux maîtres imprimeurs qui exécutent loyalement le Tarif typographique, l'un des principaux titres d'honneur de M. Guiraudet. Cette maison occupe un personnel de 39 ouvriers.

18. L'abbé Migne, rue d'Amboise, 20, au Petit-Montrouge (brevet spécial accordé en 1826). — Grande maison aux portes de la capitale, fondée par M. Migne, pour l'exploitation d'ouvrages de religion et de sciences ecclésiastiques. La *Bibliothèque universelle*, dont M. l'abbé est le créateur, doit comprendre 2,000 volumes in-8°, à deux colonnes ; le *Cours de Patrologie* (grec et latin), en 300 volumes, aussi à deux colonnes, est achevé. Ces deux collections seront, sans contredit, les deux plus fabuleuses qui existent. Depuis sa fondation, cette imprimerie a été exclusivement alimentée par des labeurs géants. Cependant, un journal quotidien, la *Voix de la Vérité*, se publie dans cette vaste usine. On compte en ce moment 596 personnes occupées par les Ateliers catholiques du Petit-Montrouge, soit 190 compositeurs,

38 imprimeurs, 24 correcteurs, 4 conducteurs et 340 employés divers, tels que fondeurs, clicheurs, relieurs, rédacteurs, brocheuses, etc. C'est, après l'Imprimerie impériale, l'établissement le plus important de France sous le rapport du personnel ; mais, comme le dit M. Migne, avec une ostentation que je comprends peu, il ne s'y fait *pas d'œuvres d'art*. J'ajouterai qu'il ne s'y fabrique que des éditions défectueuses à l'œil, rachetées faiblement par le soin de la correction. Cet atelier peut s'enorgueillir d'un matériel double de celui du plus considérable atelier de notre pays. Seulement, je regrette de voir tant de richesses industrielles et de forces productives s'égarer dans des expériences décevantes pour la corporation à laquelle j'ai l'honneur d'appartenir. S'il est une imprimerie où puissent s'expérimenter des systèmes d'émulation et de justice distributive, c'est assurément chez M. Migne. Là, pas d'éditeurs qui pressent, pas de clients qui harcellent, pas de rouages qui gênent, pas de concurrents à redouter. Un seul homme pense, gouverne et impose ses volontés. Avec toutes ses prérogatives enviables, M. l'abbé ne fait pourtant qu'élargir la plaie de la typographie souffrante, par sa persistance dans des idées fausses. Par une philanthropie mal inspirée, il investit des droits et du titre de compositeur des apprentis-hommes en trois et six mois ; — par un excès d'humanité, il partage entre 190 compositeurs la besogne de 110 à 120 ouvriers ordinaires, ce qui endort ou éteint les habitudes laborieuses chez beaucoup d'entre eux ; — par une appréciation incompétente ou mal conseillée du travail, il inflige l'exclusion publique et préjudiciable à des ouvriers souvent très capables. En patron mal avisé, M. Migne a fait plusieurs tentatives d'émulation, mais elles sont plutôt malheureuses et immorales que charitables et encourageantes. Je citerai, par exemple, la prime du travail bien exécuté, qui consistait en un *petit verre d'eau-de-vie* accordé chaque matin à l'ouvrier capable. Ne vaut-il pas cent fois mieux entretenir activement un personnel que d'accoutumer des ouvriers à de pareilles générosités ! Je le dis franchement à M. Migne, dont je connais la tolérance pour les paroles sincères, je voudrais voir entrer son magnifique établissement dans une voie d'amélioration inexplorée par lui jusqu'à ce jour, c'est-à-dire que les prix de main d'œuvre fussent dans des conditions avantageuses et honorables pour tous ; que la somme de travail fût distribuée avec plus d'équité ; que l'humilité et la bonté paternelle fissent place aux taquineries mesquines et à la vanité démonstrative du maître : l'atelier de Montrouge y gagnerait en renom et en considération ce que les ouvriers y trouveraient en bien-être et en sécurité, et la somme de richesse amoncelée par les laborieux efforts et la vaste intelligence de M. Migne féconderait l'activité ouvrière de cette manufacture typographique gigantesque.

19. Duverger, rue de Verneuil, 6, incessamment rue des Grès, 7 (ancien brevet de M. Clô, cédé en 1825). — Cette maison ne possède en ce moment qu'un personnel de 28 individus, nombre restreint d'autant plus regrettable, que l'imprimerie de M. Duverger est une des meilleures et des plus anciennes imprimeries de la capitale. Les magnifiques impressions des *Galeries de Versailles* et de tant d'autres chefs-d'œuvre, attestent suffisamment le goût artistique et la haute capacité typographique de ce maître imprimeur. M. Duverger fut l'un des patrons les plus dévoués pour aider à la régénération des ouvriers typographes. En 1843, la chambre syndicale des maîtres imprimeurs le portait au premier rang pour la commission du Tarif. Nous avons tout lieu d'espérer que l'ancienne et célèbre maison Duverger reprendra sa splendeur typographique, car de grands projets sont sur le point de recevoir leur exécution. Un atelier modèle étant l'aspiration la plus vive de M. Duverger, il en ressortira plus de bien-être pour les ouvriers et une nouvelle preuve de sollicitude de cet honorable imprimeur. A titre de souvenir, nous rappellerons en passant que M. Duverger a écrit et publié, en 1810, une *Histoire de l'Invention de l'imprimerie par les Monuments*. D'après le rapport qui en a été fait, en 1849, à la Société des Protes, par M. Portier, ce n'est rien de moins « qu'un livre profond et sérieux, qu'un modèle de savoir et d'érudition, qu'un monument de reconnaissance élevé à la mémoire de Gutenberg. » Nous tenons pour bon et impartial le jugement du prote de M. Vinchon. — M. Duverger inventa, en 1829, des caractères mobiles pour composer la musique. Les différents perfectionnements apportés dans cette invention lui valurent la médaille d'argent à l'Exposition de 1834, et la médaille d'or à celle de 1844. Le 29 juillet 1830, M. Duverger prit la direction de l'Imprimerie royale, qu'il résigna bientôt.

20. Pommeret et Moreau, quai des Augustins, 17 (ancien brevet de M. Poussin). — Cette maison imprime un *Recueil de Lois*, la *Revue de l'Orient* et les *Décisions du Conseil d'Etat*, publications mensuelles. Avec ces travaux et une infinité de labeurs, elle alimente activement un personnel de 15 à 20 ouvriers, qui désire voir se perpétuer son état de sécurité et de modeste bien-être.

21. Ernest Pankoucke ✳, 6 et 14, rue des Poitevins (ancien brevet de Mᵐᵉ veuve Agasse, cédé en 1844). — Cette maison imprime le *Moniteur universel* depuis sa fondation par les frères Agasse en 1789. Elle est une des plus anciennes de Paris. Des œuvres importantes, telles que les *Classiques latins* et les *Victoires et Conquêtes*, ont rendu le nom de M. Pankoucke européen. Son personnel typographique, y compris celui du *Moniteur*, est de 75 à 80 ouvriers. M. Ernest Pankoucke semble se reposer sous les lauriers paternels et paraît n'avoir d'autre ambition que de maintenir son imprimerie au rang distingué conquis par son père. La somme de travail produite annuellement par cet atelier pourrait être quintuplée par la richesse de ses ressources inactives. Quand nous songeons au nombre d'ouvriers qui bénéficieraient de leur exploitation, nous éprouvons un bien grand regret, regret que ressent toute la typographie, la maison Pankouke étant une de celles qui sont le plus hautement estimées de la capitale. — Sa clientèle se compose du *Manuel général de l'Instruction primaire* et de la *Revue de l'Enseignement*, journaux hebdomadaires ; du *Dictionnaire Bouillet* et d'un grand nombre de *Catalogues bibliographiques*.

22. Bailly et Divry, place Sorbonne, 2 (ancien brevet de M. Thuau, cédé en 1833). — Cet établissement imprime la *Réforme agricole*, la *Revue mensuelle*, le *Bulletin de la Société de Saint-Vincent-de-Paul*, le *Courrier médical* et les *Petites affiches pharmaceutiques*, toutes publications mensuelles. Le travail capital de cette imprimerie est le journal l'*Univers*, quotidien et semi-quotidien. Le rang qu'elle occupe ici accuse chez elle une activité assez considérable en labeurs.

23. Penaud frères, rue du Faubourg-Montmartre, 10 (ancien brevet de M. Bailly-le-François, cédé en 1847). — Imprimerie de publications pittoresques dans laquelle on exécute les journaux périodiques que voici : le *Recueil de la Médecine vétérinaire* et le *Journal de Chimie et de Toxicologie*, mensuels ; le *Cours de la Bourse*, de Jacques Bresson, quotidien ; le *Cours général des Actions et Entreprises industrielles*, par le même, hebdomadaire ; le *Journal et Dictionnaire des Assurances*, publication irrégulière. — M. Monpied aîné, prote de cette imprimerie, a présenté, à la Société d'Encouragement pour l'Industrie nationale, une note sur l'application des filets typographiques à la reproduction des figures géométriques, plans, etc. (1) Après avoir fait l'histoire de la nature et de l'emploi des filets typographiques, l'auteur donne des exemples de la facilité avec laquelle il courbe et plie en tous sens une matière rebelle et cassante. Parmi les beaux résultats obtenus, nous avons remarqué surtout des signes hiéroglyphiques, tirés à 3,000 exemplaires et clichés ensuite, pour les *Études historiques de Châteaubriand*, page 233 (édition de MM. Penaud frères), et le premier appareil de Marsh, composé aussi en filets ordinaires, et extrait de la *Notice historique sur l'empoisonnement par l'arsenic*, publiée par M. Hillairet. Dans ces reproductions, destinées à suppléer au besoin à la gravure sur bois, tout est combiné par approches et sans soudure. La mise en train, toujours si difficile avec les bois, n'ayant plus à vaincre les inconvénients des différences de hauteur, donne un tirage plus doux et plus net à la fois. Il est évident qu'en l'absence du graveur, MM. les impri-

---

(1) Cette note, et le grand dessin typographique l'*Amour et Psyché*, ont été publiés, avec le rapport de M. Barre sur ce travail, dans le *Bulletin de la Société d'encouragement* de novembre 1849, pag. 531-534, et planche 1120.

meurs éloignés de Paris pourraient trouver, dans les dispositions de leurs compositeurs à suivre la voie frayée par M. Monpied, un moyen de reproduire les figures contenues dans un texte. Nous sommes d'autant plus fondé à leur donner ce conseil, que M. Monpied a bien voulu nous promettre d'initier à sa méthode les personnes qui voudraient en faire l'application. L'art typographique n'est pas seulement redevable à M. Monpied de cette heureuse tentative : grâce à sa bienveillante confraternité, nous avons visité son merveilleux musée typographique, atelier en miniature, imprimerie lilliputienne formée entièrement de sa main adroite et intelligente, où rien de ce qui tient à l'art de Gutenberg n'a été oublié, chassis, composteur, rang, casses, galée nouvelle, etc. Dans ce sanctuaire de la patience et de l'habileté, nous y avons admiré les trois formes, je dirais presque les trois planches, de l'*Enlèvement de Pandore*, l'*Amour et Psyché*, et la *Mort d'Abel*, tableaux exécutés en filets typographiques de matière ordinaire, où les plus surprenantes combinaisons s'allient à un soin, à une finesse d'exécution dont nous ne connaissons aucun exemple. Dans ces compositions, il n'existe aucun corps étranger : depuis le lingot tordu jusqu'au filet réduit à l'épaisseur du point, on chercherait en vain autre chose que la matière typographique. Nous sommes heureux de donner ici nos éloges à M. Monpied aîné, lapidaire en typographie et prote expérimenté, éloges bien modestes en raison des récompenses qu'il a reçues de ses collègues, des encouragements dont il a été l'objet de la part du gouvernement, et enfin de la décoration de la Légion-d'Honneur qui a couronné ses œuvres.

24. Pillet fils aîné, rue des Grands-Augustins, 5 (brevet cédé en 1846 par M. Pillet père). — Bonne et vieille maison à labeurs, bien honorée, bien dirigée. Elle emploie un personnel de 64 ouvriers, activement occupé par le *Journal des Villes et Campagnes*, semi-quotidien ; par le *Ménestrel* et la *Bibliographie de la France*, hebdomadaire ; par le *Médecin de la Maison* et la *Revue de Paris*, bi-mensuels, et par les *Archives de l'Art français*, tous les deux mois.

25. Cosse et Dumaine, rue Christine, 2 (ancien brevet de M. Baguenois, cédé en 1834). — Cette maison est presque exclusivement alimentée par des ouvrages de jurisprudence et de législation. Dix journaux mensuels et quelques travaux militaires pour la librairie de M. Dumaine, alimentent un personnel de 75 à 80 ouvriers. Metteur en pages du volumineux ouvrage les *Codes-Sirey*, M. Cosse, neveu de ce célèbre jurisconsulte, était, il y a vingt ans, un ouvrier consciencieux et actif. Cette imprimerie possède une machine Delarue, tirant simultanément une feuille en retiration et deux formes en blanc, quel que soit le format. Brevet a été pris pour cette invention.

26. Hennuyer, rue du Boulevart, 7, à Batignolles-Monceaux. — Dans cet établissement, fort actif en labeurs, s'impriment le *Musée des Familles*, dont on connaît la beauté de tirage ; le *Magasin des Demoiselles*, la *Lumière photographique*, le *Journal des Économistes*, le *Bulletin thérapeutique*, la *Revue de Législation*, l'*Ange gardien*, le *Brevet d'Invention*, les *Modes vraies*, les *Annales des Juges de Paix* et le *Philologue*, paraissant périodiquement.

27. Henri et Charles Noblet, imprimeurs du Sénat et du Corps législatif, rue Saint-Dominique-Saint-Germain, 56 (ancien brevet de M. Hacquart, cédé en 1826). — Cette maison, en dehors des travaux que lui procurent les sessions législatives, n'imprime guère que des labeurs. La *Vie des Champs*, semi-mensuel, et les *Mémoires de Médecine, de Chirurgie et de Pharmacie militaires*, deux volumes par an, sont les seules publications régulières qui sortent de ses presses. L'imprimerie de MM. Henri et Ch. Noblet possède une succursale au Corps législatif pour l'impression des comptes-rendus des séances. La direction de cet atelier appartient à M. Veyron-Lacroix.

28. Lacour, rue Soufflot, 16 (ancien brevet de M. Tillard, cédé en 1845). — Nous croyons cette imprimerie en association. Les nombreux travaux qu'elle a entrepris occupent un personnel de 85 à 90 ouvriers. Des thèses, des ouvrages de droit et de médecine, forment sa spécialité. Cet atelier imprime les publications périodiques suivantes : Le *Moniteur de l'Industrie et des Chemins* *de fer*, hebdomadaire ; la *Revue catholique*. les *Annales d'Afrique*, le *Journal de l'Académie nationale*, l'*Enseignement catholique*, les *Lois civiles et ecclésiastiques*, mensuels.—M. Charaire, l'ancien prote de cette imprimerie, nous a présenté de bienveillantes et sérieuses observations au sujet du travail qui nous tient en haleine depuis un an. Nous l'en remercions sincèrement ; mais elles décèlent un homme qui s'est étrangement mépris sur nos intentions. Ce n'est pas dans l'idée de divulguer aux libraires les secrets de la composition que nous avons imaginé notre Tarif universel : ça été dans le but d'offrir aux patrons et aux ouvriers les moyens de régulariser d'une manière infaillible les prix de main-d'œuvre dans la banlieue et la province. Que M. Charaire étudie un instant ce Tarif, et il sera frappé de son utilité. Elle le frapperait encore bien davantage si la valeur du mille de lettres, dans tous les pays, était tarifée par zone et mise en rapport avec le prix des vivres et des objets de première nécessité, au lieu d'être etablie par le bon plaisir ou selon des traditions que la concurrence inique a bouleversées. Avec un pareil état de choses, où résiderait la concurrence ? Dans la perfection des produits. Ah ! plutôt que de se consumer en stériles appréhensions sur les tendances hypothétiques de la typographie provinciale, MM. les imprimeurs de Paris feraient certainement mieux de prendre en main cette question pleine d'à-propos, car les chemins de fer qui se développpent leur en font presque une loi. M. Charaire voit donc bien que nos sympathies ne sont pas plus chaudes pour la banlieue et les départements que pour la capitale. Notre sollicitude est pour la typographie tout entière.

29. Gros, imprimeur des cours et tribunaux et du *Journal des Notaires*, rue des Noyers, 74 (ancien brevet de M. Gratiot père, cédé en 1838). — L'imprimerie de M. Gros est installée dans un hôtel antique, qui évoque naturellement le souvenir du moyen-âge, époque où les pauvres gens étaient taillables et corvéables, où l'ouvrier était un objet de rapport inique. Dans ma répulsion pour les temps féodaux, il m'arrive pourtant d'identifier le souvenir historique avec la nouvelle destination donnée à l'ancienne résidence de la reine Blanche. Ceci est tellement vrai, que j'ai maintes fois conseillé aux manants et vassaux, mes frères en esclavage, de se tenir à l'écart du domaine crénelé de messire Gros, me figurant que cet asile du travail devait être pernicieux à leurs intérêts véritables et à leur liberté. Rien qu'en passant devant son vieux portique, je me signe et recommande mon âme à Dieu ; or, on comprend bien que je ne suis pas dans un état d'esprit et d'humeur à aller voir ce qui se passe dans cette demeure suzeraine. Cependant, on dit que le seigneur est très aventureux et plein d'audace. Il se jette bravement dans des entreprises que ses égaux en puissance des fiefs voisins redoutent de tenter de peur d'être accusés de félonie, de sorcellerie et d'accointances avec le diable ; il ose accomplir, dans ses murailles séculaires et sous l'unique abri de ses tourelles moussues, ce que de preux chevaliers, dans leurs manoirs modernes, se gardent bien d'entreprendre, par la crainte seule d'amener la révolte parmi leurs sujets et serfs !

30. Paul Dupont ✳, rue de Grenelle-Saint-Honoré, 45 (brevet cédé par M. Gauthier-Laguyonie, en 1818). — L'imprimerie de M. Paul Dupont se trouve dans une condition hors ligne, et peut être mise, sans trop de désavantage ni de prétention, après l'Imprimerie impériale. Ses développements matériels sont immenses, et si le personnel ne s'élève qu'à 282 individus, il s'augmente cependant d'un tiers au moins par le fait même du surcroît de travaux de nuit et de dimanche qui s'exécutent toute l'année. Pour donner une idée exacte de l'importante maison de M. Paul Dupont, nous sommes obligé de diviser ainsi notre examen : 1o travaux administratifs, 2o labeurs et journaux, 3o œuvres d'art, 4o lithographie. — Travaux administratifs. Cette branche capitale de l'établissement consiste en services de finances publiques et privées, en pièces de comptabilité, en tableaux d'administration. Ces travaux, qui réclament une grande sûreté de coup-d'œil, une adresse constante, un soin et une patience de ciseleur, emploient 20 compositeurs, considérés à juste titre comme l'élite de la typographie parisienne. — Labeurs et journaux. Sans être aussi considérable en résultats que la précédente, la catégorie des labeurs et journaux n'en a pas moins une importance fort grande comme personnel et production. Elle comprend le *Journal de l'Instruction pu-*

blique, bi-hebdomadaire, et les quinze journaux mensuels que voici : *Annales des chemins vicinaux ;* — *du Commerce extérieur ;* — *des Contributions indirectes ;* — *hydrauliques ;* — *Bulletin administratif de l'Instruction publique ;* — *des Contributions directes et du cadastre ;* — *des Lois et Ordonnances ;* — *officiel du Ministère de l'Intérieur ;* — *l'Ecole des Communes ; le Guide des Chemins de fer ; Mémorial des percepteurs ; Nouvelles annales de la Marine et des Colonies ; Recueil des Actes administratifs du département de la Seine ; Revue médicochirurgicale ;* — *coloniale.* Des ouvrages importants, tels que *Codes, Mémoires,* etc., s'adjoignent aux travaux précités. — ŒUVRES D'ART. L'imprimerie de M. Dupont, coutumière du fait, s'est surpassée cette année par les riches impressions des *Trois règnes de la nature,* splendide ouvrage de l'éditeur Curmer, cet amateur des beaux livres, qui a multiplié à plaisir les occasions de faire briller les plus beaux fleurons de la typographie moderne. Le texte, avec vignettes, est d'une grande pureté. Les gravures sur bois, à deux teintes, méritent une mention toute particulière. Leur tirage à la mécanique est un premier essai tenté par M. Dupont; il présage les plus beaux succès. Les fonds et lumières, tirés d'abord avec une netteté et un fini parfaits, rehaussent la délicatesse des gravures ou sujets-reliefs, reproduits à un second tirage, et qui témoignent une fois de plus de la vigilante et scrupuleuse attention qu'on apporte dans la maison Dupont. Nous sommes indécis pour dire quel est le plus méritant, du patron, qui ne connaît aucun obstacle, ne redoute aucun sacrifice pour arriver à la perfection typographique, ou du directeur, M. Bramet, dont l'active sollicitude s'incarne dans les goûts artistiques de M. Paul Dupont, ou enfin de l'ouvrier qui, se passionnant pour ses œuvres, parvient, à force d'intelligence, de poésie du métier, d'habileté de main, à satisfaire ces deux puissants auxiliaires des chefs-d'œuvre typographiques. Ce que nous disons pour l'ouvrage de M. Curmer, nous le répétons pour les travaux spéciaux d'actions et obligations. M. Maréchal, ouvrier typographe d'une rare capacité, qui s'est révélé d'une façon si éblouissante dans les *Essais pratiques* de M. Paul Dupont, M. Maréchal, disons-nous, y apporte toutes les qualités brillantes et précieuses qui le distinguent. Mentionner ici que ce typographe accompli a été choisi par le gouvernement, en compagnie de M. Barbarant, prote de la lithographie, aujourd'hui maître, pour représenter l'imprimerie parisienne à l'Exposition universelle de Londres, c'est rendre justice à sa valeur personnelle, c'est applaudir à l'honneur mérité par la maison Paul Dupont. — LITHOGRAPHIE. On avait essayé bien souvent d'appliquer la vapeur aux presses lithographiques; mais il avait été impossible d'obtenir des résultats satisfaisants. La touche ou encrage exige de la part de l'ouvrier une intelligence qu'on ne peut demander à un moteur mécanique; car il faut, suivant la nature de l'ouvrage, tantôt appuyer sur le rouleau, tantôt effleurer à peine une des parties de la pierre. Pour surmonter cet obstacle, M. Paul Dupont a établi, dans ses ateliers, des presses lithographiques (1) où le chariot seul et les rouleaux distributeurs sont mus par la vapeur; on laisse ainsi à l'ouvrier, comme par le passé, le soin si difficile de répartir l'encrage, d'où il résulte un travail plus suivi, et un tirage plus net et plus expéditif que par la presse lithographique ordinaire. On ne s'est pas arrêté là ; une nouvelle presse mécanique (2), que M. Paul Dupont vient de faire établir tout récemment, réalise encore de grandes améliorations. Ainsi, pour les travaux ordinaires, tels que livres de commerce, factures, cartes, etc., dont l'encrage n'exige pas un soin particulier, la nouvelle presse confie à la mécanique toutes les opérations du tirage lithographique. De là une grande rapidité dans les tirages et une notable économie, puisqu'un seul ouvrier, aidé de deux apprentis, peut conduire deux presses tirant chacune 4,000 exemplaires par jour. — Après l'examen matériel, parlons des avantages moraux. Il n'y a pas un atelier typographique de Paris qui puisse rivaliser avec la stabilité du personnel de l'imprimerie de M. Paul Dupont. M. Bramet, que nous remercions pour sa bienveillance à satisfaire à toutes nos demandes de renseignements, nous a représenté un registre où chaque ouvrier se trouve inscrit par date d'entrée.

---

(1) Presse-Paul Dupont; brevet d'invention, s. g. d. g., 1850.
(2) Presse-Paul Dupont, Nuquet et Vaté; brevet d'invention, s. g. d. g., 1853.

M. Bramet, correcteur, devenu prote, est le *cinquantième* sur la liste, et il compte *quinze* années de présence dans cette imprimerie; plusieurs entrées remontent à 1825 ! Non seulement il y a l'ancienneté, preuve de bon patronat et d'amicale direction, mais il y a encore l'émulation bien entendue. Depuis sept ans, M. Paul Dupont poursuit son œuvre de prédilection : *Rémunération suivant le travail et la capacité, partage égal dans les bénéfices.* A cet effet, il distribue, dans une solennité annuelle, aux nombreux ouvriers attachés à sa maison, un dixième des bénéfices, représenté par des livrets portant 6 pour 0/0 d'intérêts dans l'entreprise. Des médailles en argent sont accordées aux ouvriers qui comptent moins d'une année. En 1853, M. Paul Dupont a fait don de plusieurs livrets de la caisse de retraite. Faire le bien, stimuler le zèle ouvrier, l'élever en dignité, en bien être, tel est, en résumé, l'Imprimerie administrative.

31. Mallet-Bachelier, rue du Jardinet, 15 (ancien brevet de M. Bachelier, transmis après décès le 14 mai 1853). — Cette maison ne nous a communiqué aucuns détails, abstention regrettable ; car nous aurions été trois fois heureux de lui consacrer quelques lignes favorables à ses travaux. A défaut de renseignements précis sur les ouvrages qui forment la spécialité de cet atelier et sur le personnel qui concourt à l'exécution des travaux, constatons les réformes nombreuses introduites dans la composition de l'algèbre par M. Bachelier, réformes admirées dans un rapport judicieux fait par M. Jules Cruché à la Société des protes, à l'époque où cette maison publia son spécimen. Le travail du prote de M. Wittersheim renferme des éloges précieux, accordés par des illustrations de premier ordre dans les mathématiques, MM. Arago, Serret et Catalan, éloges qui ont été les avant-coureurs de la médaille d'argent obtenue par cette imprimerie à l'exposition de 1849. N'oublions pas d'ajouter que ces différents succès sont dus en grande partie à l'habile savoir, comme typographe et comme fondeur, de l'ancien prote de la maison, M. Bailleul, aujourd'hui directeur, dont l'intelligence investigatrice est éprouvée par plusieurs perfectionnements dans l'art typographique, entre autres l'invention d'un nouveau genre d'interlignes systématiques en usage dans beaucoup d'ateliers. M. Bailleul est président de la Société des protes.

32. Dubuisson et Cie, rue Coq-Héron, 5 (ancien brevet de M. Lambert, cédé le 11 mars 1851).—Imprimerie spéciale pour les entreprises de journaux. Pour bien apprécier l'ancienne imprimerie Boulé, examinons-la d'abord sous son aspect actuel, déjà colossal, et nous parlerons ensuite des ressources en réserve, qui pourraient tripler la somme de travail produite en ce moment dans cet atelier. Son personnel est de 161 ouvriers ; 16 journaux occupent les trois-quarts de ce personnel, ce sont · l'*Agriculture*, le *Droit*, l'*Estafette*, la *Gazette de France*, la *Mercuriale des Halles et Marchés* et l'*Union*, quotidiens ; viennent ensuite l'*Indicateur parisien*, le *Moniteur de l'Agriculture* et le *Théâtre*, bi-hebdomadaires ; puis le *Courrier du Commerce*, hebdomadaire, et le *Journal des Fermiers*, la *Revue progressive*, el *Eco del ambos Mundos*, bi-mensuels ; enfin le *Lycée*, mensuel, et l'*Office commercial*, trimestriel. Depuis sa fondation, en 1836, cette maison a imprimé 242 journaux, dont un tiers au moins quotidiens. L'acquisition faite par elle de l'imprimerie Poussielgue porte, d'après un inventaire récent, le matériel de composition des ateliers de M. Dubuisson et C{e} à 49,000 kilos, et tous les caractères, dont la plupart sont entièrement neufs, sont en bon état et en bon ordre. Cinq ou six journaux quotidiens pourraient être établis à nouveau sans amoindrir les ressources multiples de cette imprimerie. Les développements apportés à son agrandissement font présumer que de grandes entreprises surgiront sans doute des préparatifs accomplis dans toutes les parties des ateliers : nouveaux rayons pour les fantaisies, tiroirs modèles pour les caractères d'affiches et les interlignes, cases *ad hoc* pour la réserve et la distribution, classement bien ordonné du matériel, rien enfin n'a été ménagé pour imprimer aux travaux rapidité, facilité, variété et bonne exécution. De nouvelles galeries, bien éclairées et spacieuses, ouvertes en 1853, peuvent contenir de 80 à 100 nouveaux ouvriers. Dans l'état actuel, on y compte déjà 240 casses montées.

33. Mme Bouchard-Huzard, rue de l'Eperon, 5 (ancien brevet de M. Bouchard-Huzard, cédé, après décès, en 1842). — Cette imprimerie fait sa spécialité des ouvrages d'agriculture et d'horticulture ; l'énumération suivante des publications qu'elle imprime l'indique assez : le *Bulletin de la Société centrale et impériale d'Agriculture*, les *Annales de l'Agriculture française*, les *Annales de la Société impériale d'Horticulture de Paris et centrale de France*, le *Bulletin d'Encouragement pour l'Industrie nationale*, les *Mémoires de la Société impériale et centrale d'Agriculture*, le *Catalogue des brevets d'invention*, la *Description des brevets d'invention*, les *Annales de l'Institut agronomique*. Un personnel de 20 à 25 ouvriers participe à ces travaux. Une médaille de bronze a été décernée à cette imprimerie aux Expositions de 1844 et 1849, pour la belle exécution typographique de plusieurs ouvrages.

34. Desoye et Bouchet, place du Panthéon, 4 (ancien brevet de M. Réné, cédé en 1849). — Cette imprimerie fut d'abord mise en association en 1848 sous la raison Desoye et Cᵉ, puis reprise par MM. Desoye et Bouchet lors de la liquidation en 1851. Dans ces divers changements, elle a toujours conservé sa spécialité pour l'impression d'imageries religieuses. L'aliment principal de son activité, c'est l'*Ami de la religion*, semi-quotidien. Avec cette feuille, MM. Desoye et Bouchet impriment deux autres publications périodiques : les *Romanciers et Poètes chrétiens*, paraissant une ou deux fois par semaine, et le *Lien*, bi-mensuel. Quelques labeurs et des tirages sur clichés complètent les travaux de cette maison, qui va recevoir une impulsion plus vive, à laquelle elle s'est préparée en quittant son ancien local pour s'installer dans de plus vastes ateliers. M. Auguste Bouchet, l'un des deux patrons, fut une illustration ouvrière de la typographie et l'un des preux chevaliers du Tarif parisien. Lorsqu'un homme s'élève par ses mérites, certains esprits sont enclins à le considérer comme un renégat qui abandonne les rangs de ses égaux pour aller grossir ceux de ses anciens contradicteurs. Dieu nous garde d'agir ainsi à l'égard de M. Bouchet ! D'ailleurs, nous avons trop la mémoire des nobles actions pour oublier les conversions opérées par son apostolat, les difficultés aplanies par sa prévoyante initiative, les querelles apaisées grâce à son intervention conciliante. Poète émérite, la typographie métropolitaine a hérité de ses meilleurs chants, qu'elle redisait avec enthousiasme à ses fêtes annuelles ; écrivain élégant, typographe épris de l'imprimerie, appréciateur scrupuleux et compétent, la Société fraternelle des protes lui doit ses plus brillants rapports.

35. Adrien Leclère, rue Cassette, 29 (brevet transmis par M. A. Leclère père, en 1824). — Maison spéciale pour les livres liturgiques. M. A. Leclère est imprimeur du pape, de l'archevêché et des congrégations religieuses. L'année 1853 a vu sortir de cette imprimerie d'importants travaux typographiques, parmi lesquels je ferai une mention particulière : un Missel romain, édition rouge et noire. La composition de ces ouvrages, confiée par M. A. Leclère à la savante et minutieuse attention de M. Brochard, prote de cette maison pendant plus de vingt-cinq ans, est remarquable par la netteté de son exécution. Le plain-chant que renferme ce missel est d'un fini qui charme les vrais connaisseurs en typographie ; les lignes ou portées en rouge font ressortir avec avantage les notes, d'un beau noir. Les lignes noires, en caractères neufs, avec lettrines ornées et le texte rouge, qui abonde dans ce livre, sont d'une remarquable impression. Le Bréviaire in-32, en petit caractère, soutient dignement la réputation du Missel romain. Cette imprimerie, toute spéciale pour les livres d'église, est la seule qui puisse produire bien et rapidement les travaux de plain-chant, bréviaires, rituels, missels, etc., etc. Les caractères y sont abondants et les ressources immenses ; quoique petite, cette maison peut lutter sans désavantage contre toute imprimerie, même très forte, qui chercherait à entreprendre les livres de religion, peu lucratifs et bien souvent onéreux. S'il m'était permis de manifester un désir typographique, ce serait de voir se renouveler ses caractères d'affiches ecclésiastiques vraiment trop vieux de forme.

36. Maulde et Renou, imprimeurs de la compagnie des commissaires-priseurs, rue de Rivoli, 144 (brevet transmis par M. Pinard en 1836), — Cette maison, outre le nombre d'ouvrages porté pour elle à la statistique générale, imprime les *Affiches parisiennes*, journal d'annonces quotidien ; le *Eco Hispano-Americana*, bi-mensuel ; le *Bulletin du Bibliophile*, mensuel, et le *Recueil des Lois*. Je ne sache pas d'atelier mieux organisé, plus riche et plus varié en caractères d'affiches que celui-ci. Si la maison Dubuisson revendique la spécialité des journaux, les maisons Dupont et Chaix celle des travaux d'administration, la maison Mallet-Bachelier celle des labeurs d'algèbre, l'imprimerie Maulde et Renou peut s'intituler hardiment imprimerie spéciale d'affiches, et de belles affiches encore. Les murs de la capitale, ce musée permanent de ces imprimeurs, sont des spécimens qui en disent plus que toutes les affirmations de ma plume. Avant que les ouvrages espagnols abondassent dans la capitale et la banlieue, cette maison s'en était fait une branche importante de sa clientèle, qu'elle considère comme telle encore, avec l'adjonction des ouvrages polonais. Elle imprime aussi beaucoup de Mémoires et de Catalogues pour la vente d'objets d'art. Les ouvriers de cet atelier forment un personnel de 90 à 95 employés, et, pour eux comme pour ceux du dehors, c'est une joie d'y voir affluer le travail, toujours d'accord avec le Tarif. En fait d'instrument remarquable, il possède une des plus grandes presses mécaniques à affiches qu'il y ait dans la capitale ; elle tire d'un seul coup des formes de 1 mètre 36 cent de longueur sur 97 centimètres de largeur.

37. Vinchon, rue Jean-Jacques-Rousseau, 3 (ancien brevet de Mme veuve Ballard, cédé en 1835). — Cet établissement fait les impressions de la préfecture de la Seine, des Messageries nationales et de quelques compagnies d'assurances. Les travaux d'administration sont sa spécialité. Il imprime les *Petites affiches* et le *Bulletin des Halles*, quotidiens, et le *Causeur*, mensuel. Cette maison a un tout petit atelier dans le palais de la Bourse, pour le *Cours authentique des fonds et valeurs publics*, lequel n'est en activité que dans l'aprèsmidi. Les deux compositeurs et le conducteur de mécanique qui y travaillent font partie du personnel de la rue Jean-Jacques, dont l'importance est de 70 à 75 ouvriers. — M. Vinchon est un peintre d'histoire d'un mérite supérieur, dont les œuvres ne sont pas les moindres beautés de nos Expositions depuis dix ans.

38. Rignoux, imprimeur de l'École de Médecine, rue Monsieur-le-Prince, 31 (ancien brevet de M. Imbert). — Cette maison, par un dérivatif frondeur, est appelée le Marais de la typographie, probablement parce qu'elle n'est ouverte qu'aux petits rentiers ou à des ouvriers qu'on est en droit de considérer comme tels. Je m'en informerai assurément. Mais ce dont je suis persuadé, c'est que M. Rignoux est un vieillard actif et respectable, luttant virilement contre le flot qui tend à submerger l'imprimerie et la librairie. Cet atelier étant alimenté par des thèses de droit et de médecine, par des labeurs classiques et latins, il faut avoir quelque *moyen* pour y être admis. Une fonderie occupant 4 ouvriers est annexée à cet établissement, qui imprime les *Archives générales de Médecine* et les *Annales de la Charité*, mensuels, et le *Compendium de Chirurgie*, irrégulier.

39. Blondeau, rue du Petit-Carreau, 26 (ancien brevet de M. Brun, cédé en 1838). — M. Blondeau imprime le plus grand journal de la capitale, *el Correo de Ultramar*, bi-mensuel ; le *Moniteur de Marine*, hebdomadaire, et le *Magasin des Familles*, mensuel. Cet atelier fait aussi le *Lloyd français*, publication annuelle qui occupe 7 ou 8 ouvriers aux derniers mois de l'année. M. Blondeau a imprimé tout récemment trois ouvrages qui témoignent de sa minutie, de son penchant et de ses soins pour obtenir de beaux tirages : c'est la *Vie de Jésus*, in-folio en espagnol ; le *Livre de Beauté* et les *Litanies de la Sainte-Vierge*, in-8° en espagnol. Il vient aussi de tenter, avec pleine réussite, une chose toute nouvelle : c'est l'impression des patrons de broderies à la mécanique. Cette maison occupe un personnel de de 45 à 50 ouvriers.

40. Wittersheim, rue Montmorency, 8 (brevet transmis par M. Petit en 1837). — L'atelier de M. Wittersheim imprime annuellement deux ouvrages importants, l'*Almanach-Bottin*, in-8° de 2,000 pages, et l'*Annuaire parisien*, en quatre langues (français-allemand-anglais-espagnol), qui occupent pendant quatre mois plus de 30 compositeurs, pris en dehors du personnel ordinaire, qui est d'environ 25 ouvriers. Les travaux de ville pour le commerce et les administrations, ainsi que les affiches de grande dimension, se font également dans cette imprimerie. Elle est surtout renommée pour les ouvrages en langue hébraïque. Ajoutons à cette courte notice de l'imprimerie Wittersheim, que M. Breteinstein, chef de conscience, vient de doter l'art typographique d'une nouvelle invention destinée à rendre de sérieux services aux établissements qui se chargent spécialement d'ouvrages à filets. Cette machine ingénieuse remplace avec avantage l'ancien coupoir à interlignes, et taille les lames de toute épaisseur sur tous les angles. Cet instrument fonctionne avec une précision et une régularité mathématiques, et économise moitié de temps. Un résultat aussi précieux, joint au prix modique de cet instrument, donnera au *Taille-filet Breteinstein* le privilége d'être bientôt indispensable danstous les ateliers typographiques. Nous avons pu nous convaincre de son utilité en l'expérimentant nous-même avec un plein succès. C'est pour nous un devoir bien doux de rendre hommage ici à M. Jules Cruché, prote de cette imprimerie, caractère éminemment élevé, esprit austère et plein de raison, homme doué de toutes les vertus du travail, capacité lettrée et modeste qui se révèle d'année en année dans les *Recueils* de la Société des Protes, dont il est bibliothécaire.

41. Vrayet de Surcy, rue de Sèvres, 37 (ancien brevet de Mme veuve Didot, cédé en 1837). — Cet établissement, qui est exploité depuis deux ans par M. Brunet, donne le jour à une nichée de publications périodiques dont voici la liste à peu près exacte : les *Annales de la Philosophie chrétienne*, mensuelles ; le *Journal des Armes spéciales*, le *Journal des Sciences militaires*, le *Mémorial du Commerce*, les *Annales du Commerce*, le *Journal des Banquiers*, le *Journal des Commissaires-Priseurs*, le *Journal des Négociants*, le *Journal des Fabricants*, la *Revue des Voyages*.

42. Bénard et Cie, rue Damiette (ancien brevet de M. Sétier, cédé en 1839). — Cette imprimerie possède deux ateliers. Dans l'un, il se fait des ouvrages de ville et des catalogues ; dans l'autre s'exécutent des labeurs français et étrangers et des tirages remarquables en noir et en couleurs. M. Poitevin, qui administre et surveille ce dernier atelier, n'a point laissé dégénérer en ses mains la brillante succession de la maison Lacrampe. L'énonciation seule de quelques ouvrages sortis de cet établissement nous dispensera de tout éloge : c'est d'abord l'*Histoire des Peintres*, par M. Charles Blanc, éditée par M. J. Renouard ; ce sont ensuite les *Artistes vivants*, par M. Sylvestre, édités par M. Bornibus ; puis la *Vie de Jésus-Christ*, par Lachèze, éditée par M. Furne, et le *Spécimen des Encres typographiques*, de la maison Lefranc et Ce. Pour les impressions en couleur, cette maison occupe un rang peut-être plus distingué encore. M. Bénard, qui emploie un personnel de 45 à 50 ouvriers, exécute les services de plusieurs administrations importantes et entreprend avec succès les impressions d'actions industrielles. Sortent aussi de ses presses : le *Globo*, feuille espagnole bi-mensuelle, et les *Affiches illustrées*.

43. Cosson, rue du Four-Saint-Germain, 47 (ancien brevet de M. Bossange, cédé en 1820). M. Cosson est le plus ancien imprimeur de la capitale. Sa maison a joui fort longtemps d'une activité et d'une renommée parfaitement méritées. C'était l'imprimerie en vogue pour les romans dont la banlieue fait si triste profit de nos jours ; on y faisait aussi des ouvrages de luxe. Nous ignorons ce qu'elle est actuellement, mais est-il de titre plus honorable que celui d'avoir exercé pendant trente-quatre ans à Paris la peu lucrative profession d'imprimeur, cette profession difficile, ingrate, variable ; et ce titre devient encore plus glorieux lorsque cette carrière a été remplie sans décliner dans la considération des amateurs et de la typographie ouvrière. Il nous souvient que M. Cosson, dans un moment de détresse générale, se dépouilla à vil prix de tous les éléments d'un luxe infiniment modeste pour payer intégralement ses ouvriers. De pareils faits se consignent sans commentaires.

44. Simon Dautreville, rue Neuve-des-Bons-Enfants, 3 (ancien brevet de M. Proux, cédé après décès en 1849). — Imprimerie dont l'activité originelle est encore ensevelie avec M. Proux. En l'état actuel, elle imprime, de concert avec quelques labeurs de courte haleine, trois publications périodiques : la *Tribune sacrée*, les *Intérêts maritimes* et la *Revue britannique*.

45. Moquet, rue de la Harpe, 90 (ancien brevet de M. Bautruche). — Impressions d'ouvrages de ville et de petits labeurs.

46. F. Malteste, rue des Deux-Portes-Saint-Sauveur, 22 (brevet transmis par M. Carpentier-Méricourt en 1833).— M. Malteste a donné de si belles preuves de patronat que nous regrettons de n'avoir à enregistrer ici pour son compte qu'un personnel de 40 ouvriers, dont 9 lithographes, personnel que nous voudrions voir atteindre un chiffre double, parce que d'abord les ressources abondantes de cette imprimerie seraient utilisées, parce qu'ensuite un nombre plus considérable d'ouvriers serait appelé à jouir de ses principes sages et libéraux, parce qu'enfin M. Malteste y trouverait une récompense en rapport avec ses idées et ses mérites comme homme et praticien. Cette maison fait les impressions des syndics et facteurs de la halle aux blés; elle est avantageusement connue pour les ouvrages de médecine, pour les travaux de chemins de fer et des compagnies d'assurances. En dehors de cela elle fait : l'*Union médicale*, tous les deux jours ; le *Journal des Marchands tailleurs*, mensuel ; le *Journal de Conchilogie*, les *Annales d'Entomologie* et les *Abeilles solitaires et sociales*, trimestriels ; le *Bulletin officiel des Courses*, 35 numéros par an, et le *Calendrier officiel des Courses*, annuel. — M. Richard, prote de cet atelier, a, par ses connaissances pratiques et l'élévation de son caractère, rendu de véritables services à son industrie au sein du Conseil d'encouragement pour les Associations d'ouvriers et du Conseil des Prudhommes, dont il fut membre. Promoteur de la Société fraternelle des protes des imprimeries typographiques de Paris, autorisée par décision ministérielle du 17 mai 1847, il lui a limité sa mission par ce symbole : *Ouvrier hier, ouvrier demain.*

47. Léautey, rue Saint-Guillaume, 21 (ancien brevet de M. Troussel, cédé en 1843). — Imprimerie de la vieille roche, partant atelier où les coutumes nouvelles et préjudiciables du travail n'ont pu prendre racine. Cette maison vit dans une retraite et un silence qui font bien augurer de ses pratiques paternelles et équitables en matière de besogne. Les travaux de M. Léautey se composent du *Journal de la Gendarmerie*, tous les dix jours ; du *Dictionnaire de la Gendarmerie*, du *Formulaire* et du *Mémorial de la Gendarmerie*, de l'*Almanach du Gendarme* et des tableaux de la gendarmerie. Puis, l'*Almanach de l'Armée*, les tableaux de l'armée et la *Conférence Molé.*

48. Schiller aîné, rue du Faubourg-Montmartre, 11 (ancien brevet de M. François, cédé en 1848). — Cet atelier, qui fait sa spécialité des ouvrages hébreux et arméniens, emploie un personnel de 70 ouvriers. Il imprime le *Pays*, *journal de l'Empire*, quotidien ; le *Moniteur de l'Armée*, tous les cinq jours ; le *Conseiller des Dames* et le *Conseiller des Enfants*, mensuels.

49. Mme Smith-Merché, rue Fontaine-au-Roi, 18 (ancien brevet de feu son mari).—Il s'est fait dans cette maison une bible en caractères de quatre points qui est fort estimée. Actuellement, il s'y imprime l'*Espérance*, hebdomadaire; le *Petit Messager des Missions* et le *Journal des Missions*, mensuels. A certaines époques de l'année, il sort de chez Mme Smith-Merché une série de Rapports des sociétés protestantes, travaux qui donnent un redoublement d'activité à cet atelier alimenté d'ordinaire par des labeurs.

50. Preve et Cie, rue Jean-Jacques-Rousseau, 15 (ancien brevet de M. Dentu, cédé en 1848). — Cette imprimerie est une des quatre ou cinq associations typographiques qui surgirent dans l'année 1848. Depuis le premier jour de sa constitution, elle est chargée de l'impression de l'*Echo des Halles* et du *Petit Courrier des Halles et Marchés*, en dehors desquels cette association ne fait guère que des brochures et des ouvrages de ville, bien qu'elle soit en mesure d'entreprendre des travaux plus considérables. Dans un atelier distinct de l'imprimerie Preve et Ce se fait le *Journal des Faits*, quotidien, appartenant à M. l'abbé Migne; l'*Innovateur*, bi-mensuel, et le *Moustiquaire*, journal-parodiste du *Mousquetaire* de M. Dumas, bi-hebdomadaire.

51. Louis Grimaux, rue du Croissant, 16 (ancien brevet de M. Lange-Lévy, cédé le 3 juillet 1852). — C'est dans cet atelier que s'imprime le *Siècle*, dans un atelier distinct ; mais là ne se bornent pas les travaux de cette maison, dont les grandes ressources sont accumulées principalement en vue des journaux : il s'y fait le *Charivari*, quotidien ; le *Moniteur industriel*, le *Moniteur administratif*, l'*Europe artiste*, le *Moniteur de l'Exportation*, le

Messager de l'Industrie, le *Journal du Dimanche*, l'*Argus* et la *Caricature*. Les deux ateliers de M. Louis Grimaux emploient de 95 à 100 ouvriers.

52. E. Brière, rue Sainte-Anne, 55 (ancien brevet de M. Belin, cédé en 1840). — Cette maison a la spécialité des publications en anglais et celle des publications périodiques, parmi lesquelles nous citerons le *Galignani' Messenger* et le *Mousquetaire*, quotidiens; le *Moniteur des Ventes*, 6 fois par semaine; — la *Gazette des Théâtres*, l'*Eclair*, le *Journal des Travaux publics*, l'*Education de l'Enfance*, le *Journal des Locations*, la *Presse littéraire*, la *Revue contemporaine* et le *Bulletin de la Société des Gens de Lettres*, paraissant à des époques différentes. Un personnel de 58 à 60 ouvriers concourt à l'exécution de ces travaux.

53. Best, rue Poupée, 7 (ancien brevet de M. Sapia, cédé le 19 juin 1852). — La magnificence de tirage du *Magasin pittoresque* et des *Voyageurs anciens et modernes* n'a pas encore conquis à cette petite maison le rang d'activité et de renommée qui lui convient. Dans l'intérêt de la typographie ouvrière, et pour la gloire de l'imprimerie parisienne, il est à souhaiter que cette conquête se fasse.

54. Beaulé et Maignan, rue Jacques-de-Brosse, 10 (ancien brevet de M. Beaulé père, cédé en 1836). — Cette imprimerie monopolise en quelque sorte l'impression des recueils de chansons, de calembourgs et autres élucubrations de la malice française. Cependant, *Paris chez soi*, ouvrage illustré, témoigne qu'en dehors de cette spécialité elle peut se mouvoir plus habilement. Cette maison, qui occupe un personnel de 20 à 25 ouvriers, imprime deux publications hebdomadaires : le *Divan* et *Paris et sa grande Banlieue*.

55. Pilloy frères, boulevart Pigale, 48, à Montmartre (ancien brevet de M. Vorms, cédé en 1846). — M. Victor Pilloy n'a voulu nous communiquer aucun détail sur son établissement, parce que, dit-il, nous l'avons tourné en ridicule l'année dernière. Pour prouver l'inanité de cette excuse, nous allons transcrire la note que nous lui avions consacrée en 1853, laquelle peut être répétée avec à-propos pour 1854 : « Dans la clientèle de cette imprimerie figurent, entre autres, le *Journal de l'Architecture*, la *Voix de l'Episcopat*, la *Dominicale*, la *Presse de la Banlieue*, la *Ville de Paris*, the *Advertiser*, le *Mercure universel de la Carosserie*, qui paraissent à des époques différentes. » Ne voilà-t-il pas une accusation bien fondée ?

56. Carion, rue Richer, 20 (ancien brevet de M. Marc-Aurel, cédé en 1850). — Petite imprimerie qui s'agite modestement dans la sphère des ouvrages de ville et des cartes de traiteur. Cependant elle ne déroge pas en exécutant des labeurs. Il s'y fait même la *France historique*, 4 feuilles tous les quinze jours. Un personnel de 15 à 20 ouvriers suffit à ses besoins.

57. Serrière, rue Montmartre, 131 (brevet transmis par M. Delanchy, le 15 octobre 1850). — Le personnel de cette maison reste stationnaire ; mais le travail lucratif s'y développe de plus en plus et d'une manière avantageuse. M. Serrière m'a fait l'honneur de me communiquer d'utiles renseignements ; qu'il me permette de l'en remercier ici. Ce maître imprimeur « cherche avant tout à rendre heureux les ouvriers qu'il occupe ; » je me plais à enregistrer les propres expressions de sa très gracieuse lettre. Comme lui, j'aime mieux voir un atelier de 60 personnes dont la sollicitude du patron élève l'année moyenne de chaque travailleur à 1,500 francs, plutôt que ces grands ateliers de 150 ou 200 individus, où le produit annuel ne va pas au-delà de 600 francs, quand il atteint ce chiffre! Oui, dans ma conviction, le système de M. Serrière est plus humain que celui de telles autres maisons que je ne veux point citer. Une imprimerie, à mon avis, ne peut être une maison de charité, et encore moins un *whorkhouse* ; et lorsque, par malheur, je vois s'élever de ces ateliers, qui visent à l'une de ces qualifications, d'avance je suis certain que la misère la plus profonde régnera dans ces antres de production mensongère. La maison de charité cache un calcul de concurrence sans frein, le workhouse est une pépinière d'apprentis étiolés, de séminaristes improvisés compositeurs, d'hommes abâtardis par la situation qui leur est faite. M. Serrière fait plus que de repousser ces tristes moyens de concurrence : il cherche l'amélioration progressive du travail. Promoteur d'un nouveau système de casse à un seul compartiment, il vient de le soumettre à l'examen de la chambre syndicale des imprimeurs de Paris. C'est en abrégeant le temps précieux de l'ouvrier et en lui rendant la production plus facile que M. Serrière concourt puissamment au bien-être de la typographie. Les investigations de cet imprimeur ne s'arrêtent pas là : il cherche aussi, par des innovations heureuses, à porter l'économie dans différentes branches de la typographie, et il y a déjà complétement réussi en appliquant la vapeur au lavage des formes les plus encrassées. Dans quelques mois, il aura remplacé le mode de satinage actuel par un procédé dont le plus grand mérite sera de ménager les forces de l'ouvrier en conservant autant de lustre aux ouvrages. M. Serrière imprime la *Presse*, journal quotidien, et trois publications hebdomadaires : le *Guide-Dur*, vrai travail de Romains ; la *Gazette de Paris* et les *Lettres parisiennes*. Le *Dictionnaire national*, de Maurice La Châtre, tiré par les mécaniques de cette imprimerie, est une recommandation infiniment puissante auprès des clients.

58. Caron (Noël), place de la Bourse, 4 (ancien brevet de M. Boulé, cédé le 31 janvier 1853). — Cette maison est une miniature de l'imprimerie Chaix. Elle occupe un personnel de 36 à 40 ouvriers. Plusieurs journaux s'y impriment ; ce sont : le *Bulletin financier*, quotidien ; *Jonas* (en anglais) et l'*Industrie*, hebdomadaire ; la *Chronique de France*, la *Bonne Compagnie*, le *Journal des Salons*, bi-mensuelles, et le *Voyageur*, journal illustré. D'importants travaux sont en voie d'exécution dans cet atelier, entre autres le *Dictionnaire de Géographie universelle*, de Bescherelle aîné, et le *Dictionnaire de Musique*, de MM. Escudier et Halévy. Comme l'imprimerie Chaix, la maison Caron charme l'œil ; elle a mis de la coquetterie dans sa parure et de là symétrie dans son matériel, croyant obtenir un cachet administratif avec ses grands airs de palais. Souhaitons-lui bonne fortune, fidélité constante au Tarif et bon souvenir des traditions libérales de la vieille typographie.

59. Guyot et Scribe. rue Neuve-des-Mathurins, 18 (ancien brevet de M. Guyot père, cédé en 1823). — L'*Almanach impérial* est édité par cette maison, qui imprime la *Gazette des Tribunaux* et fait des labeurs. Elle emploie de 25 à 30 ouvriers en temps normal.

60. Moronval, rue Galande, 65 (ancien brevet de M. Moronval père). — On fait dans cet établissement quelques petits ouvrages à l'usage des élèves des écoles chrétiennes.

61. Lebon, rue des Noyers, 8 (ancien brevet de M. Lebègue, cédé en 1851). — Pour jeter un peu de variété dans sa sphère de canards et de bibelots, M. Lebon fait de temps à autre les *Bulletins du Grand-Orient de France* et tous les ans l'*Annuaire du Grand-Orient*.

62. Mme Delacombe, rue d'Enghien, 14 (ancien brevet de M. David). — Cet établissement a dans sa clientèle le *Courrier des spectacles*, quotidien ; la *Mode*, le *Mercure de France*, tous les dix jours ; la *Métallurgie*, hebdomadaire ; le *Journal des Fiancés*, le *Journal des Hôtels*, le *Passe-Temps des Dames*, la *Commission* et le *Mineur*, mensuels. M. Worms possède dans cet atelier une machine pour imprimer les clichés cylindriques. Les essais tentés jusqu'à présent ne permettent pas encore de se prononcer sur cette invention.

63. Appert et Vavasseur, passage du Caire, 54 (ancien brevet de M. Appert père, cédé après décès en 1849). — Le père de cet imprimeur a laissé un nom honorable et honoré dans la typographie. M. Appert cherchait avec opiniâtreté les moyens de soulager les afflictions imméritées ; il se consacrait au maintien de la bonne harmonie entre patrons et ouvriers. Ses intentions louables se manifestaient soit en préconisant le Tarif et les bons conseils, dans les fêtes annuelles, soit en esquissant les bases de quelque institution corporative. La mort empêcha M. Appert de poursuivre sa mission de concorde et d'humanité. En parlant de cette imprimerie, nous devions cet éloge à la mémoire d'un honnête homme et d'un bon citoyen. Ajoutons que ce nom n'a pas dégénéré : M. Appert fils est doué d'un caractère qui ne répudie rien dans l'héritage paternel. — L'imprimerie de MM. Appert et Vavasseur occupe un personnel de 25 à 30 ouvriers. Elle est alimentée par des ouvrages de commerce et d'administrations et par les publications périodiques que voici : le *Pierrot*, journal-programme, quotidien, le *Journal du Commerce* (*Moniteur de l'Epicerie*), bi-hebdomadaire; le *Follet*, hebdomadaire; l'*Estafette des Modes*, bimensuel, et l'*Album Comique*, l'*Album des Concerts* et l'*Album du Ménestrel*.

64. Poussielgue. — Ce brevet est le seul qui soit inexploité dans la capitale.

65. Lenormant, rue de Seine, 8 (ancien brevet de Lenormant père, cédé en 1823). — A part l'impression du *Journal des Débats*, qui se fait dans un atelier à part et dont nous parlons plus loin, la maison Lenormant reste dans sa sphère des *Dictionnaires français latin, latin-français* et du *Gradus*, conservés en mobile.

66. Richard Morris, rue Amelot, 64 (ancien brevet de M. Bureau, dont la mutation n'est pas encore régularisée).—Cette imprimerie, la dernière ouverte à Paris, s'est installée avec la clientèle des affiches de théâtre, que Mme Dondey-Dupré possédait depuis vingt ans. L'impression des comédies est probablement appelée au même changement de maison. Est-ce tant mieux ? dit celui-ci; est-ce tant pis? dit celui-là. L'avenir nous l'apprendra. Cependant, nous penchons à croire qu'il en résultera une amélioration. M. Morris ayant accepté la difficile mission de réparer les malheurs privés, les désastres commerciaux, les désordres d'atelier de Mme Dondey-Dupré, ne se croyait pas tenu d'observer à la lettre les vieilles et glorieuses traditions de la typographie, il prenait maigre souci de sa gérance en dehors des règles générales. Aujourd'hui, la position de M. Morris est régulière au lieu d'être anormale; l'indifférence pour les sages avis n'aurait plus de raison, une armée d'apprentis n'aurait plus d'excuse, le biaisement du Tarif n'aurait plus de prétexte, la transformation de l'art typographique en vil métier n'aurait plus de palliatif. Voilà pourquoi nous augurons bien de ce changement. Du reste, les remèdes violents ne s'administrent qu'aux moribonds. M. Morris débute avec trop de vigueur pour y avoir recours.

67. Alfred Pinard (atelier de la *Patrie* et du *Commerce*), rue du Croissant, 12 (ancien brevet de M. Saintin, cédé le 12 décembre 1853.)— Cet atelier, unique en son genre, en France, pour le merveilleux de ses instruments de travail, réclame une place importante dans l'ANNUAIRE. Chaque soir, à mesure que les articles sont composés, on stéréotype six fois le journal par colonne, pour l'expédier, par partie ou en totalité, aux journaux suivants: l'*Aigle*, à Toulouse; la *Gironde*, à Bordeaux; le *Périgord*, à Périgueux; le *Nord*, à Lille; la *Normandie*, à Rouen; l'*Union bretonne*, à Nantes; feuilles désignées pour les annonces judiciaires dans les villes où elles se publient. A ces différents journaux, les clichés sont maintenus sur leurs blocs au moyen d'une rainure pratiquée de chaque côté et en contre-bas de l'œil du filet de colonne. Les metteurs en pages coupent ces clichés, si besoin est, pour faire continuer un article d'une colonne à l'autre, ou pour y intercaler des articles ou des fractions d'articles en caractères mobiles. Le procédé stéréotypique employé par la *Patrie* est un auxiliaire très expéditif : il permet de mouler et de fondre en un quart d'heure la plus grande annonce du journal. Je dis *annonce* ici, parce que celles qui vont sur plus d'une colonne doivent être forcément clichées, à cause de la forme cylindrique de la page. Mais pour faire mieux comprendre tous ces systèmes nouveaux, j'arrive aussitôt à la mécanique américaine de M. Hoe, dont ils sont les annexes indispensables. Cette machine imprime 160 exemplaires à la minute, soit 9,600 à l'heure, dans sa vitesse ordinaire. Malgré cet immense résultat, quelques lignes suffiront pour en faire comprendre le système, si remarquable par sa simplicité. Un cylindre horizontal de 1 mètre 35 centimètres de diamètre, est monté sur un arbre qui tourne dans des coussinets. Un quart environ de la circonférence de ce cylindre constitue le marbre de la presse, qui est disposé pour recevoir les quatre pages de composition; le reste sert de table à distribuer l'encre. L'encre est placée dans un réservoir situé sous le grand cylindre; elle est puisée par un rouleau alimentaire, et communiquée par un autre rouleau animé d'un mouvement d'oscillation qui le met en contact avec le marbre cylindrique. Le rouleau alimentaire reçoit un mouvement de rotation lent et continu, afin d'élever l'encre hors du réservoir.—Le grand cylindre étant mis en mouvement, les formes sont successivement mises en rapport avec chacun des quatre petits cylindres poseurs horizontaux, qui sont placés à des distances convenables autour du grand cylindre, pour imprimer les quatre feuilles fournies par les margeurs.—Les feuilles de papier sont prises directement, sur le bord des tables, par des griffes ou pinces en fer montées sur chaque cylindre de pression. — Quatre margeurs sont employés à cette machine. Les receveurs de feuilles sont remplacés par des claies en bois qui reçoivent les feuilles des cordons de conduite, et les déposent en piles régulières sur quatre tables placées à cet effet aux deux extrémités de la machine. — En avant de chacun des cylindres de pression, sont deux rouleaux toucheurs qui, parcourant la surface cylindrique, se chargent d'encre, qu'ils déposent sur les caractères amenés en contact avec eux par la révolution du cylindre principal, qui porte les formes. — On imprime en même temps quatre pages en blanc. Chacune de ces pages est enfermée dans une forme séparée et serrée par des vis. Ce sont ces quatre segments, détachés du grand cylindre, qui forment le marbre et les châssis. — On se sert, avec cette presse, des caractères ordinaires; seulement, une justification de quarante lettres, au plus, est de toute nécessité. Les caractères sont mis en pages dans les segments, et les segments sont ensuite placés sur le grand cylindre. Le caractère tourne sans cesse, et n'est nullement exposé à tomber, maintenu qu'il est par un système particulier dépendant des filets de colonnes. — Le grand cylindre central, qui porte les segments ou formes, tourne de gauche à droite, tandis que les quatre petits cylindres de pression tournent de droite à gauche. Le papier est posé par les margeurs de manière à ce qu'il s'engrène entre les deux cylindres (le gros et l'un des petits, d'où il sort imprimé pour aller, à l'aide des cordons de conduite, se précipiter sur les claies ou receveurs mécaniques, qui s'abaissent alternativement, et, ainsi que nous l'avons déjà dit, le rangent très régulièrement en piles sur les tables.— Telle est l'œuvre de M Hoe, qui, par sa précision et sa célérité, se trouve être, jusqu'à ce jour, le dernier mot de la rapidité avec laquelle on imprime un journal. Le dessin de cette merveille est placé à notre couverture. L'atelier de la *Patrie* occupe un personnel typographique de 45 à 50 ouvriers.

68. D'Aubusson et Kugelmann, rue Grange-Batelière, 13 (ancien brevet de M. Choisy, cédé en 1847). — Nous voudrions voir cette imprimerie en pleine activité, connaissant la capacité ouvrière du titulaire du brevet, ainsi que le goût typographique du célèbre éditeur des *Rues de Paris*, M. Kugelmann. Cet atelier est composé de 15 à 20 ouvriers. Il imprime le *Journal des Chemins de Fer*, un *Cours de la Bourse* et quantité d'ouvrages de ville. Ses ressources sont très variées et très abondantes en fantaisies, vignettes et caractères d'affiches.

69. Jules Juteau, rue Saint-Denis, 341 (ancien brevet de Mme veuve Porthmann, cédé en 1841). — Cette imprimerie est alimentée par des ouvrages de ville. Son personnel est de 10 à 12 ouvriers. Elle imprime tous les ans l'*Annuaire des Artistes dramatiques, musiciens, peintres, architectes, graveurs et dessinateurs*. M. Jules Juteau est l'un des imprimeurs les plus estimés de la typographie. Ses collègues l'ont honoré trois fois de leurs suffrages. Comme délégué de leurs intérêts, il fut nommé membre de la commission pour l'élaboration du Tarif en 1843 et à sa révision en 1850, et il est aujourd'hui membre de la commission arbitrale. C'est démontrer surabondamment le noble caractère de M. Jules Juteau et la vive sympathie que lui porte la typographie entière.

70. Ernest Meyer, rue de l'Abbaye, 3 (ancien brevet de Jules Frey). — « De cette imprimerie, disais-je l'an dernier, sortent des ouvrages luxueux, encouragés par une médaille de 1re classe à l'Exposition universelle de Londres. » M. Meyer, loin de ralentir ses tentatives merveilleuses, les poursuit, au contraire, avec une courageuse persévérance. L'année 1853 voit grandir et prospérer sa renommée justement méritée par de magnifiques impressions en or et en couleurs, et par des travaux très soignés en noir. Il faut voir, comme moi, le splendide album de ce praticien consommé, et comme moi on sera émerveillé de la patience artistique de ce maître-ouvrier passionné pour l'imprimerie. Les armoiries typographiques aux vives couleurs, les actions industrielles aux nuances les plus délicates et les plus variées, les vignettes pour le *Journal des Mères et des Enfants*, et surtout les dessins de tapisserie pour le *Journal des Demoiselles*, sont de véritables chefs-d'œuvre ; ce dernier ouvrage, formé de cinquante nuances ou couleurs, reproduit des fleurs et des oiseaux qui ont l'éclatant coloris de la peinture, et surpasse, par un bon marché de 500 0/0 au moins, toutes les productions semblables de Berlin et Leipsick. Non-seulement M. Meyer est l'inventeur de cet ingénieux procédé, mais il vient encore en aide aux graveurs typographes : un livre charmant, dédié à la reine Isabelle d'Espagne, est en ce moment sous presse ; le titre, à lui seul, mérite les plus grands éloges ; il est formé de types parfaits, entrelacés par un nombre infini de traits calligraphiques et d'arabesques d'or. Le texte de cet in-folio, à deux colonnes, est encadré de filets simples d'une netteté inimitable. Je souhaite à M. Meyer la juste récompense qui lui est due pour les importants progrès et la gloire qu'il répand sur la typographie française en général et la typographie parisienne en particulier. L'Exposition de 1855, je ne puis en douter, le trouvera au premier rang, sans nul effort de sa part pour y être admiré ; et les typographes n'auront qu'à s'enorgueillir de voir dans cet ouvrier le véritable fils de ses œuvres.

71. Boisseau, Malvaux et Augros, passage du Caire, 123-124 (ancien brevet de M. Siroux, cédé en 1848). — L'association qui exploite cette imprimerie est formée de trois ouvriers d'élite, qui ont une parfaite entente du travail. L'aspect gracieux de leurs ouvrages de ville, la variété, sans excès, des fantaisies qu'on y remarque, l'agencement toujours heureux des textes qui y préside, décèlent un savoir recherché et une pratique exercée qu'on est presque toujours sûr de retrouver dans tous les travaux de cette jeune et intelligente trinité.

72. Gaittet, rue Gît-le-Cœur, 7 (ancien brevet de M. Chassaignon, dont la mutation n'est pas encore régularisée). — M. Gaittet, ancien prote de MM. Lahure et Walder, a pris possession de cette imprimerie le 1er janvier 1854. M. Chassaignon l'exploitait depuis 1821. La sphère d'action de cet ancien imprimeur ayant toujours été très modeste, il est probable que cet atelier va recevoir des développements en passant dans les mains viriles de M. Gaittet.

73. Galban, rue de Paris, 19, passage Kuszner, 17, à Belleville, imprimeur de l'*Annuaire de Belleville et Ménilmontant*. — Un personnel de dix ouvriers concourent à l'exécution des ouvrages de ville dont cette maison fait sa spécialité. Elle en sort pourtant quelquefois en imprimant des couvertures et des vignettes pour ouvrages illustrées. Siège de la maison, passage du Caire, 89.

74. Simonet-Delaguette, rue Sainte-Croix-de-la-Bretonnerie, 48 (ancien brevet de Mme Delaguette, cédé en 1841). — Impressions de travaux de ville.

75. Boucquin, imprimeur de la préfecture de police, de la Chambre des notaires et de l'institution des Sourds-muets, rue de la Sainte-Chapelle, 5 (ancien brevet de M. Lottin père, cédé en 1846). — L'atelier de M. Boucquin est alimenté par des services administratifs qui entraînent un établissement continuel de tableaux, sur lesquels il s'opère des tirages considérables. Les travaux de cette maison se complètent par quelques petits labeurs et les affiches assez nombreuses de la préfecture de police.

76. Pollet, rue Saint-Denis, 331 (ancien brevet de M. Gondelier, cédé en 1837). — Cette imprimerie ne fait guère que des travaux de ville.

77. Mme veuve Carré, passage du Caire, 78-79 (brevet de son premier mari). — Les prétentions de cette imprimerie qui ordinairement ne dépassent pas le domaine des ouvrages de ville, se sont élevées cette année jusqu'à donner le jour à un journal bi-mensuel : l'*Esprit, journal des Élèves*.

78. Cordier, rue du Ponceau, 24 (ancien brevet de M. Cordier frère). — Depuis longtemps ce petit atelier ne quitte pas la mine tant explorée, mais inépuisable des ouvrages de ville.

79. Jousset, rue Furstemberg, 8 (ancien brevet Moëssard et Jousset, accordé en 1852). — Imprimerie du bon vieux temps, où les ouvriers sont l'objet de la sollicitude du patron. Là, pas de personnel factice ; tout le monde y fait sa journée. Quand la besogne baisse un peu, le dernier ouvrier entré est congédié pour ramener le travail des autres au niveau ordinaire. Quand elle reprend, on invite ce même ouvrier à revenir, s'il est méritant, et ce va-et-vient a lieu jusqu'à ce qu'il soit de la maison. Il existe une caisse de malades dans ce modeste établissement... Eh bien ! chaque quinzaine, l'honorable M. Jousset double la cotisation de tous ses employés, afin de leur garantir une assistance bienfaisante en cas de maladie. Cet atelier fait des services très considérables en tableaux pour les ingénieurs des ponts-et-chaussées, les percepteurs, les agents-voyers, les ingénieurs des mines, etc. L'on ne peut se faire une idée de la conserve et des tirages dans cette petite imprimerie de l'âge d'or.

80. Guillois, rue du Faubourg-Saint-Antoine, 115 (ancien brevet de M. Bimont, cédé en 1841). — Les ouvrages de ville, voilà encore ce qui active cet atelier composé de 7 à 8 ouvriers.

81. Soupe-Vimeux, passage du Ponceau, 18 (brevet transmis en 1848 par M. Vassal). — Les travaux de cet atelier se bornent à des ouvrages de ville.

82. Christophe, rue du Plâtre-Saint-Jacques, 11 (ancien brevet de M. Lainé, cédé le 19 juin, 1852). — N'ayant révélé son existence dans le monde typographique que par des travaux de peu d'importance, nous ne savons pas si quelque mérite transcendant est enfoui dans cette imprimerie presque ignorée.

83. Delcambre, rue Bréda, 15 (ancien brevet de M. Maistrasse, cédé le 6 août 1853). — J'ai adressé une supplique à M. Delcambre pour qu'il me permît de visiter et d'examiner sans parti pris, avec une attention sérieuse, la merveille à laquelle il a attaché son nom, merveille qui a reçu des perfectionnements récents et qui est à la veille de servir de base à une vaste exploitation typographique. Mais pas de réponse. Je suis obligé d'apprécier ici sa valeur moitié par conjectures et d'après les expériences du passé, moitié selon l'impression produite sur moi par le fonctionnement de cet admirable instrument de travail. A prix égal de main-d'œuvre, le pianotype n'est pas à redouter ; car je signalerai cent compositeurs aptes à produire autant et bien mieux que lui dans un temps donné, et cela sans qu'il soit besoin de leur choisir, comme pour le pianotype, de la copie exempte d'italique et de petites capitales. Mais où je redoute son application, c'est dans l'adjonction des femmes et des enfants comme auxiliaires, c'est dans l'appauvrissement des mains-d'œuvres. Avant moi, des autorités, intéressées à recueillir les bénéfices de cette invention, ont complètement démontré, les unes après des essais persévérants, les autres après le plus scrupuleux examen, « que, s'il faut rendre justice à l'ingénieuse combi-
» naison de l'appareil, il faut reconnaître que son emploi, comme concurrence au
» travail des ouvriers, n'est pas admissible ; et qu'enfin la *partie intelligente* du
» travail des compositeurs n'est pas encore remplacée par une mécanique. »
M. Paul Dupont lui-même est convenu, dans ses *Essais pratiques sur l'imprime-rie* (1849) que « cette machine fort ingénieuse laissait beaucoup à désirer et qu'il
» avait vainement essayé de l'employer dans ses ateliers. » La médaille obtenue par MM. Delcambre et Yong à l'Exposition de 1849 sanctionne en quelque sorte les opinions émises : elle ne fut accordée qu'à cause du mérite de l'invention. De là à l'utilité qui, en doublant la production, profite au consommateur sans influer déplorablement sur les salaires, il y a loin. A son début, l'imprimerie moderne de M. Delcambre emploie 12 compositeurs, 2 imprimeurs et 1 conducteur. Les sept pianotypes en mesure de fonctionner n'occupent encore que 3 femmes. Cinq mécaniques à imprimer sur les dix que doit compter cet établissement sont déjà installées. En attendant les immenses travaux qu'elles doivent absorber, ces machines s'essaient à tirer quelques labeurs et le journal le *Voleur*, évadé de Poissy. M. Delcambre se prépare à faire une redoutable concurrence à ses collègues de Paris, et peut-être à ceux de Quimper-Corentin et de Brives-la-Gaillarde. Il marche au combat armé du pianotype entouré par les grâces, et porte pour bannière du *manuscrit à 50 cent. le mille*, devant être levé sans le secours de cet instrument de travail, bien entendu. Accourez du fond de vos provinces, typographes adolescents et cultivables ! venez, venez ! la

trompette de la commandite vous convie dans un champ pacifique du bout duquel le *manuscrit à 40 cent.* de la banlieue vous contemple ! Gare à vous, praticiens de la capitale qui jouissiez des loisirs et de la paix honorable que vous assuraient les traités de 1843 et de 1850 !

84. Minster et Wiesener, rue de Laborde, 12, près le chemin de fer du Havre (ancien brevet de M. Prost, imprimeur du *National*). — Cette maison, d'une origine toute fraîche, n'imprime exclusivement que des papiers de sûreté pour actions et billets de banque. C'est après avoir longtemps éparpillé les richesses de leurs intelligences émérites au profit d'autrui, que MM. Minster et Wiesener réalisèrent leur association, qui répond parfaitement aux tendances industrielles de notre époque. M. Minster y apporta pour enjeu sa science particulière des encres de couleur et ses procédés tout à fait spéciaux pour imprimer les fonds teintés, veinés, marbrés, azurés, du milieu desquels se détachent coquettement de longs caractères en blanc. M. Wiesener y apporta les traits moelleux, gracieux et fins de sa gravure, et son esprit assoupli aux combinaisons typographiques les plus étonnantes. Les actions industrielles qui sortent de leurs presses sont là pour attester le succès de cette alliance entre deux mérites bien tranchés. Rien n'est mieux ordonné que l'agencement de la gravure et du texte ; rien n'est plus léger et plus frais que le mélange des teintes et des vignettes ; rien n'est plus net et plus vigoureux comme couleur et tirage ! Dans les travaux de MM. Minster et Wiesener, qui sont avant tout des travaux de goût et de grâce par excellence, tout doit concourir à charmer l'œil... eh bien ! un point essentiel m'a paru négligé : c'est la typographie. L'emploi des gros caractères m'y a semblé trop abondant, les lignes mal combinées et mal coupées. Avec la variété de fantaisies et d'initiales que possède cet atelier, moderne s'il en fut, on pourrait donner une destination plus heureuse à toutes ces jolies choses. — L'imprimerie de MM. Minster et Wiesener emploie continuellement un personnel de 40 ouvriers.

85. Boniface, rue des Bons-Enfants, 19 (ancien brevet de M. Labarussias, cédé en 1846). — Imprimerie exclusive du *Constitutionnel*, dont le matériel appartient au constructeur de mécaniques Gaveaux. La typographie ouvrière a souvenir du passage de M. Véron au *Constitutionnel*, passage qui a été signalé par des libéralités et des égards auxquels on n'a pas habitué mes confrères.

86 Pagnier, rue de l'Église, 8, à Vaugirard (ancien brevet de M. Moncheny dont la mutation n'est pas encore régularisée). — Ce nouvel imprimeur est un ex-correcteur de M. l'abbé Migne. Les vastes ateliers dans lesquels se meut déjà son activité accusent une grande entreprise. Il est question d'y imprimer de volumineuses collections de livres religieux pour la propagation de la foi. A son début, cette imprimerie compte un personnel de 26 ouvriers.

87. Imprimerie de la Monnaie (POUR LES TIMBRES-POSTES), quai de Conti, 11. — Les ateliers pour la fabrication des timbres-postes n'ont été ouverts qu'au mois de décembre 1848. La fabrication de ces timbres est payée à l'adjoint au graveur général à raison de 1 fr 50 par 1,000 timbres, y compris la fourniture des planches gravées, servant à l'impression. Le personnel se compose de 11 individus, qui sont tous à la journée, savoir : 4 imprimeurs gagnant 6 francs, 1 gommeur gagnant 3 fr., un auxiliaire 3 fr., un garçon de bureau 3 fr., 3 mécaniciens gagnant 5 fr., un homme de peine 3 fr. Les machines employées sont : 4 presses mécaniques, un balancier, un tour.

(Extrait de l'*Enquête de la chambre de commerce de Paris.*)

88. Imprimerie du *Journal des Débats*, rue des Prêtres-Saint-Germain-l'Auxerrois, 17. — Nous ne plaçons ici le *Journal des Débats* que pour avoir l'occasion de louer l'administration libérale de cet atelier. Là, pas plus de rigueurs réglementaires que de calculs mesquins, et la besogne n'en va que mieux. C'est en rapprochant cet état de choses de la parcimonie de certains journaux qu'on en goûte tout le prix, parcimonie qui va parfois jusqu'à forcer certains imprimeurs à doter d'apprentis la composition d'un journal, afin d'obtenir par là l'économie d'un traitement d'employé au profit de l'administration. Une particularité du *Journal des Débats*, c'est que chaque compositeur met en pages à son tour, sous la direction d'un prote qui indique l'ordre des matières.

MUTATIONS DE BREVETS

ET

NOMINATIONS D'IMPRIMEURS

Effectuées depuis cinq ans

ET RELEVÉES SUR LA *BIBLIOGRAPHIE DE LA FRANCE.*

Ain. — Damptin (Mme veuve), née Marie Derroche, à Trévoux, 12 décembre 1853, en remplacement de son mari.

Aisne. — Guillaume (Charles-Marie-Basile), à Chauny, 17 mars 1851.— Decamp (Célestin-Augustin), à Soissons, 6 juin 1851, en remplacement du sieur Véret, démissionnaire. — Mogino (François-Auguste), à Vervins, 7 juillet, en remplacement du sieur Delongchamps, démissionnaire. — Demimuid (Charles-Gustave), à Château-Thierry, 17 mai 1852, en remplacement du sieur Laurent, démissionnaire.

Allier. — Enaut (Pierre), à Moulins, 6 août 1853, en remplacement du sieur Thibaud, démissionnaire.

Ardèche. — Cot (Alexis), à Tournon 19 mai 1850, en remplacement du sieur Guillet, démissionnaire. — Guirreman (Pierre-Philippe), à Privas, 28 mars 1851, en remplacement de sa mère, démissionnaire. — Teston [Mme] (Catherine-Adélaïde), veuve Grosbon, à Largentière, 20 juin 1853, en remplacement de son mari.

Ardennes. — Pouillard (Nicolas-Auguste), à Charleville, 3 septembre 1850. — Mangienne [Mme] (Marie-Joseph), veuve de Suhaux (Claude-Noël), dit Verdun, à Sedan, 15 décembre 1851, en remplacement de son mari. — Wauthier (Antoine-Augustin-Xavier), à Givet, 26 mai 1853, en remplacement de son père, décédé.

Aube. — Caffé (Jean-Baptiste), à Troyes, le 31 décembre 1850, en remplacement du sieur Arbaumont, décédé. — Collin (Jacques), dit de Plancy, à Troyes, 8 janvier 1851, en remplacement du sieur Lépine, démissionnaire. — Ray [Mme] (Joséphine-Adèle), épouse du sieur Jardeaux (François), à Bar-sur-Aube, 6 janvier 1852, en remplacement de son mari, démissionnaire.

Aude. — Dedieu (Jacques), à Narbonne, 5 octobre 1850. — Labau (Pierre), à Carcassonne, 3 janvier 1851, en remplacement du sieur Labau, son père, démissionnaire. — Labadie (Laurent), à Castelnaudary, 21 mai 1850, en remplacement de son père, démissionnaire.

Bouches-du-Rhône. — Picard (J.), à Tarascon, 25 septembre 1850, en remplacement du sieur Jalabert, démissionnaire. — Vial (Gaspard-Gabriel), à Marseille, 28 septembre 1850, en remplacement du sieur Rées, démissionnaire. — Arnaud (Antoine-Louis-Auguste), à Marseille, 2 août 1852, en remplacement du sieur Simonnin, décédé. — Dumas (Hippolyte), à Arles, 7 mars 1853, en remplacement du sieur Garcin, démissionnaire, et du titre semblable qui lui a été délivré sous le n° 3020, titre annulé. — Leydet (Joseph-Louis-André), à Aix, 9 juillet 1853, en remplacement du sieur Noyer, démissionnaire. — Gravière (Antoine), à Marseille, 20 octobre 1853, en remplacement du sieur Nicolas, démissionnaire.

Calvados. — Poisson (Paul-Eugène), à Caen, 25 septembre 1850, en remplacement de son père, décédé. — Delarue (Gustave-Adolphe), à Bayeux, 13 janvier 1851, en remplacement du sieur Vérel, démissionnaire. — Sanson [Mme] (Cléopas), veuve Dupray, à Honfleur, 21 février 1851, en remplacement de son mari. — Buhour (Eustache-Sostène), à Caen, 13 novembre 1851, en remplacement de la veuve Lecrène, née Chibourg, (Pauline) démissionnaire. — Delahais (Camille) à Pont-l'Evêque, 15 novembre 1851, en remplacement du sieur Dauge, décédé. — Dubourg [dame] (Honor), veuve Barbot, à Vire, 20 juillet 1852, en remplacement de son mari.

Cantal. — Pungeher [Mme] (Marianne), veuve Picat, à Aurillac, 21 mai 1852, en remplacement de son mari, décédé.

Charente. — Girard (Jacques), à Angoulême, 25 juillet 1850, en remplacement du sieur Moulinard, démissionnaire.

Charente-Inférieure. — Perdriou (Jean-Fidèle), à Marans, 3 octobre 1850, en remplacement du sieur Bordeaux, démissionnaire. — Poupart (Jean), à Marans, 14 mars, 1851 en remplacement du sieur Perdriou, démissionnaire. — Thèze (Pierre-Edouard-Charles), à Rochefort, 12 mars 1852, en remplacement du sieur Loustau (Henri), démissionnaire.

Corrèze. — Bussière [Mme] (Louise-Sophie-Antoinette), veuve Drappeau, à Tulle, 16 janvier, en remplacement de son mari. — Verlhac (Jules), à Brives, 6 juin 1853, en remplacement du sieur Lalande, démissionnaire. — Roche (Louis-Nicolas-Geoffroy), à Brives, 12 juin 1852, en remplacement du sieur Crauffon, démissionnaire. — Crauffon (Jean-Baptiste-Eugène), à Tulle, 12 juin 1852, en remplacement du sieur Loubiguac, démissionnaire.

Corse. — Ollagnier (Eugène), à Bastia, 8 juillet 1852, en remplacement du sieur Savelli, démissionnaire.

Côte-d'Or. — Tricault (Denis-Eugène), à Dijon, 2 août 1851, en remplacement du sieur Frantin, démissionnaire. — Batault (François), à Beaune, 5 octobre 1850. — Verdot (François-Vincent), à Semur, 16 août 1852, en remplacement du sieur Odobé, démissionnaire. — Cornillac (Louis-Ernest), à Dijon, 23 décembre 1853, en remplacement du sieur Simonnot, démissionn.

Côtes-du-Nord. — Jollivet (Filbert-Benj.), à Guingamp, 2 juin 1851, en remplacement du sieur Le Buzelier, démissionnaire. — Tanguy (Pierre-Marie), à Guingamp, 28 août 1851, en remplacement de son père, décédé.

Creuse. — Betoulle [Mme veuve], née Lagoutte (Silvie), à Guéret, 30 octobre 1851, en remplacement de son mari. — Bouyet (Pierre-Amédée-Alphonse), à Aubusson, 17 avril 1852, en remplacement du sieur Sancerre, démissionnaire. — Bonnet (Jean-Bapt.-Jacq.-Jules), à Bourganeuf, 4 mai 1852, en remplacement du sieur Duchez, démissionnaire.

Dordogne. — Faure [Mlle] (Aglaé-Jeanne), à Périgueux, 13 mai 1850, remplace sa mère, décédée. — Dupont (François), à Périgueux, 28 septembre 1850, en remplacement de son fils, démissionnaire. — Rolin (Pierre), à Ribérac, 3 juillet 1852, en remplacement du sieur Roussel, démissionnaire.

Doubs. — Deckherr (Charl.-Pierre-Fréd.), à Montbéliard, 19 mai 1850, en remplacement de son père, décédé. — Barbier (Georges-Henri), à Montbéliard, 19 mai 1850, en remplacement de Mme veuve Deckherr, née Wimmersberger. — Dodivers (Joseph-Félix), à Besançon, 17 mars 1851, en remplacement du sieur de Sainte-Agathe, démissionnaire. — Thomas (Jean-Claude), à Pontarlier, 26 octobre 1852.

Drôme — Jourdan-Bourgeois [Mme] (Rose-Elisabeth-Appolonie), veuve Roland, à Valence, 28 avril 1852, en remplacement de son mari.

Eure, — Deshayes (Mme), veuve Costerousse (Henriette-Emilie), à Evreux, 24 juin 1850, en remplacement de son mari. — Vasse (Louis-François-Alexandre), à Pontaudemer, 27 avril 1853, en remplacement de sa mère, démissionn. — Aubin-Hunebelle (Alexis), à Vernon, 25 novembre 1853, en remplacement du sieur Barbarot, démissionnaire.

Eure-et-Loire. — Gouverneur (Philippe-Aristide), à Nogent-le-Rotrou, 14 février 1851, en remplacement de son père, décédé.

Finistère. — Desmoulin (Pierre-Bapt.), à Landerneau, 7 juillet 1851, en remplacement de son père, démissionnaire. — Baron (Jules-René), à Brest, 14 novembre 1853, en remplacement du sieur Lepontois, demissionnaire.

Gard. — Martin (André-Jules-François), à Alais, 21 mai 1851, en remplacement de son père, décédé. — Lafarre (Jean-P.), à Nismes, 15 juin 1853, en remplacement du sieur Triquet, démissionnaire.

Haute-Garonne. — Cazaux (François-Eugène), à Toulouse, 13 septembre 1851, en remplacement du sieur Chapelle, démissionnaire. — Froment

(Jean-François), à Toulouse, 19 avril 1852, en remplacement de son père, démissionnaire.—Labouisse-Rochefort [Mlle] (Hortense), à Toulouse, 4 mai 1852, en remplacement de son père, décédé. — Calmettes (Jean-François), à Toulouse, 26 juillet 1852, en remplacement de la demoiselle Labouisse-Rochefort, démissionnaire. — Bayret (Martin), à Toulouse, 26 mai 1853, en remplacement du sieur Lagarrigue, démissionnaire.

Gers. — Castillon (Charles-Étienne-Benjamin), à Lombez, 28 août 1850.

Gironde. — De Moulins (Gabriel-Marie-Supière), à Bordeaux, le 12 février 1851, en remplacement de son père, décédé. — Gounouilhou (Elie), à Bordeaux, 6 juin 1851, en remplacement du sieur Faye, démissionnaire de titre. — Dumont (Antoine), à Libourne, 8 juillet 1852, en remplacement du sieur Besson, démissionnaire. — Cheylus—[dame] (Anne), veuve Crugy, à Bordeaux, 8 juillet 1852, en remplacement du sieur Crugy, son fils, démissionn.

Hérault. — Marioge (Alban), à Agde, 24 juin 1850. — Tournel (André-Marie-Honoré), à Lunel (Hérault), 3 octobre.

Ille-et-Vilaine. — Catel (Jean-Baptiste-Charles-Adolphe), à Rennes, 28 août 1850. — Jumelais (Ange-Eléonore-J.-Denis), à Fougères, 28 août 1850. — Douchin (Alfred), à Fougères, 14 juin 1853, en remplacement du sieur Catel, démissionnaire. — Vattier (Pierre-Amant-Etienne), à Montfort, le 2 novembre 1853, en remplacement du sieur Henrion.

Indre. — Migné (Joseph-Eugène), à Châteauroux, 3 avril 1853, en remplacement de la dame Beyret, démissionnaire.

Indre-et-Loire. — Sainton (Aristide), à Chinon, 26 décembre 1851, en remplacement de la dame veuve Challuau, née Breton (Sophie), démissionnaire. — Bouserez (Jules-André), à Tours, 20 juillet 1852, en remplacement du sieur Bideaux, démissionnaire.

Isère. — Redon (Etienne), à Grenoble, 6 mars 1851, en remplacement du sieur Barnel, décédé. — Vauvillez (Jean-Bapt.), à Bourgoin, 17 mars 1850.

Jura. — Dupré (Mme), veuve Prudont (Jeanne-Marie-Théotiste), à Dôle, 28 juin 1850, en remplacement de son mari, décédé. — Perrard (Claude-Joseph, à Arbois, 12 mars 1852, en remplacement du sieur Javel (Philippe-Auguste), démissionnaire. — Perrard [dame] (Marie-Emère), femme Javel, à Arbois, 8 Juillet 1852, en remplacement du sieur Perrard, son père, décédé.

Loir-et-Cher — Joubert (Sylvain-François), à Romorantin, 31 janvier 1853, en remplacement du sieur Loiseau, démissionnaire.

Loire.— Sauzon (Jean-Henri-Victor), à Roanne, 18 octobre 1850, en remplacement du sieur Farine, démissionnaire. — Montagny (Jean-François), à Saint-Etienne, 14 mars 1851, en remplacement de la demoiselle Royer, démiss.

Loire (Haute). — Marchessou (Marie-Pierre), au Puy, 27 juillet 1853, en remplacement du sieur Gaudelet, démissionnaire.

Loire-Inférieure. — Masseaux (André-Félix), à Nantes, 23 novembre 1851, en remplacement du sieur Bourgine, démissionnaire. — Merson (Olivier-Charles), à Nantes, 15 décembre 1851, en remplacement du sieur Marceaux, démissionnaire. — Mangin [dame] (Antoinette-Rosalie), femme Mangin, à Nantes, 3 juillet 1852, en remplacement de son mari. — Masseaux (André-Félix), à Nantes, 7 mars 1853, en remplacement du sieur Biarmès, démissionnaire.— Guéraud (Armand-Laurent), à Nantes, 21 mars 1853, en remplacement de son frère, décédé.

Lot-et-Garonne — Roques (Jean-Baptiste), à Nérac, 21 mai 1852, en remplacement du sieur Villeneuve, démissionnaire. — Leygues (Guillaume), à Villeneuve-sur-Lot, 9 juillet 1853.

Loiret — Roberjot (Blaise), à Montargis, 6 août 1852, en remplacement du sieur Zanotte, démissionnaire. — Gasnier (Étienne-Guillaume-Jérôme), à Beaugency, 17 mars 1853.

Maine-et-Loire. — Bennchet (Jean-Baptiste-Pierre), à Segré, 17 avril 1851, en remplacement du sieur Roland, démissionnaire. — Lecerf (Jean-Julien), à Angers, 17 avril 1852, en remplacement du sieur Bource, démiss.

Manche.— Le Tréguilly (François), à Saint-Malo, 30 mai 1851, en remplacement de la dame veuve Potier, née Marie (Marie-Adélaïde), démissionnaire. — Jacqueline (Anténor), à Saint-Lô, 1er juillet 1851, en remplacement du sieur Briault, démissionnaire. — Tribouillard (Henri-Amand), à Avranches, 17 janvier 1852, en remplacement de la dame veuve Tribouillard, sa mère, née Roussin, démissionnaire. — Tanqueray [M¹¹ᵉ] (Charlotte-Mélanie), à Coutances, 12 mars 1852, en remplacement du sieur Tanqueray (Paul-Laurent), son frère, décédé. — Salettes (Joseph-Justin), à Coutances, le 21 mars 1853, en remplacement de la demoiselle Tanqueray, démissionnaire. — Fouace [Mᵐᵉ] (Marie-Charlotte), veuve Carette, à Valognes, 16 juillet 1853, en remplacement de son mari. — Fenardent (Félix-Bienaimé), à Cherbourg, 7 décembre 1853, en remplacement du sieur Lecaux, démissionnaire.

Marne. — Duval (Sébastien), à Sainte-Ménéhould, 4 juin 1852, en remplacement du sieur Poignée, démissionnaire. — Huet (Jean-Marie-Auguste), à Reims, 1ᵉʳ octobre 1851, en remplacement du sieur Jacquet, démissionnaire. — Laurent (Eugène), à Châlons, 22 octobre 1853, en remplacement du sieur Boniez, démissionnaire.

Marne (Haute). — Dadant [Mme] (Louise-Marie), veuve Miot, à Chaumont, 25 avril 1853, en remplacement de son mari. — Mougin (Emile), à Vassy, 25 avril 1853, en remplacement au sieur Lerouge, démissionnaire.

Mayenne. — Derenne (Franç.-Ch.-Marie), à Mayenne, 23 avril 1852, en remplacement du sieur Moreau-Leroy, décédé.

Meurthe. — Toussaint (Aug.-P.), à Pont-à-Mousson, 23 octobre 1850, en remplacement du sieur Simon, démissionnaire.

Meuse. — Laurent (Jean-Baptiste), à Verdun, 21 mai 1852, en remplacement du sieur Villet, démissionnaire.

Morbihan. — Daguineau (Claude-Pierre), à Lorient, 25 août 1851, en remplacement du sieur Roussel, décédé.

Moselle. — Courapied [Mᵐᵉ] (Louise-Angélique), veuve Branchard, en Briey, 2 juin 1851, en remplacement de son mari. — Fondeur (François-Nicolas-Martin), à Thionville, 24 juin 1851, en remplacement de sa mère, la dame veuve Fondeur, née Chevreau, démissionnaire. — Gangel (Charles-Nicolas-Auguste), à Metz, 19 avril 1852, en remplacement du sieur Dembour, démiss.

Nièvre. — Gourdet (Basile-Stanislas), à Nevers, 21 mars 1853, en remplacement du sieur Regnaudin, décédé.

Nord. — Delprat (Mathieu), à Lille, 13 janvier 1851, en remplacement du sieur Durieu, démissionnaire. — Carpentier (Mᵐᵉ), veuve Céret (Antoinette-Rosalie), à Douai, 4 avril 1851, en remplacement de son mari. — Vinois (Louis-François-Joseph), à Douai, 12 mars 1852, en remplacement du sieur Vinois (André-J.), son père, décédé. — Lévy (Alcan), à Lille, 9 août 1852, en remplacement du sieur Dayer, démissionnaire. — Defresne [dame] (Hyacinthe-J.), veuve Beghin, à Roubaix, 9 août 1852, en remplacement de son mari. — Peignet (Edmond-Charles-Marie), à Valenciennes, 13 novembre 1852, en remplacement de son père, décédé. — Guermonprez (Louis-Alexandre-Joseph), à Lille, 9 mai 1853, en remplacement du sieur Bracke, démissionnaire. — Obez (Adolphe-Louis), à Douai, 3 septembre 1853, en remplacement du sieur Crépeaux, démissionnaire.

Oise. — Huet (Robert-Frédéric-Charles), à Clermont, 16 août 1850, en remplacement de Mᵐᵉ veuve Danicourt, née Leclech, démissionnaire. — Daix (Alexandre-Pierre-Toussaint), à Clermont, 30 août 1850. — Mary (Louis-Elisé), à Noyon, 11 octobre 1850, en remplacement du sieur Leméni, démissionnaire. — François (Emile), à Compiègne, 3 septembre 1852, en remplaplacement du sieur Escuyer, démissionnaire. — Floury (Auguste-Honoré-Charles), à Beauvais, 16 août 1853, en remplacement du sieur Desjardins, démiss.

Orne. — Loncin (Daniel), à Mortagne, 6 novembre 1850, en remplacement du sieur Glaçon, démissionnaire. — Ginoux (François-Pierre), à l'Aigle, 30 mars 1853, en remplacement du sieur Brédif, démissionnaire.

Pas-de-Calais. — Bousquet (Ch.-L.-Pierre), à Boulogne, 16 août 1850. — Fleury (Victor-Pierre-Gustave), à Saint-Omer, 1ᵉʳ octobre 1850, en remplacement du sieur Lemaire, démissionnaire.

Puy-de-Dôme. — Jaillet (André), à Issoire, 2 juin 1851, en remplacement du sieur Simonin, démissionnaire. — Bayle (Étienne-Frédéric-Auguste), à Clermont-Ferrand, 26 mai 1853, en remplacement du sieur Pujol, démissionnaire. — Leboyer (Gilbert), à Riom, 3 septembre 1853, en remplacement de son père, démissionnaire.

Pyrénées (Basses). — Cluzeau (Pierre-Adrien), à Bayonne, 9 décembre, en remplacement de sa mère, démissionnaire.

Pyrénées (Hautes). — Lavigne (J.-P.), à Tarbes, 12 février 1853, en remplacement du sieur Lavigne, démissionnaire.

Rhin (Bas). — Wentzel (Jean-Frédéric), à Wissembourg, 4 février 1851. — Edler (Valentin), à Haguenau, 6 juin 1851, en remplacement du sieur Brucker, démissionnaire.

Rhin (Haut). — Gœtschy (Mme veuve), née Thomas (Henriette-Françoise), à Altkirch, 19 juillet 1850, en remplacement de son mari.

Rhône. — Lardin (Jacques-Louis-Charles), à Lyon, 2 juin 1851, en remplacement du sieur Rey, démissionnaire. — Maillet (Charles-Etienne), à Lyon, 6 juin 1851, en remplacement du sieur Mothon, démissionnaire. — Labaume-Barbier (Jacques), à Lyon, 24 mai 1852, en remplacement du sieur Aurouze, démissionnaire. — Guyot (Jean-Louis), à Lyon, 26 juillet 1852, en remplacement de son père, démissionnaire. — Vingtrinier (Marie-Emile-Aimé), à Lyon, 2 août 1852, en remplacement du sieur Boitel, démissionnaire. — Senocq (Jacques-Nicolas), à Lyon, 3 septembre 1852, en remplacement du sieur Ronet, décédé. — Girard (Pierre-Philippe), à Lyon, 6 novembre 1852, en remplacement du sieur Maillet, décédé. — Ayné (Mme veuve), née Damour (Claudine-Philippine), à Lyon, 6 août 1853. — Bajat (Eugène), à Lyon, 10 octobre 1853, en remplacement de son père, démissionnaire. — Mougin-Rusand (Mme veuve), à Lyon, 19 novembre 1853, en remplacement de son mari. — Bonnaviat (Etienne-Claude), à Lyon, 7 décembre 1853, en remplacement du sieur Brunet, démissionnaire.

Saône (Haute). — Roux (Norbert-Aug.), à Gray, le 30 octobre 1852, en remplacement de son père, démissionnaire. — Docteur (Jean-C.), à Luxeuil, 12 février 1853, en échange du titre dont il est pourvu pour Plombières.

Saône-et-Loire. — Protat (Philibert-Emile), à Mâcon, 21 mai 1852, en remplacement du sieur Dejussieu, démissionnaire. — Roman (Pierre-Joseph-Désiré), à Mâcon (Saône-et-Loire), 30 novembre 1852, en échange du titre dont il était pourvu pour la ville de Beaune.

Sarthe. — Choisnet (Victor), à Sablé, 16 août 1850, en remplacement de son père, démissionnaire.

Seine. — Carion (Henri-Ernest-Joseph), à Paris, 10 juin 1850, en remplacement du sieur Marc-Aurel, démissionnaire. — Carré (Jules-Louis), à Paris, 23 juillet 1850, en remplacement de Mme veuve Stahl, née Labarre, démissionnaire. — Moronval (Joseph-Théodore), à Paris, 23 août 1850, en remplacement de son père. — Serrière (Nicolas), à Paris, 15 octobre 1850, en remplacement du sieur Delanchy, démissionnaire. — Dubuisson (Jean-Baptiste-Eloi), à Paris, 11 mars 1851, en remplacement du sieur Lambert, démissionnaire. — Meyer (Ernest-Guillaume-Mathieu), à Paris, 22 mars 1851, en remplacement du sieur Frey, démissionnaire. — Puisoye (Mme), veuve Carré (Alphonsine), à Paris, 24 juin 1851, en remplacement de son mari. — Raçon (Claire-Simon), à Paris, 23 avril 1852, en remplacement du sieur Schneider, démissionnaire. — Christophe (Edme-Alexandre), à Paris, 19 juin 1852, en remplacement du sieur Riqueur-Lainé, démissionnaire. — Best (Jean), à Paris, 19 juin 1852, en remplacement du sieur Sapia, démissionnaire. — Grimaux (Louis-Michel), à Paris, 3 juillet 1852, en remplacement du sieur Lange-Lévy, démissionnaire. — Lahure (Charles-Auguste), à Paris, 8 juillet 1852, en remplacement du sieur Crapelet, démissionnaire. — Minster (Nicolas-Joseph), à Paris, 3 septembre 1852, en remplacement du sieur Prost, démissionnaire. — Caron (Jean-Baptiste-Étienne-Jules), à Paris, 31 janvier 1853, en remplacement du sieur Comon, décédé. — Mallet (Alexandre-Joseph-Louis), à Paris, 14 mai 1853, en remplacement du sieur Bachelier, son beau-père, décédé. — Meyrueis (Charles-Henri), à Paris, 20 juin 1853, en remplacement du sieur Ducloux, décédé. — Walder (Claude-Joseph), à Paris, 20 juin 1853, en remplacement du sieur Gerdès, démissionnaire. — Delcambre (Adrien-Henri), à Paris, 6 août 1853, en remplacement du sieur Maistrasse, démissionnaire. — Drouard (Jean-Honoré), à Saint-Denis, 14 novembre 1853, en remplacement du sieur Prévot, démissionnaire. — Pinard (Gabriel-Alfred), à Paris, le 12 décembre 1853, en remplacement du sieur Saintin, démissionn.

Seine-et-Oise. — Nicolas (Joseph-Marius), à Meulan, 30 juillet 1850, en remplacement du sieur Moulinard, démissionnaire. — Allien (François-Adolphe-Auguste), à Étampes, 18 juillet 1851, en remplacement de la dame Haro, veuve Durandet, démissionnaire. — Gratiot (Amédée-Louis-Marie), à Essonne, 21 janvier 1852. — Gautier [Mme] (Marguerite-Aimable), veuve du sieur Belin (Auguste-Jean), à Saint-Cloud, 12 mars 1852, en remplacement de son mari. — Laurent [Mlle] (Rosalie), veuve Refay (Louis-Adolphe), à Mantes, 17 mars 1852, en remplacement de son mari.

Seine-et-Marne. — Zanotte (Léon), à Montereau, 13 août 1850, en remplacement du sieur Moronval, démissionnaire. — Michelin (Henri), à Melun, 4 juillet 1853, en remplacement de la dame Michelin, sa mère, démission.

Seine-Inférieure. — Levasseur (Jean-Simon), à Elbeuf, 7 août 1850. — Noget (Charles-Octave), à Rouen, 24 septembre 1850, en remplacement du sieur Marchand, démissionnaire. — Lemaître (Fortuné-Zacharie), à Fécamp, 11 octobre 1850, en remplacement du sieur Genest, démissionnaire. — Gamot (Germain-Albert), à Saint-Valery-en-Caux, 6 décembre 1850. — Levasseur (Louis-Paul), à Elbeuf, 12 juin 1851, en remplacement de la dame Salle (Catherine-Victoire), femme Fournier, démissionn. — Deha (Louis-François-Léon), à Fécamp, 12 juin 1851, en remplacement du sieur Lemaître (Fortuné-Zacharie), démissionnaire. — Revers-Delatour [Mme] (Agnès-Louise), veuve du sieur Pimont, à Yvetot, 12 juin 1851, en remplacement de son mari. — Lepelletier (Théophile-Pierre-Edouard), au Hàvre, 20 avril 1852, en remplacement du sieur Lamy, démissionnaire. — Fruchart (Pierre-Antoine), à Darnétal, 3 septembre 1852, en remplacement du sieur Tonuel, démissionnaire. — Renau (Henri-Ferdin.), à Rouen, 14 septembre 1852, en remplacement du sieur Moget, démissionnaire. — Saint-Evron (Pierre), à Rouen, 20 octobre 1853, en remplacement du sieur Berdalle de Lapommeraie, démissionn.

Sèvres (Deux). — Morisset, née Baur (Charlotte-Adélaïde-Justice), à Niort 4 octobre 1850, en remplacement de son mari, démissionnaire. — Gille (Louis-Charles), à Niort, 18 septembre 1850, en remplacement du sieur Conte, démissionnaire. — Baudry (Victor), à Parthenay, 3 septembre 1853, en remplacement du sieur Bouchet, démissionnaire.

Somme. — Briez (Pierre-Étienne), à Abbeville, 21 novembre 1851, en remplacement du sieur Paillart (Clément), décédé. — Challier (Louis), à Amiens, 15 décembre 1851.

Tarn. — Abeilhou (Pierre-Victor-Justin), à Castres, 8 juillet 1852.

Tarn-et-Garonne. — Mezamat (B.), à Castel-Sarrazin, 20 avril 1852, en remplacement du sieur Lacroix, démissionnaire.

Var. — Fabri (Julien-François), à Toulon, 6 novembre 1850, en remplacement du sieur Monge, démissionnaire. — Jammes (Antoine-Désiré), à Aubagne, 6 novembre 1850. — Martin [Mme] (Aimé-Clémentine), veuve Beaume, à Toulon, 21 mars 1853, en remplacement de son mari.

Vaucluse. — Aubanel (Joseph-Baptiste-Théodore), à Avignon, 30 novembre 1852, en remplacement de son père, démissionnaire. — Chaillot (Jean-P.-Amédée), à Avignon, 26 mai 1852, en remplacement de son père, décédé.

Vendée. — Bideaux (François-Marie), à Luçon, le 11 novembre 1852, en remplacement du sieur Ferru, démissionnaire.

Vienne. — Bernard (Nicolas), à Poitiers, 19 mai 1850, en remplacement du sieur Coignard, décédé. — Varigault (Adolphe), 17 septembre 1853, en remplacement du sieur Drouault, démissionnaire.

Vienne (Haute). — Clochard (Jean-Jacques), à Bellac, 2 juin 1851, en remplacement du sieur Martin, démissionnaire.

Vosges. — Docteur (Jean-Claude), à Plombières, 10 octobre 1850, en échange du brevet dont il était pourvu pour Raon-l'Étape. — Beaucolin (Félix-Victor), à Neufchâteau, 22 octobre 1853, en remplacement de son père, démissionnaire.

Yonne. — Chapu (Philibert), à Sens, 1er mai 1852, en remplacement du sieur Reulain, démissionnaire. — Zanotte (Philippe-Alexandre), à Joigny, le 26 octobre 1852, en remplacement de la dame veuve Zanotte, née Boulogne, démissionnaire. — Hérisé (Alexandre), à Tonnerre, 21 mars 1853, en remplacement du sieur Frotier, démissionnaire.

LISTE DES IMPRIMERIES

DANS UN RAYON DE 100 KILOMÈTRES AU PLUS AUTOUR DE PARIS.

Dans un rayon de 100 kilomètres autour de Paris, il existe 58 imprimeurs dont les ateliers appartiennent au groupe que nous appellerons la banlieue de la métropole typographique.

Dans ce nombre, 6 n'exploitent pas leur brevet, 15 n'exécutent que des ouvrages de ville pour leur localité, 20 impriment pour la librairie parisienne et 17 font des labeurs dont la gradation, pour la quantité de feuilles qu'ils renferment, parcourt une échelle qui commence à 3/4 de feuille et se termine à 75 feuilles.

L'ensemble des travaux produits par ces 37 derniers établissements s'élève à 598 ouvrages, comportant 11,019 feuilles de composition, chiffres qui établissent, pour chaque maison, une moyenne de 208 feuilles, représentant 11 ouvrages 1/3.

La nature de ces ouvrages peut parfaitement se définir ainsi : romans, pièces de théâtre, grandes collections littéraires et réimpressions de classiques.

Les imprimeries auxquelles ces travaux procurent une activité considérable se classent comme voici : 1º Jacquin, à Fontainebleau; 2º Crété, à Corbeil; 3º Dépée, à Sceaux; 4º Arbieu, à Poissy; 5º Moussin, à Coulommiers; 6º Vialat, à Lagny; 7º Drouard, à Saint-Denis; 8º Desrues, à Melun; 9º Cerf, à Sèvres; 10º Beau aîné, à Saint-Germain; 11º Belin-Mandar, à Saint-Cloud; 12º Beau jeune, à Versailles; 12º Guédon, à La Ferté-sous-Jouarre; 13º Daix, à Clermont.

On compte 35 journaux dans la banlieue.

Les Andelys (*Eure*), 91 kilomètres de Paris : Vᵉ SAILLOT. Compositeur, 1; imprimeur, 1. Journal l'*Annotateur*, hebdomadaire, feuille d'annonces légales

MENTON. Compositeur, 1; imprimeur, 1. Journal le *Vexin*, hebdomadaire.

Argenteuil (*Seine-et-Oise*), 14 kil. de Paris : PICARD (brevet inexploité).

Beaumont-sur-Oise (*Seine-et-Oise*), 35 kil. de Paris : FRÉMONT (Ch.-Alexandre), route Impériale, 9. 1 compositeur-imprimeur et le patron, 2 presses à bras. Affiches pour les officiers ministériels et ouvrages de ville.

Beauvais (*Oise*), 72 kilomètres de Paris : FLOURY (Auguste), licencié en droit, rue Saint-Jean. Prote, Levéque; sous-prote, Andrien. Compositeurs, de 10 à 12; imprimeurs, 4; employés divers, 6; presses à bras, 4; mécanique, 1. *Journal de l'Oise*, semi-quotidien. Publication : l'*Annuaire du département de l'Oise*. Ouvrages de ville et labeurs.

MOISAND (Constant), imprimeur-gérant du *Moniteur de l'Oise*, semi-quotidien, politique, ouvert aux annonces judiciaires et légales. M. Moisand fils est auteur d'une *Physiologie de l'Imprimeur*, en tète de laquelle est une gravure représentant un imprimeur dans l'exercice de sa profession. Je ne pense pas que ce soit par nouveauté que M. Moisand lui fait tirer le barreau de la main gauche.

Château-Thierry (*Aisne*), 90 kilom. de Paris : DEMIMUID, éditeur de l'*Echo de l'Aisne*, successeur de Laurent, lequel a succédé lui-même à un imprimeur de Châlons-sur-Marne, M. Boniez-Lambert.

Clermont (*Oise*), 62 kilomèt. de Paris : A. DAIX, rue de Condé, 58. Prote, Debonlier. 15 compositeurs, 2 imprimeurs, 4 employés divers, 3 presses à bras. Journal le *Semeur de l'Oise*, hebdomadaire, ouvert aux annonces judiciaires et légales. Clientèle de la librairie Michel Lévy frères, de Paris, pour leur *Collection de la Bibliothèque dramatique*. Spécialité pour les grandes affiches de couleur tirées sur une presse à un seul coup, qui peut comporter des affiches de 2 mètres de longueur sur 1 de largeur. Cette maison fait 25,000 francs d'affaires par an.

CH. HUET, éditeur du *Journal de Clermont*, hebdomadaire.

Compiègne (*Oise*), 75 kilomètres de Paris : FRANÇOIS (Emile), rue des Minimes, 24, imprimeur-gérant du *Progrès de l'Oise*, politique, paraissant les mercredi et samedi, ouvert aux annonces judiciaires. Prote, Ferdinand Valliez. Compositeurs, 7; imprimeurs, 2; presses à bras, 4; écrivain lithographe, 1; imprimeur, 1. Autre journal : l'*Agronome praticien*, tous les deux mois. Clientèle du théâtre. Beaucoup d'ouvrages de ville qui portent le cachet des plus modernes et des meilleures maisons de la capitale. Labeurs.

L. VOL, imprimeur-typographe, rue des Lombards, 16, éditeur de l'*Echo de l'Oise*, journal politique et littéraire, désigné pour les annonces judiciaires, paraissant deux fois par semaine. Prote, Pariselle. 6 compositeurs, 2 imprimeurs, 3 presses typographiques, 1 presse lithographique, 1 écrivain-lithographe. Le correcteur de la maison est en même temps rédacteur du journal. Clientèle de la sous-préfecture, de quelques administrations et des forêts de la maison impériale.

Corbeil (*Seine-et-Oise*), 33 kilomètres de Paris : CRÉTÉ. Prote, Bertrand. Compositeurs, 35 ; compositrices, 15 ; presses à bras, en fer, 9 ; imprimeurs, 13 ; mécaniques, 2. Stéréotypie. L'imprimerie de Corbeil est un assemblage de toutes les particularités des établissements typographiques de la banlieue : elle tient de Poissy par son personnel féminin, de Fontainebleau et de Sceaux par l'impression des romans, de Lagny et de Coulommiers par les publications illustrées et les labeurs, et, par ses aspirations vers un avenir plus florissant, Corbeil ressemble à toutes les maisons de la banlieue qui luttent contre la capitale. En ce qui touche la production, M. Crété se place au second rang parmi ses collègues des environs de Paris.

Coulommiers (*Seine-et-Marne*), 62 kil. de Paris : MOUSSIN-PARIZOT, éditeur de l'*Eclaireur*, hebdomadaire. Cette imprimerie arrive en cinquième ordre dans la statistique des ouvrages exécutés par la banlieue. Ajoutons qu'elle n'a pas de propension pour telle ou telle spécialité : son activité embrasse toute espèce de labeurs.

Dreux (*Oise*), 81 kilomètres de Paris : LEMAITRE.

LEMÉNESTREL, rue de Florence. 6 compositeurs, 1 imprimeur, 7 employés divers, 3 presses à bras. Le *Journal de Dreux*, hebdomadaire. Travaux de ville. Les affaires de cette maison s'élèvent à 20,000 fr. par an, compris le journal, dont les produits sont partagés avec le rédacteur.

Essonne (*Seine-et-Oise*), 31 kil. de Paris : GRATIOT (Amédée), breveté depuis le 21 janvier 1852, mais n'exploitant pas encore.

Étampes (*Seine-et-Oise*), 56 kilom. de Paris : ALLIEN, éditeur de l'*Abeille*, hebd. SCHNEIDER (brevet inexploité).

La Ferté-sous-Jouarre (*Seine-et-Marne*), 63 kilomètres de Paris : GUÉDON.

Fontainebleau (*Seine-et-Marne*), 60 kil. de Paris : JACQUIN, éditeur de l'*Indépendant*, hebdomadaire. En 1853, cet établissement a livré à ses presses 2,341 feuilles de composition. Cette somme de production lui donne le premier rang parmi les imprimeries de la banlieue. Toutefois, il est bon de dire que cette masse de travail perd beaucoup de son importance, lorsqu'on songe qu'elle n'est formée que de romans, dont on fait un volume avec cinq ou six feuilletons moyens d'un grand journal.

Gisors (*Eure*), 68 kilomètres de Paris : LAPIERRE. Compositeurs, 2 ; imprimeur, 1 ; Lithographie : écrivain, 1 ; presses, 2.

Lagny (*Seine-et-Marne*), 28 kilomètres de Paris : VIALAT ET Cie. Prote, Grostête ; compositeurs, de 30 à 35 ; correcteurs,

2 ; imprimeurs, 6 ; conducteurs de machines, 5 ; margeurs, 5 ; receveurs de feuilles, 5 ; trempeurs, 2 ; garçons de magasin, 2 ; stéréotypeurs, 5 ; glaceurs, 6. C'est donc un personnel de 71 ouvriers qu'emploie continuellement cette maison, qui a presque toute sa clientèle parmi les libraires de Paris, comme on peut en juger par l'énumération suivante des ouvrages illustrés qui s'y impriment actuellement : *OEuvres complètes de Scribe*, deux éditions : l'une à 20 c., l'autre in-8o, en 16 volumes ; *OEuvres de Méry*, également deux éditions ; *Histoire de Napoléon III*, de Paul Lacroix, 4 vol. in-8o ; *OEuvres de Châteaubriand*, en 16 vol. in-8o. On y fait aussi des *Manuels administratifs*, des ouvrages religieux français et espagnols, des classiques, et surtout beaucoup de livres destinés au clichage, tels que l'*Echo des Feuilletons* (12 volumes parus), l'*Histoire de France*, l'*Histoire de la Marine française*, une collection complète des *OEuvres illustrées d'Alexandre Dumas*, auxquels il faut encore ajouter une série d'in-18 et d'in-12 formant de 70 à 80 volumes. C'est une puissante machine hydraulique qui fait mouvoir les cinq mécaniques de l'imprimerie Vialat et Cie, qui possède aussi une stéréotypie bien organisée. L'imprimerie Vialat et Cie vient d'obtenir la concession d'une partie des travaux d'administration de la Cie du chemin de fer de Paris à Strasbourg. Par la production, cette maison n'est classée qu'en sixième ordre ; mais, de fait, elle a le premier ou le second rang, à cause du grand format des ouvrages compactes dont elle a l'impression, et surtout en raison de la concurrence vraiment sérieuse qu'elle élève contre la capitale.

Marly-le-Roi (*Seine-et-Oise*), 22 kil. de Paris : GOSSELIN (brevet inexploité).

Mantes (*Seine-et-Oise*), 58 kil. de Paris : S. REFAY. Veuve REFAY

Meaux (*Seine-et-Marne*), 44 kilom. de Paris : A. CARRO, rue du Tribunal, 14. Prote, Boucher. 6 compositeurs, 2 imprimeurs, 2 presses à bras, 1 presse lithographique. *Journal de Seine-et-Marne* non politique, littéraire, agricole, industriel et commercial, autorisé pour les annonces judiciaires, paraissant le samedi, avec un deuxième tirage le dimanche pour la mercuriale. Clientèle, officiers ministériels, ponts-et-chaussées et publications locales.

DUBOIS, éditeur du *Publicateur*, feuille d'annonces hebdomadaire.

Melun (*Seine-et-Marne*), 45 kil. de Paris : DESBRUES.

LEFEBVRE-COMPIGNY (brevet inexploité). MICHELIN, éditeur de l'*Indicateur*, hebd. Ve ROUILLIER, éditeur de l'*Union de Seine-et-Marne*, hebdomadaire.

Meulan (*Seine-et-Oise*), 43 kil. de Paris : NICOLAS (Marius), 2 imprimeurs, 6 presses manuelles. Le patron est l'unique

compositeur de cette imprimerie. Il y
compose des ouvrages en caractères hé-
braïques et arabes. Peu d'ouvrages de ville.

Montereau (*Seine-et-Marne*), 75 kil.
de Paris : L. ZANOTTE.

Montmirail (*Marne*), 97 kil. de Paris :
BRODARD-LIÉGAUX.

Mouy (*Oise*), 64 kilomètres de Paris :
LANTHÈZE (brevet inexploité).

Neuilly (*Seine*), 8 kil. de Notre-Dame :
POILLEUX.

Noyon (*Oise*), 99 kilomètres de Paris :
COTTU-HARLAY. Première conscience, Auguste. Compositeurs, 3; imprimeurs, 2;
presses à bras, 2. Lithographie composée
d'un écrivain et d'un imprimeur ; une presse. Journaux : l'*Ami de l'Ordre*, hebdomadaire; le *Journal des Arpenteurs*, mensuel. Clientèle, la mairie, beaucoup d'ouvrages de ville et de temps à autre quelques labeurs. Bonne librairie.

MARY-DUPUIS (Elysé), exploitant aussi la
lithographie. Maison nouvelle. Compositeur, 1; imprimeur-typographe, 1; presse
lithographique 1. Clientèle des notaires,
ouvrages de ville. Librairie et reliure.

Pithiviers (*Loiret*), 85 kil. de Paris :
CHENU, éditeur du *Courrier du Loiret*,
hebdomadaire.

Poissy (*Seine-et-Oise*), 32 kil. de Paris : ARBIEU et Cⁱᵉ, rue aux Dames. Prote,
Liot; Compositeurs, 25; compositrices, de
10 à 12; imprimeurs, 5; correcteurs , 4;
conducteurs, 4; presses à bras, 4; mécaniques, 4. Cette maison, occupe un personnel
de 62 à 65 employés. Elle imprime le *Musée de la Littérature et des Arts*, bi-mensuel; le *Foyer domestique*, mensuel ; l'*Annuaire historique, politique, universel*.
L'imprimerie Arbieu tient le quatrième ordre dans la banlieue par la quantité d'impressions; mais elle peut sans trop de
prétention s'attribuer une part des observations qui accompagnent l'imprimerie
Vialat et Ce.

Pontoise (*Seine-et-Oise*), 32 kilom. de
Paris : DUFEY fils. Compositeurs, 3; imprimeurs, 3; presses à bras, 3; presse Selligue, 1. Peu de labeurs, mais beaucoup de
travaux de ville. Il se fait dans cette maison un journal d'annonces appelé les *Affiches de Pontoise*.

Provins (*Seine-et-Marne*), 87 kilom. de
Paris : LEBEAU, éditeur de la *Feuille de
Provins*, hebdomadaire.
LEHÉRICHÉ.

Rambouillet (*Seine-et-Oise*), 51 kil. de
Paris : RAYNAL, éditeur de l'*Annonciateur*, hebdomadaire.

Saint-Cloud (*Seine-et-Oise*), 11 kilomètres de Paris : BELIN-MANDAR (Eugène), rue
du Calvaire, 5. Prote, Mirande. Compositeurs, 30; imprimeur, 1; correcteurs, 2;
presses à bras, 5; mécaniques mues par la
vapeur, 3. Spécialités, classiques religieux,
français et espagnols. Cette maison a im-

primé cette année un ouvrage hors ligne :
c'est la *Somme théologique de Saint-Tho-
mas*, en français, en latin, en latin-français.
Il se fait beaucoup de grec à Saint-Cloud.

Saint-Denis (*Seine*), 10 kil. de Notre-
Dame : DROUARD, qui exploite tout seul,
depuis le 21 novembre 1853, l'imprimerie
pour laquelle il était associé avec M. Prévot. Prote, Blaisot; première conscience,
J. Brochin. 18 compositeurs, 2 imprimeurs,
1 correcteur, 3 presses manuelles, 1 mécanique, conduite par M. Drouard.

Saint-Germain-en-Laye (*Seine-et-
Oise*), 23 kilomètres de Paris : H. PICAULT,
rue de Paris, 27, imprimerie typographique et lithographique, librairie et papeterie. Prote, A. Tola. Compositeurs, 4; imprimeurs, 2; presses en fer, 2. Journal l'*Industriel*, hebdomadaire. Clientèle formée
spécialement d'ouvrages de ville en typographie et lithographie ; on y fait aussi quelques labeurs. La lithographie comporte 2
presses, et occupe un écrivain et deux imprimeurs d'un bout de l'année à l'autre,
sans chômage.

BEAU aîné, rue de Paris, 2. 8 compositeurs, 3 imprimeurs, 4 presses, 2 mécaniques mues par la force d'un cheval.

Sceaux (*Seine*) 11 kil. de Notre-Dame :
DÉPÉE, manufacturier en romans dans les
prix *doux*. Cet établissement, qui est le
frère jumeau de celui de Fontainebleau,
vient en quatrième dans l'ordre d'importance productive des maisons de la banlieue.

Senlis (*Oise*), 43 kil. de Paris : DURIEZ,
imprimeur-gérant du *Courrier de l'Oise*,
hebdomadaire, ouvert aux annonces judiciaires.

RÉGNIER, imprimeur-gérant du *Journal
de Senlis*, hebdomadaire, insérant les annonces judiciaires.

Sèvres (*Seine-et-Oise*), 12 kil. de Paris :
CERF (Maurice).

Soissons (*Aisne*), 98 kilom. de Paris :
DECAMPS, éditeur du *Journal de Soissons*.

FOSSÉ-DARCOSSE, rue des Rats, 10. —
Prote, Bedier. 10 compositeurs , 4 imprimeurs, 1 correcteur, 16 employés, 6 presses à bras. L'*Argus soissonnais*, semi-
quotidien. Ouvrages de ville, labeurs ecclésiastiques et classiques. Très ancienne
maison.

Vernon (*Eure*), 82 kilomètres de Paris :
AUBIN-HUNEBELLE, successeur de Barbarot, place d'Armes, 5. — 1 compositeur, 1
compositeur-imprimeur, 2 presses. Bilboquets, petits labeurs. 5,000 fr. d'affaires.

Versailles (*Seine-et-Oise*), 21 kilom. de
Paris : BEAU jᵉ, éd. du *Journal de Seine-
et-Oise* et de l'*Annuaire de Versailles*.

DUFAURE, éditeur de la *Concorde*.

KLÉFER, éditeur du *Journal de Versailles*, hebdomadaire.

MONTALAND-BOUGLEUX, édit. de l'*Union
de Seine-et-Oise*, hebdomadaire.

LISTE GÉNÉRALE

DES

IMPRIMERIES DE LA FRANCE,

Avec mention

des journaux et importantes publications qui s'y impriment.

AIN.

5 imprimeries, 5 journaux.

BELLEY.

CHARVIN.

BOURG-EN-BRESSE.

DUFOUR, éditeur du *Courrier de l'Ain* et imprimeur du *Journal d'Horticulture et de Pomologie.*

MILLIET-BOTTIER. Prote, Charpy. Compositeurs, 7; imprimeurs, 2; presses, 2. Le *Journal de l'Ain* et le *Journal d'Agriculture.*

NANTUA.

ARÈNE, l'*Abeille*, hebdomadaire.
ROSSAND (brevet inexploité).

TRÉVOUX.

DAMPTIN (Mme veuve).

Dans le département de l'Ain, il y a deux genres de conscience : l'une fait la petite journée de 9 heures avec 2 fr. 50 c. de salaire; l'autre la grande journée de dix heures avec 2 fr. 80. On n'y travaille pas aux pièces.

AISNE.

13 imprimeries, 13 journaux.

CHATEAU-THIERRY.

(*Voir page 46.*)

CHAUNY.

B. GUILLAUME, imprimeur typographe et lithographe, rue du Pont-Royal, 38. Première conscience, Victor Louvet; compositeurs, 5; imprimeurs, 2; presses en fer, à bras, 2. Journal l'*Industriel de Chauny*, deux fois par semaine. Le personnel de la lithographie se compose d'un écrivain, d'un pressier, et le matériel d'une presse en fer. Clientèle, la manufacture de glaces de Saint-Gobain, celle de bouteilles de Folembray, les raffineries de sucre de Chauny, Genlis, Sinceny et Anizy-le-Château; le théâtre, les notaires, quelques mairies de l'arrondissement et le commerce. Librairie et reliure à son début.

MOREAU, imprimeur-lithographe, libraire, orfèvre, etc., rue de l'Hôtel-Dieu. Compositeur, 1; imprimeur, 1 presse à bras, en fer, 1. La lithographie occupe un écrivain, un imprimeur et possède une presse. Journal le *Nouvelliste de Chauny*, hebdomadaire. Clientèle, la mairie de la ville, l'Hôtel-Dieu et les notaires de Lafère.

LAON.

FLEURY (HUSSON dit) et CHAVERGNY, rue Sérurier, 22. Imprimeur du *Journal de l'Aisne*, politique, quotidien, ouvert aux annonces judiciaires. 15 ouvriers, 4 presses. Clientèle, la préfecture et le clergé.

E. MARÉCHAL, éditeur de l'*Annuaire du département de l'Aisne*. 12 ouvriers. Clientèle du commerce.

A. OYON, imprimeur de l'*Observateur de l'Aisne*, paraissant cinq fois par semaine. 12 ouvriers, 3 presses. Clientèle, la mairie.

SAINT-QUENTIN.

AUZENFANT (brevet inexploité).

COTTENEST, imprimeur-libraire et lithographe, Grande-Place, 5 Journaux : le *Guetteur*, politique, deux fois par semaine; la *Gazette de Péronne, écho de Santerre*, hebdomadaire. Impressions diverses.

DOLOY et TAUZEIN, Grande-Place, 5, éditeur du *Courrier de Saint-Quentin*, politique, bi-hebdomadaire. 12 ouvriers. Clientèle, la sous-préfecture, les tribunaux et le commerce. Librairie et lithographie.

MOUREAU, Grande-Place, 7. 20 compositeurs, imprimeurs et conducteurs; 4 presses, 2 mécaniques, 3 imprimeurs lithographes, 1 graveur, 4 presses lithographiques, 1 machine en relief. Le *Journal de Saint-Quentin*, semi-quotidien, politique, désigné pour les annonces judiciaires. Cette maison fait de fort jolis travaux en gravure sur pierre et en relief, en or et en couleurs pour mandats, étiquettes, souscriptions et actions.

SOISSONS.

(*Voir page 48.*)

VERVINS.

MOGINO, édit. du *Nouvelliste des Campagnes*, tous les 5 jours. 4 ouvriers, 2 presses.

PAPILLON, propriétaire-gérant du *Journal de Vervins*. 5 ouvriers, 3 presses. Librairie et lithographie.

ALGÉRIE.

14 imprimeries, 7 journaux.

ALGER.

BASTIDE, place du Gouvernement. Prote, Duchâteau. Compositeurs, 6; imprimeurs, 4; presses, 4; correcteur, 1. Clientèle, l'évêché et quelques administrations; brochures et ouvrages de ville. Cette maison, la seule des imprimeries civiles qui possède des caractères orientaux, imprime une infinité d'ouvrages relatifs à l'étude de la langue arabe pour la forte librairie qui est jointe à l'établissement. Lithographie.

BOURGET, rue Sainte, 1. Prote, Bié. Compositeurs, 8; imprimeurs, 2. Journal : l'*Akhbar* (le *Nouvelliste*), semi-quotidien. Clientèle d'ouvrages de ville.

Dubos frères, rue Sainte, 3. Compositeurs, 2; imprimeur, 1. Clientèle, travaux de ville.

Guaymard et Ce, rue de l'Etat-Major. Compositeur, 1; imprimeur, 1. Ouvrages de ville. Un graveur-compositeur cophte compose dans cette maison des livres en hébreu, dont il fond lui-même les caractères.

Imprimerie du Gouvernement, rue des Lotophages. Directeur, Roland de Bussy; chef de 1re section (composition), Duclaux; chef de 2e section (impression), Renaud; chef de 3e section (lithographie), Ansement; correcteur, d'Urtubie, ancien maître imprimeur de Paris. Compositeurs, 25; imprimeurs, 12; presses à bras, 6. Clientèle, le Gouvernement général, la préfecture, les administrations, le théâtre. Journaux : le *Moniteur algérien*, paraissant les jours de l'arrivée des courriers de la France; le *Mobacher* (l'*Annonciateur de bonnes Nouvelles*), journal arabe, bi-mensuel, distribué gratis aux Arabes; le *Bulletin des Actes du Gouvernement*, paraissant de temps à autre. Cette imprimerie, fondée en 1830, pour les besoins de l'armée, a, depuis et petit à petit, étendu le cercle de ses affaires; maintenant elle imprime les affiches de la préfecture, de la mairie, du théâtre, et fait les impressions de quelques administrations civiles, état de choses dont se plaignent, à raison ou à tort, les autres imprimeries d'Alger.

En résumé, il y a à Alger 42 compositeurs et 20 imprimeurs. Les prix sont les mêmes que ceux du tarif de Paris, avec la base de 60 cent. par mille. La ville offre peu de ressources aux compositeurs nomades.

BLIDAH

C. Roche, libraire-papetier, succursale à Médéah. Compositeurs, 4; imprimeurs, 2; presses, 3, dont une lithographique; relieurs, 3. Clientèle, imprimés militaires, administrations de Blidah et des villes sud de l'Algérie. Commission en librairie et journaux.

BONE.

Dagand.

CONSTANTINE.

Abadie, éditeur de la *Seybouse*.
F. Guende.

MOSTAGANEM.

Une imprimerie est en voie d'organisation dans cette ville, mais j'ignore, quant à présent, le nom du titulaire du brevet.

ORAN.

Adolphe Périer, éditeur de l'*Echo d'Oran*, feuille bi-hebdomadaire d'annonces judiciaires désignée par l'administration. Presses à bras, 3; presse lithographique, 1. Clientèle de l'administration et des officiers ministériels.

F. Renard, rue Philippe, 37, imprimeur-typographe et lithographe, propriétaire-gérant de l'*Editeur d'Oran*, feuille hebdomadaire qui a remplacé le *Courrier d'Oran*. Personnel de 4 à 5 ouvriers, matériel formé d'une presse typographique et de 3 presses typographiques. Ouvrages de ville.

PHILIPPEVILLE.

Franceschi.
Le Proust des Ageux, éditeur du *Saf-Saf*, hebdomadaire.

ALLIER.

8 imprimeries, 7 journaux.

CUSSET.

Jourdain, éditeur de la *Semaine de Cusset*. Compositeurs, 2; imprimeur, 1; presses, 2; écrivain, 1.

Th. Villard, éditeur de l'*Hebdomadaire*. Compositeur, 1; imprimeur, 1; écrivain, 1; presses, 2.

GANNAT.

Bourroux, éditeur du *Glaneur de l'Allier*. Compositeurs, 2; imprimeur, 1; presses, 2.

MONTLUÇON.

Aupetit, imprimerie centrale, Grande-Rue, 40, et rue du Petit-Château, 9. Compositeurs, 5; imprimeur, 1. Journaux : l'*Impartial de l'Allier*, hebdomadaire; la *Liste des Etrangers arrivés à Néris*, publiée pendant la saison des eaux. Clientèle, sous-préfecture, mairie, administration des forêts, théâtre, labeurs. Lithographie.

Ledoux, éditeur du *Courrier de l'Allier*. Compositeurs, 2; imprimeur, 1; presses, 2.

MOULINS.

Desrosiers, imprimeur de la préfecture. Compositeurs, 5; imprimeurs, 4; écrivain, 1; plieuses, 2; presses, 3; mécanique, 1. Journal : le *Messager de l'Allier*, semi-quotidien. Cette maison a édité, entre autres ouvrages hors ligne, l'*Ancien Bourbonnais*, 2 vol. in-folio, ornés d'un grand nombre de planches; et l'*Ancienne Auvergne*, 2 vol. in-folio, ornés de 150 planches. M. Desrosiers, comme novateur et comme praticien, occupe un rang distingué dans la typographie départementale. Il obtint, pour ses magnifiques travaux, une médaille d'argent à l'exposition de 1827, récompense dont il lui fut fait rappel aux expositions de 1834, 1839 et 1844.

Enaut, éditeur du *Mémorial de l'Allier*. Compositeurs, 4; imprimeurs, 2; écrivain, 1; presses, 3.

Martial Place, imprimeur en caractères, lithographe et libraire. Compositeurs, 3; imprimeurs, 2; écrivain, 1; plieuse, 1. Publication : l'*Annuaire de l'Allier*. Cette maison édite une foule d'almanachs. Elle a enrichi la librairie d'un ouvrage remarquable en un vol. in-8o, orné de 80 dessins : l'*Allier pittoresque*. C'est de la lithographie de M. Martial Place qu'est sorti l'*Album de l'expédition de Rome*, charmant in-folio colombier, orné de 15 planches et de 4 cartes, avec 10 feuilles de texte.

Presqu'à toutes les imprimeries de l'Allier sont adjointes des lithographies.

En résumé, le personnel typographique de ce département se compose de 24 compositeurs et de 13 imprimeurs. Son matériel représente une vingtaine de presses et une mécanique.

Les ouvriers sont pour ainsi dire tous en conscience dans l'Allier, avec un gain de 2 fr. à 2 fr. 50.

ALPES (Basses-).

5 imprimeries, 3 journaux.

DIGNE.

Ve Guichard. Journal l'*Ami de l'Ordre*.

Repos, imprimeur de l'évêché, chez lequel s'impriment beaucoup d'ouvrages religieux et l'*Almanach des Alpes et du Midi*; librairie, ateliers de reliure et de brochage. Dans ces derniers temps, cette maison a édité de remarquables livres de chant romain (*Graduel* et *Vespéral*), imprimés dans quatre formats, grand in-fo, in-fo, in-8o et in-12, travaux extraordinaires pour une ville intérieure et aussi éloignée des grands centres. Journal le *Glaneur des Alpes*. 2 mécaniques mues par la vapeur.

FORCALQUIER.

MASSON, éditeur de l'*Echo de Forcalquier*.

VIAL.

SISTERON.

BOURLÈS.

ALPES (Hautes-).

2 imprimeries, 2 journaux.

GAP.

DELAPLACE père et fils, rue de Provence. Première conscience, F. Juzy. Compositeurs, 5; imprimeurs, 2; presses, 2. L'*Annonciateur des Hautes-Alpes*, journal hebdomadaire. Publication: l'*Annuaire du Département*. Clientèle: évêché, mairie, administrations, ouvrages de ville, livres religieux, catéchismes, paroissiens, syllabaires. Cette maison a imprimé deux ouvrages remarquables cette année: l'*Histoire hagiologique* et les *Constitutions et Instructions synodales*. Librairie classique et de piété. Papeterie et fournitures de bureau.

GENOUX (brevet inexploité).

JOUGLARD, rue Saint-Arey Première conscience, Juzy. Compositeurs, 3; imprimeurs, 2; apprenti, 1; presses, 2. Le *Courrier des Alpes*, journal d'annonces hebdomadaire. Clientèle: préfecture, administrations, ouvrages de ville. Tout récemment, il est sorti des presses de M. Jouglard un ouvrage soigneusement fait: le *Panorama des Prédicateurs*.

En résumé, le département des Hautes-Alpes emploie 8 compositeurs et 4 imprimeurs; il possède 4 presses. On n'y travaille guère qu'en conscience, avec un salaire de 2 à 3 francs, selon l'habileté des ouvriers. Le travail aux pièces, quand il s'en fait, est payé 40 cent. le mille.

ARDÈCHE.

7 imprimeries, 4 journaux.

ANNONAY.

PRODHON, un seul compositeur et le patron.

AUBENAS.

BONNEFOY.

CHEYNET, éditeur de l'*Eclaireur*.

L'ARGENTIÈRE.

GROBON (Mme veuve), éditeur du *Journal de l'Argentière*.

PRIVAS.

GUIREMAND, *Journal de l'Ardèche*.

ROURE, imprimeur de la préfecture

TOURNON.

COT, éditeur du *Journal de Tournon*.

ARDENNES.

12 imprimeries, 11 journaux.

CHARLEVILLE.

A. POUILLART, imprimeries réunies de L. Garet, Raucourt, Pyrol et Guyot Première conscience, Guillemain; compositeurs, 10; imprimeurs, 3; presses à bras, 3; mécanique mue par la vapeur, 1. Clientèle, beaucoup d'ouvrages de ville exécutés soigneusement, une partie des travaux de la préfecture, impressions forestières, impressions pour les notaires, les huissiers, le commerce. Cette maison possède une lithographie composée de deux presses, et une machine à graver. Journaux: le *Courrier des Ardennes*, quotidien, désigné pour les annonces judiciaires du département; les *Instructions pastorales* et la *Revue Catholique*, mensuels.

A Mézières comme à Charleville, le salaire est peu élevé: la journée est de dix heures en conscience et ne vaut que 2 fr. 25 à 3 fr. 25; le prix du mille d'*n* de neuf est de 30 centimes.

GIVET.

DELACOUR.

WAUTHIER. Presses, 2. Clientèle, affiches de notaires et ouvrages de ville. Librairie.

MÉZIÈRES.

LELAURIN. Compositeurs, 3; imprimeurs, 2; presses, 3. Clientèle: le théâtre, la préfecture, les contributions directes, le génie, la sous-intendance et plusieurs administrations. Journaux: l'*Apôtre des Chaumières*, mensuel; le *Journal d'Agriculture*, mensuel. Peu d'ouvrages de ville.

TRÉCOURT. Compositeurs, 2; imprimeur, 1; presse à bras, 2; mécanique de Dutartre, 1. Clientèle: les chemins vicinaux et les ponts et chaussées, labeurs pour Paris. Publication: l'*Annuaire des Ardennes*.

RETHEL.

BEAUVARLET, rue Neuve, 28. Compositeur-imprimeur, 1; presse, 2. Clientèle des officiers ministériels et de la mairie. *Journal de l'arrondissement de Rethel*, feuille politique paraissant deux fois par semaine.

TORCHET, rue Neuve, 22. Compositeurs. 2; imprimeur, 1; presse, 1. Clientèle de la sous-préfecture, du théâtre et du commerce. Journal l'*Espoir*, feuille politique qui paraît deux fois par semaine.

ROCROI.

COCHARD, rue de Bourgogne. Compositeur-imprimeur, 1; presse, 1. Clientèle de la sous-préfecture, de la mairie et des notaires. Journal le *Narrateur de Rocroi*, hebdomadaire.

SEDAN.

LAROCHE-JACOB, rue Napoléon. Compositeur, 1; imprimeur, 1; presse à bras 3. Clientèle, le théâtre, les officiers ministériels, l'autre moitié des impressions de la mairie.

Mme Veuve SCHAUX, rue Maqua. Compositeurs, 2; imprimeur, 1; presse, 3. Clientèle formée d'ouvrages de ville, de la moitié des impressions de la mairie, de celles du génie et des forêts. Journal l'*Ardennais*, deux fois par semaine. Imprimerie de la sous-préfecture.

VOUZIERS.

FLAMANT-ANSIAUX, rue de l'Eglise. Compositeur-imprimeur, 1; presse, 1. Imprimeur de la sous-préfecture. *Journal de l'arrondissement de Vouziers*, hebdom.

SARRAZIN, place de la Halle. Compositeur-imprimeur, 1; presse, 1. Clientèle, les officiers ministériels. Journal l'*Union*, hebdomadaire.

En résumé, le département des Ardennes emploie 21 compositeurs, 4 compositeurs-imprimeurs et 10 imprimeurs. Il possède 23 presses à bras et 2 mécaniques.

ARIÈGE.

4 imprimeries, 2 journaux.

FOIX.

POMIÈS (Jean), imprimeur du *Journal de la Société d'Agriculture* et de l'*Ariégeois*.

POMIÈS (Jean-Chrysostôme).

PAMIERS.
LOZE-MADIÈRE.

       SAINT-GIRONS.

POMMIÈS.

AUBE.

10 imprimeries, 8 journaux.

ARCIS-SUR-AUBE.

FRÉMONT-CHAULIN, l'*Echo d'Arcis*, hebdomadaire. Un pressier et un compositeur.

BAR-SUR-AUBE.

Mme JARDEAUX-RAY. Deux ou trois compositeurs, deux presses à bras, mais pas de mécanique. Le *Mémorial de l'Aube*, hebdomadaire. Lithographie.

BAR-SUR-SEINE.

SAILLARD, 15 compositeurs environ pour la composition des *Manuels-Roret*. Mécanique. Le *Petit Courrier de Bar-sur-Seine*, hebdomadaire. Lithographie. M. Saillard est adjoint au maire de l'endroit.

NOGENT-SUR-SEINE.

RAVEAUX. Compositeurs, 3 ; imprimeurs, 2 ; presses, 2. Impressions pour le chemin de fer. Journal l'*Echo nogentais*, hebd.

PLANCY.

COLLIN DE PLANCY, imprimerie de la *Société de Saint-Victor*, pour la propagation des bons livres. On parle de 8 ou 10 compositeurs, d'un gérant, de 2 ou 3 imprimeurs, d'une mécanique, de brocheuses, plieuses, etc., attachés à l'établissement. Aucun ouvrage de ville. Tous labeurs pour la Société. Cette imprimerie n'existe à Plancy que depuis deux années. C'est un ancien brevet de Troyes qui a été acheté par M. Collin de Plancy, titulaire, lequel l'a transporté dans cette commune. Cette maison, depuis quelques mois, a été autorisée à organiser une loterie de 400,000 fr. pour la réédification de l'église de Plancy. Les lots consistent en librairie religieuse.

TROYES.

ANNER-ANDRÉ, président du tribunal de commerce de la ville. Impressions considérables d'almanachs ; mécanique simple et mécanique double ; deux ou trois presses à bras, mais pas d'imprimeurs ; un conducteur pour les deux machines. Impressions d'ouvrages classiques et religieux, catéchismes, paroissiens, syllabaires, etc. Très-ancienne maison. Quatre ou cinq compositeurs environ. Forte librairie. Imprimerie de l'évéché et de la plus forte partie du clergé.

BAUDOT, rue de l'Eglise, 28, successeur de son père, qui fut prote aux presses chez M. F. Didot. Compositeur, 1 ; presse à bras, 1 ; presse Selligue, 1. On remarque dans cet atelier une machine de l'invention du patron, pour le tirage d'un seul coup des plus grandes affiches. M. Baudot est éditeur de l'*Almanach Troyen* ; il édite aussi 240 sortes de brochures connues sous le nom de *Bibliothèque bleue*, ainsi que 12 sortes d'Almanachs, à 10 et 20 cent., répandus, les uns comme les autres, par millions dans les campagnes depuis 1717. Cette maison, qui date de cette époque, occupe toujours un personnel de 15 à 18 employés. Elle possède librairie, papeterie, imagerie et fait paraître irrégulièrement une *Feuille d'annonces*.

BOUCQUOT, même quantité de compositeurs à peu près que chez M. Cardon, pour la composition du journal l'*Aube*, paraissant quatre fois par semaine. Imprimeur en titre de la préfecture depuis trois ans.

Quelques labeurs peu importants ont été faits dans cette maison, qui a également une librairie. 2 presses et une demi-mécanique fonctionnent dans cet atelier.

CAFFÉ, 4 compositeurs, autant d'imprimeurs. Peu de labeurs, mais beaucoup d'ouvrages de ville. Impressions pour le commerce, les notaires, les huissiers, etc. L'*Industriel de Troyes*, paraissant en grand format tous les mercredis. Ouvrages en cours de publication : l'*Album pittoresque et monumental de l'Aube* les *Monuments de Seine-et-Marne*, les *Anciens édifices de Troyes*, le *Bibliophile troyen*, l'*Almanach de Troyes et de l'Aube*. Les dessins des deux premiers ouvrages se font chez Lemercier ; le dessinateur et l'éditeur est M. Charles Fichot, de Paris. Tous les dessins de l'autre ouvrage se font dans la lithographie de M. Caffé.

CARDON, maison qui imprime pour la préfecture, les communes, la mairie, les hospices, partie des avoués, notaires, huissiers. Prote, Pissier ; compositeurs, 10 ; imprimeur, 1 ; conducteur, 1 ; presses à bras, 3 ; mécanique à double cylindre mue par la vapeur, 1 ; laminoir, 1. Journal le *Napoléonien*, semi-quotidien. M. Cardon a donné, sous le dernier gouvernement, des gages sérieux à la liberté de la presse en imprimant, ou plutôt en donnant asile à cinq ou six journaux des plus avancés : la *Feuille du Village*, de Joigneaux ; le *Populaire*, de Cabet ; le *Nouveau monde*, de Louis Blanc ; la *Réforme sociale*, qu'inspirait Pierre Leroux ; le *Propagateur de l'Aube*, etc. D'assez jolis travaux sont sortis des presses de M. Cardon, qui a beaucoup imprimé pour Paris, notamment pour les libraires Pagnerre et Warée. L'*Histoire de Dix ans*, de Louis Blanc, l'*Histoire de Huit ans*, de M. Elias Regnault, les *Codes en miniature*, le *Rogron* et différents ouvrages du même genre ont été imprimés dans cette maison, qui est en possession d'un matériel considérable. Depuis quelque temps, M. Cardon a annexé une fonderie d'un genre tout nouveau à ses ateliers. Les caractères sont fondus au moyen de presses dite typogènes, mues par la vapeur et qu'un enfant peut faire marcher. Le rendement de chacune de ses presses est de 16,000 lettres par jour. Mais là ne s'arrête pas la nouveauté : elle se complète par les caractères mêmes qu'elle produit, lesquels ont l'œil et l'épaulement en cuivre jaune, la tige en zinc et les liaisons folliforeuses. Leur prix est le même que pour les caractères ordinaires, bien qu'ils soient supérieurs en solidité.

SAINTON (brevet inexploité).

AUDE.

7 imprimeries, 7 journaux.

CARCASSONNE.

P. LABAU, Grande-Rue, 21. Compositeurs 3 ; imprimeurs, 2 ; presses, 2. Clientèle, une partie de la préfecture, la recette générale, les ponts-et-chaussées. Publication : *Journal de la Société d'agriculture de l'Aude*, mensuel.

POLÈRE neveu, rue du Séminaire, 13 Compositeurs, 2 ; imprimeur, 1 ; presses, 2. Clientèle, une partie de la mairie et une partie de la préfecture.

P. POMIÈS, rue de la Mairie, 50. Compositeurs, 4 ; imprimeurs, 2 ; presses, 2. Journal : l'*Echo de l'Aude*, hebdomadaire. Clientèle, l'évéché, une partie de la mairie et une partie de la préfecture.

CASTELNAUDARY.

L. Groc. Compositeur, 1; imprimeur, 1; presse, 1. Journal l'*Abeille*, hebdomad.

G.-P. Labadie. Compositeur, 1; imprimeur, 1; presse, 1. Journal l'*Echo de Castelnaudary*, feuille d'annonces hebdomadaire. Lithographie.

LIMOUX.

J. Boultes. Compositeur-imprimeur, 1; presse, 1. Publications : *Journal de Limoux*, hebdomadaire; *Journal des Comices agricoles*, périodique.

NARBONNE.

Caillard. Compositeurs, 3; imprimeurs, 2; presses, 2. Le *Journal de Narbonne*, feuille d'annonces hebdomadaire. Lithogr.

Dedieu (brevet inexploité).

L'Aude fait peu de labeurs. Le mille d'*n* est de 40 cent., n'importe quel caractère, manuscrit ou réimpression. Le prix de la journée de conscience flotte entre 2 et 3 fr. selon l'habileté des ouvriers.

AVEYRON.

8 imprimeries, 5 journaux.

ESPALION.

Gonin-Faure (Ve), éditeur du *Bulletin d'Espalion*.

Kastner. Journal l'*Avenir*.

MILHAU.

Carrère, l'*Echo de la Dourbie*.

RHODEZ.

Carère aîné. *Journal de l'Aveyron*.

Ratery. Journal l'*Echo de l'Aveyron*; l'*Annuaire du département*; les *Mémoires de la Société des Lettres*.

SAINTE-AFFRIQUE.

Maurel fils.

VILLEFRANCHE-DE-ROUERGUE.

Cestan (Ve). *Journal de Villefranche*.

Dufour.

BOUCHES - DU - RHONE.

20 imprimeries, 9 journaux.

AIX.

Aubin, éditeur du *Mémorial d'Aix*, semi-quotidien.

Leydet.

Nicot, éditeur de la *Provence*, semi-quot.

Pardigon.

Tavernier.

Vitalis, imprim. de la cour impériale.

ARLES.

Cerf, éditeur du *Courrier des Bouches-du-Rhône*, hebdomadaire.

Dumas.

Serre (brevet inexploité).

MARSEILLE.

Arnaud et Cie, typographie et lithographie, rue Canebière, 10. Gérant; Cayer. Compositeurs, 12; imprimeurs, 6; conducteur, 1; presses à bras, 3; mécanique, 1; presses lithographiques, 3. Clientèle, feuilles d'annonces irrégulières, les douanes et quelques administrations. Spécialité pour les impressions en couleurs et les langues orientales. L'un des membres de cette association, M Achille Doumenc, a produit en 1849 un joli chef-d'œuvre typographique. Sans avoir atteint, dans un autre genre, le degré de patience et d'adresse qui fait le mérite et l'originalité des différents ouvrages en filets de M. Auguste Mon-pied, notre confrère marseillais n'en a pas moins exécuté son travail avec une grande perfection et une rare habileté. Le sujet qu'il a reproduit en filets est la façade, l'étalage et les toits de la librairie de M. Terris, à Marseille. Il y a dans cette œuvre remarquable une croisée entr'ouverte, avec vitrages et barreaux à pique, qui a vivement captivé mon admiration. C'est un vrai tour de force d'artiste que les ombres, les déliés, les angles et les traits qu'il a dû ciseler pour obtenir cette copie fidèle.

Barile, rue Paradis, 15. Compositeurs, 20; imprimeurs, 6; conducteur, 1; presses à bras, 5; mécanique, 1. Journal : le *Courrier de Marseille*, politique, quotidien. Clientèle, mairie et quelques administrat.

Barlatier-Fessat et Demonchy, place Royale, 74. Compositeurs, 29; imprimeurs, 10; conducteur, 1; presses à bras, 7; mécanique, 1. Journal : le *Sémaphore*, politique, quotidien. Travaux d'administrations, chemin de fer, caisse d'épargne, recette générale, etc. Lithographie. Cette maison possède deux brevets.

Baudillon, rue de la Salle, 1. Compositeur, 1; imprimeur, 1; presse à bras, 1. Impressions diverses.

Chauffard, rue des Trois-Mages, 2 Compositeurs, 2; imprimeur, 1; presses à bras, 2. Ouvrages religieux pour la librairie de la maison.

Clappier, rue Saint-Ferréol, 27. Compositeurs, 15; imprimeurs, 2; conducteur, 1; presses à bras, 2; mécanique, 1. Journal : le *Nouvelliste*, politique, quotidien. Imprimerie militaire.

A. Gravière, successeur de Nicolas depuis le 20 octobre 1853, imprimerie qui est sur le point de s'ouvrir. Ce brevet était inexploité.

Olive (Ve), rue Mazade, 28. Compositeurs, 25; imprimeurs, 9; conducteur, 1; presses à bras, 6; mécaniques, 2. Journaux : la *Gazette du Midi*, politique, quotidien; l'*Horticulteur provençal*, mensuel. Clientèle, l'évêché, les services maritimes des Messageries nationales, publications religieuses. Lithographie.

Senès, rue Canebière, 15 Compositeurs, 6; imprimeurs, 2; presses à bras, 3. Clientèle de la préfecture.

Vial, rue Thiars, 3. Compositeur, 1; imprimeur, 1; presse à bras, 1. Impressions diverses.

Ainsi, le matériel typographique de Marseille, réparti en 9 maisons seulement, bien qu'il y ait 15 brevets, représente 30 presses et 6 mécaniques. Le personnel se compose de 111 compositeurs, 38 imprimeurs et 5 conducteurs; il est aussi mobile et aussi variable qu'à Paris et à Lyon, surtout vers la fin de l'année, où les *Guides* et les *Annuaires* attirent une foule de compositeurs étrangers à la ville, lesquels disparaissent, ces ouvrages terminés. Marseille ne fait guère de labeurs, mais en revanche on y fait des quantités d'ouvrages de ville pour les administrations et le commerce.

Les prix de main-d'œuvre sont, à un dixième près, ceux de Paris, et les mêmes que ceux de Lyon. L'imprimerie marseillaise possède un Tarif de mains-d'œuvre.

Fonderie Lazare Olive, rue Paradis, Cet établissement a acquis une grande importance par ses expéditions en Italie, en Espagne et dans le Levant.

TARASCON.

Aubanel, édit. du *Conciliateur*, hebd.

Bastide (brevet inexploité).

Cerf dit Prosper.

CALVADOS.

23 imprimeries, 13 journaux.

BAYEUX.

DELARUE. *L'Indicateur de Bayeux.*
DUVANT. Journal la *Feuille judiciaire.*
LECAPLAIN.

CAEN.

BONNESERRE.
BUHOUR. Journal le *Pilote du Calvados.*
DE LAPORTE. *Agenda statistique du Calvados, de l'Orne et de la Manche.*
DELOS.
HARDEL.
Vᵉ PAGNY. Journal l'*Intérêt public.*
POISSON.

CONDÉ-SUR-NOIREAU

AUGER.

FALAISE.

JULLIEN, éditeur de l'*Étoile de Falaise*, hebdomadaire, journal littéraire et d'annonces.
LEVAVASSEUR, éditeur du *Journal de Falaise*, feuille d'annonces, hebdomadaire.

HONFLEUR.

DEBAUDRE, éditeur de l'*Echo Honfleurais*, hebdomadaire.
Vᵉ DUPRAY. *Journal de Honfleur et du Commerce.*

ISIGNY.

PARIS.

LISIEUX.

LAJCIE-TISSOT. Journal le *Lexovien.*
LETEMPLIER. Journal le *Patriote.*
PIGEON. Journal le *Normand.*

ORBEC.

LESIEUR.

PONT-L'ÉVÈQUE.

DELAHAIS, édit. du *Pays d'Auge*, hebd.

VIRE.

ADAM, éditeur du *Journal de Vire.*
Vᵉ BARBOT.

CANTAL.

7 imprimeries, 8 journaux.

AURILLAC.

FERARY. Journal la *Revue du Cantal.*
Vᵉ PICAT, impr. de l'*Echo du Cantal*, du *Bulletin administratif du Cantal* et du *Propagateur agricole.*
VIALLANES.

MAURIAC.

DRAPPEAU, éditeur de l'*Annonciateur cantalien.*

MURAT.

MARSEPOIL, édit. du *Journal de Murat.*

SAINT-FLOUR.

VICTOR VIALLEFONT. Compositeurs, 4; imprimeur, 1; presses, 3. Journal la *Haute-Auvergne* (13ᵉ année), hebdomadaire, désigné exclu-ivement pour les annonces judiciaires. Clientèle de l'évêché, des officiers ministériels et de toutes les administrations.
VIDAL, éditeur de l'*Impartial.*

CHARENTE.

13 imprimeries, 6 journaux.

ANGOULÊME.

ARDANT frères.
CHATENET.
GIRARD, éditeur de la *Gazette de l'Angoumois.*
E. GROBOT fils.

HUBERT.
LACOMBE.
LEFRAISE et Cᵉ. Journal le *Charentais.*
SOULIÉ.

BARBEZIEUX.

A. GARREAU, éditeur du *Narrateur Impartial.*
MOREAU (NARDOU dit).

COGNAC.

DUROSIER. Journal l'*Indicateur.*

CONFOLENS.

P.-J. SIRE. *Journal de Confolens*, hebd.

RUFFEC.

PICAT, éditeur de l'*Observateur.*

CHARENTE - INFÉRIEURE.

16 imprimeries, 11 journaux.

JONZAC

LAGIER.

LA ROCHELLE.

F. BOUTAIS. Journal l'*Echo rochelais.*
GAPPON.
DAUSSE. Journal l'*Ère nouvelle.*
MARÉCHAL. Journal la *Charente-Inférieure.*
OMER MICHELIN.
SIRET. Journal *Courrier des Marchés.*

MARANS.

BAUDRY.
J. POUPART.

MARENNES.

RAISSAC, édit. du *Journal de Marennes.*

ROCHEFORT.

CHAVIGNAUD.
MERCIER père et fils, édit. de l'*Union napoléonienne.*
C. THÈZE. Les *Tablettes des Deux-Sèvres.*

SAINTES.

HUS, édit. de l'*Indépendant* et des *Affiches de Saintes.*
LACROIX. Le *Mémorial de l'Ouest.*

SAINT-JEAN-D'ANGELY.

SAUDEAU, éditeur de l'*Echo de Saint-Jean-d'Angely.*

CHER.

5 imprimeries, 5 journaux.

BOURGES.

JOLLET-SOUCHOIS. Compositeurs, 11; imprimeurs, 2; presses anglaises, 3. *Journal du Cher*, politique, semi-quotidien, ouvert aux annonces judiciaires. Clientèle, la préfecture, la mairie. Publications : *Annuaire du Cher, Bulletin de la Société d'Agriculture.* Lithographie composée d'un écrivain et de deux imprimeurs.
MANCERON LE BASLE, libraire et lithographie. Compositeurs, 14; imprimeurs, 2; presses anglaises, 3. Journal le *Droit commun*, politique, semi-quotidien, ouvert aux annonces judiciaires. Clientèle, l'archevéché, la cour impériale et les tribunaux. Cette maison, qui est la plus ancienne de Bourges, possède une lithographie composée de deux presses, employant un écrivain et deux ouvriers. Elle a édité et édite encore un grand nombre d'ouvrages, tels que le *Concile de la province de Bourges*, les *Statuts synodaux*, heures, paroissiens, catéchismes, etc. Le matériel de cette imprimerie est considérable et son fond de librairie très-riche, surtout en livres liturgiques romains et de l'ancien rit Berruyer.

Ve Ménagé. Compositeurs, 4; imprimeur, 1; presses anglaises, 2. Journal le *Courrier de Bourges*, politique, semi-quotidien, ouvert aux annonces judiciaires.

SAINT-AMAND.

Bousilliat (brevet inexploité).

Destenay et Lambert. Compositeurs, 4; imprimeur, 1; presses, 2. Journal d'affiches : l'*Echo du Cher*, hebdomadaire, ouvert aux annonces de l'arrondissement.

SANCERRE.

Dubosc, éditeur des *Affiches de Sancerre*, feuille d'annonces hebdomadaire de l'arrondissement. Compositeur-imprimeur, 1; presse, 1. Clientèle d'ouvrages de ville.

En résumé, le Cher emploie 34 compositeurs et 6 imprimeurs. Il possède 11 presses et n'a pas encore de mécanique.

Généralement, la conscience est de 3 fr. pour dix heures de travail. Le prix du mille atteint 40 à 45 cent. La valeur des mises en pages est graduée comme à Paris.

CORRÈZE.

7 imprimeries, 2 journaux.

BRIVES.

Roche.

Verlhac. Journal l'*Union corrézienne*, qui se fait aussi pendant quelque temps de l'année dans cette maison.

TULLE.

Eugène Crauffon.
Detournelle.
Ve Drapeau.
De Siorac. L'*Union corrézienne*.

USSEL.

Faure, éditeur du *Journal d'Ussel*.

CORSE.

3 imprimeries, 3 journaux.

AJACCIO.

Conti (brevet inexploité).

Marchi (Gabriel), imprimerie de la préfecture. Compositeurs, 4; imprimeurs, 3; presses, 3. Le *Journal de la Corse*, hebdomadaire. Clientèle, le théâtre, diverses administrations et des ouvrages de ville.

BASTIA.

Fabiani (César). Prote, Rogliano. Compositeurs, 6; imprimeurs, 4; presses, 4. Journaux : l'*Observateur de la Corse*, hebdomadaire; *La Guida del popolo*, mensuel, en italien. Clientèle, l'évêché, bien que l'évêque réside à Ajaccio; la cour impériale, le lycée, la sous-préfecture, la mairie, le théâtre, des travaux de ville et quelques labeurs.

Ollagnier (Eugène). Compositeur, 1; imprimeur, 1; presses, 2. Clientèle, quelques bilboquets.

C'est donc un personnel de 11 compositeurs et de 8 imprimeurs qu'emploie la Corse. Elle possède 9 presses.

Le gain des ouvriers varie selon les villes : ainsi, à Ajaccio, ils ont de 35 à 70 fr. par mois, selon les emplois et selon les mérites; à Bastia, la journée de conscience varie entre 2 et 3 fr., et le mille y est payé 35 c.

COTE-D'OR.

13 imprimeries, 9 journaux.

ARNAY-LE-DUC.

Gros fils.

AUXONNE.

Saunié, éditeur de l'*Echo du Peuple*, hebdomadaire. Presses à bras, 2.

BEAUNE.

Batault-Morot. Presses à bras, 2.
Blondeau-Dejussieu. Presses à bras, 2.

CHATILLON-SUR-SEINE.

Cornillac. Presses mécaniques, 2. Impressions de livres d'église sur clichés.

Ferdinand Lebeuf, imprimerie-stéréotypie. Compositeurs, 6; imprimeurs, 4; aides-imprimeurs, 2; stéréotypeur, 1; relieurs, 2; brocheuses, de 8 à 10; presses Selligue, 2; presses à bras, 3. Journal le *Chatillonnais et l'Auxois*, hebdomadaire. Clientèle, impressions du commerce, almanachs de tous formats, agendas de poche et de cabinet, livres classiques, alphabets illustrés. Librairie religieuse.

DIJON.

Cornillac (Louis-Ernest), successeur de Simonnot-Carion depuis le 23 décembre 1853, imprimerie en voie d'exploitation.

Douillier, rue des Godrans. Prote, Contet. Presses à bras, 6. *Journal de la Côte-d'Or*. Cette maison, qui fait les impressions de la mairie et de plusieurs administrations importantes, possède fonderie, stéréotypie, lithographie et reliure. Outre l'*Almanach de la Côte-d'Or*, qu'elle édite toutes les années, elle imprime beaucoup d'ouvrages d'église en partie clichés.

Loireau-Feuchot, place Saint-Jean, 1 et 3. Prote, Vallot. Correcteurs, 2. Le personnel de cette imprimerie, l'une des plus belles de province, est de 40 à 50 ouvriers. Son matériel se compose de 2 presses mécaniques, de 3 presses à bras. Les caractères les plus modernes et les plus variés, les instruments de travail les plus perfectionnés concourent aux impressions de toute nature, en noir, en or et en couleurs, labeurs, ouvrages de ville, que cette maison exécute pour la librairie, le commerce, les administrations, les particuliers. Elle fait trois journaux : l'*Union bourguignonne*, la *Revue horticole* et le *Journal d'Agriculture de la Côte-d'Or*.

Mme veuve Noellat, rue Saint-Michel. Journal l'*Elu du Peuple*. Presses à bras, 3. Clientèle du théâtre.

Tricault, rue Chabot-Charny. Prote, Darcier. Journal le *Spectateur religieux*. Presses à bras, 2.

A Dijon comme presque partout dans la Côte-d'Or, on travaille beaucoup aux pièces, à 40 cent. le mille. La conscience varie de 3 fr. à 4 fr. par jour, selon les maisons et surtout selon les capacités de l'ouvrier.

MARMAGNE.

Rignoux.

SEMUR.

F.-V. Verdot. *Journal d'Agriculture*, feuille d'annonces.

COTES-DU-NORD.

10 imprimeries, 9 journaux.

DINAN.

Bazouge, éditeur du *Dinanais*.
Huart, éditeur de l'*Union malouine*.

GUINGAMP.

Jollivet, éditeur de la *Presse bretonne*.
Tanguy. Journal l'*Echo de Guingamp*.

LANNION.

Le Goffic. Journal le *Lannionnais*.

LOUDÉAC.

Anger. *Journal de l'Arrondissement de Loudéac*.

SAINT-BRIEUC.

Beauchemin.

Guyon frères. Journal la *Bretagne*.
Le Maout. Journal le *Publicateur*.
Prud'homme, éditeur de la *Foi bretonne* et de l'*Almanach agricole de la Bretagne*.

CREUSE.

5 imprimeries, 7 journaux.

AUBUSSON.

Alph. Bouyet, éditeur du *Mémorial de la Creuse*, hebd. Clientèle, le tribunal, le collége et quelques travaux de ville.

BOURGANEUF.

Bonnet, éditeur du *Chercheur*, hebd. Compositeurs-imprimeurs, 2; presses, 2. Clientèle, les officiers ministériels, le collége et des ouvrages de ville.

BOUSSAC.

Il y avait, avant 1848, l'imprimerie de Pierre Leroux, mais.....

CHAMBON.

Magistry, éditeur de l'*Annonciateur*, hebd. Clientèle d'ouvrages de ville.

GUÉRET.

Bétoulle (Mme Ve), rue de la Mairie Prote, B. Cornillon-Savary; compositeurs, 5; imprimeurs, 2. Journaux : le *Conciliateur*, paraissant tous les jeudis; l'*Echo de la Creuse*, hebdomad., dont Mme Bétoulle est propriétaire-gérant. Clientèle : la préfecture, le tribunal, les ponts-et-chaussées, le collége, la mairie, les officiers ministériels, le théâtre et des ouvrages de ville en assez grande quantité.

Dugenest, rue du Marché. Prote, Frémont. Journaux ; l'*Abeille*, paraissant le dimanche, et le *Bulletin administratif*. Clientèle, des ouvrages de ville et une partie des travaux de la préfecture.

En résumé, les travaux qui se font dans le département de la Creuse étant toujours les mêmes, le personnel des imprimeries est fixé d'une manière à peu près invariable. Presque tous les ouvriers appartiennent à la localité, et je crois qu'à moins de demandes formelles, nos confrères feront sagement de n'y point faire de fréquentes excursions. Le travail ne s'y fait point aux pièces : les ouvriers sont employés à l'année et les prix peu élevés; mais il n'y a point de chômage et la vie y est à bon marché.

DORDOGNE.

9 imprimeries, 8 journaux.

BERGERAC.

Faisandier, éditeur du *Journal de Bergerac*, feuille d'annonces hebdomadaire.

NONTRON.

Deschamps (brevet inexploité).
Ranvaud, éditeur de l'*Union*, feuille d'annonces hebdomadaire.

PÉRIGUEUX.

Auguste Boucharie, rue de la Miséricorde, 6. Prote, Michelet. Compositeurs, 5; imprimeurs, 2; presses, 2. Publication : la *Chronique du Périgord et du Limousin*, revue historique, artistique et religieuse, paraissant tous les mois par livraisons de 24 pages in-4o, à deux colonnes, avec une lithographie. Clientèle, beaucoup d'ouvrages de ville pour le commerce, l'industrie et les administrations publiques, quelques labeurs et une partie des travaux que fait exécuter la préfecture.
Danède (brevet inexploité).

F. Dupont et Ce, rue Taillefer. Prote, B. Chateignon. Compositeurs, 12; imprimeurs, 3; presses, 2; mécaniques, 2. Journal l'*Echo de Vésone*, quotidien. Publications : l'*Annuaire de la Dordogne*; les *Annales agricoles et littéraires de la Dordogne*. Cette maison a reçu plusieurs médailles pour inventions typographiques, lorsqu'elle était dirigée par M. A. Dupont, ce chercheur infatigable, cet auxiliaire si patient de l'art typographique moderne; à qui l'on doit l'invention des *clichés-pierre* et la découverte des pierres lithographiques de Châteauroux.
Faure et Rastouil, rue Limogeanne. Prote, Serre. Compositeurs, 3; imprimeurs, 2; presses, 3.
Lavertujon, place Daumesnil. Compositeurs, 4; imprimeurs, 2; presses, 2; mécanique, 1. Journal le *Périgord*, quotidien, qui se fait en grande partie avec les clichés de la *Patrie*.

Périgueux emploie donc 24 compositeurs et 11 imprimeurs, et possède 9 à 10 presses et 3 mécaniques.

RIBERAC.

Bellat, Rollin et Ce, éditeurs de l'*Annonce*, hebdomadaire.
Bonnet, éditeur du *Libéral napoléonien*, feuille d'annonces hebdomadaire.

SARLAT.

Dauriac, éditeur du *Sarladais*, feuille d'annonces hebdomadaire.

DOUBS.

11 imprimeries, 7 journaux.

BAUME-LES-DAMES,

V. Simon. (En liquidation).

BESANÇON.

Bintot, rue du Collége. Compositeurs, 2; imprimeur, 1; presse, 1.
Bonvalot, rue des Chambrettes. Compositeurs, 7; imprimeurs, 2; presses, 2. Journal l'*Impartial*, paraissant quatre fois par semaine.
Ve Deis, Grande-Rue. Compositeurs, 12; imprimeurs, 3; presses, 3; mécanique, 1.
Dodivers et Ce, Grande-Rue, 42. Compositeurs, 6; imprimeurs, 2; presse, 1; mécanique à platine, 1. Journal la *Feuille d'Affiches*, hebdomadaire. Lithographie.
J. Jacquin, Grande-Rue, 14. Compositeurs, 12; imprimeurs, 3; presses, 2; mécanique en blanc de Dutartre, 1. Journaux : l'*Union franc-comtoise*, semi-quotidien; la *Feuille hebdomadaire*. Lithographie.
Outhenin-Chalandre fils et Ce, rue des Granges, 23. Compositeurs, 20; imprimeurs, 7; presses, 5; mécaniques, 3. Lithographie.
Valluet jeune, Grande-Rue. Compositeur-imprimeur, 1; presse, 1. Lithographie.

En résumé, Besançon occupe 59 compositeurs et 19 imprimeurs. Son matériel se compose de 15 presses et de 6 mécaniques.

MONTBÉLIARD.

Barbier et Deckherr, édit. du *Doubs*, hebdomadaire.

PONTARLIER.

A. Faivre. Journal le *Courrier de la Montagne*, hebdomadaire.
J.-C. Thomas. *Journal de Pontarlier*, hebdomadaire.

DROME.

7 imprimeries, 5 journaux.

DIE.

J. Chevalier. *Journal de Die*, feuille littéraire et d'annonces. Clientèle, sous-préfecture, tribunal, ouvrages de ville. Librairie.

MONTÉLIMAR.

BOURRON. L'*Espérance*, journal littéraire et d'annonces. Clientèle, sous-préfecture, tribunal, ouvrages de ville. Librairie.

NYONS.

GROS. *Feuille d'Annonces*. Clientèle, la sous-préfecture, le tribunal, ouvrages de ville, imprimés pour diverses administrations. Publication : le *Dictionnaire de Jurisprudence*. Librairie.

ROMANS.

BOSSAN, Grand'-Place. Clientèle, mairie, tribunal de commerce collége, ouvrages de ville. Lithographie et librairie.

VALENCE.

Mme CHALÉAT, rue Saint-Félix. Compositeurs, 2; imprimeurs, 2. Clientèle, ouvrages de ville, théâtre, colporteurs.

CHENEVIER et CHAVET, rue Sainte-Marie, 2. Prote-correcteur Chenevier. Compositeurs, 6; imprimeurs, 4; presses, 5. Clientèle : la préfecture, les administrations financières, l'académie, les ponts-et-chaussées, les mairies, les maisons religieuses, le collége, beaucoup d'ouvrages de ville faits avec soin, imprimés militaires, l'*Annuaire officiel du Département, Calendriers éphémères*, etc. Cette maison, qui est dirigée depuis 23 ans par l'un des associés, a produit plusieurs ouvrages qui se recommandent par la beauté de l'exécution et la correction du texte. Comme annexe à leur imprimerie, MM. Chenevier et Chavet possèdent une lithographie composée de 4 presses et occupent constamment 3 imprimeurs. Ils font la lithographie du commerce à la plume et au burin, la gravure à la machine et la chromolithographie; leurs produits sont très soignés. La même maison a aussi une fabrique de registres, un magasin considérable de papeterie et d'articles de bureaux, et un magasin de musique et de gravures.

MARC-AUREL frères, imprimeurs typographes et lithographes et libraires. Cet établissement possède un matériel considérable : on y compte six presses à bras, une presse mécanique, une machine à glacer, une autre à rogner, puis une à satiner, etc.; il est pourvu de caractères pouvant servir au travail journalier de 70 à 80 personnes. Actuellement il occupe 4 consciences et 10 compositeurs aux pièces. Journaux : le *Courrier de la Drôme et de l'Ardèche* (25e année), quotidien, désigné spécialement pour les annonces judiciaires du département; le *Commerce séricicole*, revue hebdomadaire commerciale de la France et de l'étranger (4e année), format des grands journaux. Publications: le *Bulletin d'Agriculture du département*, l'*Almanach indicateur de la Drôme*, le *Guide du voyageur à Valence et dans les environs*, etc. Clientèle, l'évêché, les tribunaux, les administrations, le commerce, la navigation, le chemin de fer et des labeurs continuellement. MM. Marc Aurel frères ont le titre d'imprimeurs de S. M. l'empereur. Ils sont propriétaires des publications et journaux cités plus haut.

Valence occupe donc de 22 à 25 compositeurs et de 9 à 10 imprimeurs, possède 11 presses et 1 mécanique. La journée y est de dix heures, on y travaille à la conscience et aux pièces. Le prix de la conscience est de 3 fr. à 3 fr. 50 cent.; le mille y est payé de 42 c. 1/2 à 55 c., selon les caractères.

EURE.

14 imprimeries, 6 journaux.

LES ANDELYS.

(*Voir page 46*).

BERNAY.

DUVAL. Compositeur, 1; imprimeur, 1.

LEFEBVRE. Compositeur, 1; imprimeur, 1. *Journal des Affiches*, feuille d'annonces légales et d'avis divers, hebdomadaire.

EVREUX.

CANU. Compositeurs, 4; imprimeurs, 2; presses à bras, 2. Lithographie. Ouvrages de ville.

Ve COSTEROUSSE. Compositeur, 1; imprimeur, 1; presses à bras, 2.

A. HÉRISSAY. Prote, 1. Compositeurs, 15; imprimeurs, 2; presses à bras, 3; mécaniques, 2, dont une en blanc. Lithographie : écrivain, 1; presses, 2. Journal le *Courrier de l'Eure*, politique, semi-quotidien, ouvert aux annonces légales. Publication : l'*Almanach-Annuaire de l'Eure*. Clientèle des administrations, de l'évêché, de la Société d'agriculture de l'Eure. Ouvrages de ville et quelques labeurs pour Paris. Impression des livres de liturgie du diocèse.

GISORS.

(*Voir page 47*).

LOUVIERS.

Mlle BOUSSARD et FRÈRE, successeur de Ch. Achaintre, rue Royale, 33, maison dont la fondation remonte à 1792. Compositeurs, 4; imprimeur, 1; presses à bras, 3 Le *Journal de Louviers*, deux fois par semaine, désigné pour les annonces légales. Cette feuille date de 1826. Clientèle, la sous-préfecture, le théâtre, l'administration des forêts, l'Association des familles pour le recrutement, la majeure partie des mairies de l'arrondissement et beaucoup d'ouvrages de ville. Spécialité pour les grandes affiches.

DELAHAYE frères. Compositeur, 1; imprimeur, 1. Journal le *Publicateur*, bi-hebdomadaire. Lithographie, écrivain, 1; presses, 3.

PONT-AUDEMER.

DUGAS-LECOMTE. Compositeurs, 2; imprimeur, 1. *Journal de Pont-Audemer*, bi-hebdomad., ouvert aux annonces légales.

Ve VASSE. Compositeur-imprim., 1; presse à bras, 1.

VERNEUIL.

ACCARD. Le patron et l'apprenti forment le personnel de la maison. Presse, 1.

VERNON.

(*Voir page 48*).

LE MÉNI-SUR-L'ESTRET.

FIRMIN DIDOT, atelier dont les travaux de composition sont exécutés par 25 à 30 femmes.

EURE-ET-LOIR.

7 imprimeries, 4 journaux.

CHARTRES.

F. DURAND.

GARNIER, éditeur du *Journal de Chartres* et de l'*Annuaire du Département*.

LABATTE.

CHATEAUDUN.

A. LECESNE, éditeur de l'*Écho dunois*, hebdomadaire.

DREUX.

(*Voir page 46*.)

NOGENT-LE-ROTROU.

GOUVERNEUR, éditeur du *Nogentais*, hebdomadaire.

FINISTÈRE.

11 imprimeries, 8 journaux.

BREST.

E. ANNER. Journal l'*Armoricain.*
BARON.
COSNE.
LEBLOIS.
LEFOURNIER. Journal l'*Océan.*
ROZAIS.

CHATEAULIN.

MARTIN. Journal l'*Echo de Chateaulin.*

LANDERNAU.

DESMOULINS.

MORLAIX.

GUILMER. Presses typographiques et lithographiques, 4. Journal l'*Echo de Morlaix*, hebdomadaire, ouvert aux annonces légales. Clientèle de labeurs bretons et d'ouvrages de ville faits avec recherche. M. Guilmer m'a fait parvenir des essais d'impression assez intéressants. Il s'agit de faire venir le texte en blanc et de donner un fond teinté à tout ce qui n'en fait pas partie. Pour opérer, ce praticien emploie une substance amalgamée à l'eau, substance qui est substituée au vernis gras pour le tirage. Une fois les feuilles imprimées, M. Guilmer, pour couvrir le texte, fait un second tirage avec la teinte qu'il veut donner au fond, puis après il passe une éponge légèrement humide sur cette teinte, et alors les caractères apparaissent en blanc.
LEDAN, éditeur du *Journal de Morlaix.*

QUIMPER-CORENTIN.

BLOT, imprimeur-éditeur de l'*Impartial du Finistère*, feuille politique et d'annonces, paraissant le samedi. Presses, 4; mécanique, 1. Clientèle d'ouvrages français et bretons, travaux de ville.
LION père. Journal le *Quimpérois.*

QUIMPERLÉ.

GUFFANTI-BRETON. Journal le *Publicateur du Finistère.*

SAINT-PAUL-DE-LÉON.

Vᵉ VEYRUN.

GARD.

14 imprimeries, 6 journaux.

ALAIS

BRUSSET.
MARTIN. Journal le *Mémorial du Gard*, non-politique, hebdomadaire.
Vᵉ VEYRUN. Journal l'*Aigle des Cévennes*, politique, hebdomadaire.

BAGNOLS.

ALBAN BROCHE.

BEAUCAIRE

MASSIS (brevet inexploité).
RAYMOND.

NIMES.

BALDY et ROGER.
BALLIVET et FAVRE, éditeurs-propriétaires du *Courrier du Gard*, politique, paraissant trois fois par semaine. Publication : l'*Annuaire du Gard.*
DURAND-BELLE.
Vᵉ GUIBERT.
LAFARE et ATENOUX.
SOUSTELLE-GAUDE, éditeur-propriétaire de l'*Opinion du Midi*, politique, paraissant trois fois par semaine.

PONT-SAINT-ESPRIT.

SYPEYRE.

UZÈS.

L. GEORGES. Journal l'*Aigle du Gard*, non politique, hebdomadaire.

LE VIGAN.

ABRIC (brevet inexploité).
ARGILLIÈS. Journal l'*Echo des Cévennes*, non-politique, hebdomadaire.
AUSSET (brevet inexploité).

GARONNE (Haute.)

21 imprimeries, 21 journaux.

MURET.

RIVALS. 3 compositeurs, 2 imprimeurs, 2 presses. La *Clochette*, hebdomadaire.

SAINT-GAUDENS.

ABADIE, éditeur du *Journal de Saint-Gaudens*, hebdomadaire. 3 compositeurs, 2 imprimeurs, 2 presses.
TAJAN, 2 compositeurs, 1 imprimeur, 2 presses.

TOULOUSE.

BAYRET et Cⁱᵉ, rue Peyras. — 3 compositeurs, 2 imprimeurs, 2 presses à bras. Revues : le *Dimanche*, publication religieuse, hebdomadaire ; le *Mandataire*, journal d'affaires, hebdomadaire.
BELLEGARRIGUE, rue des Filotiers, 40. — 2 compositeurs, 2 imprimeurs, 4 presses à bras. Clientèle, administration du canal du Midi, École de Médecine.
BONNAL et GIBRAC, rue Saint-Rome, 46 — 14 compositeurs, 2 imprimeurs, 4 presses à bras, 1 mécanique. *Journal politique et littéraire de Toulouse*, quotidien ; la *Gazette médicale*, périodique ; le *Droit administratif*, mensuel. Publication : l'*Almanach pittoresque pour* 1854. Clientèle, administration des eaux et forêts et ouvrages de ville.
CALMETTES et Cⁱᵉ, rue des Balances. — 4 compositeurs, 2 imprimeurs. Travaux de ville et labeurs.
CAZEAUX, petite rue Saint-Rome. — 2 compositeurs, 2 imprimeurs, 2 presses. Ouvrages de ville.
CHAUVIN et Cⁱᵉ, rue Mirepoix. — 2 correcteurs, 16 compositeurs, 10 imprimeurs. Publications périodiques : le *Journal de Médecine de Toulouse*, le *Journal des Vétérinaires du Midi*, l'*Athénée du Midi*, le *Télégraphe*. Clientèle de plusieurs administrations importantes et de la Société des Livres religieux. Cette maison édite pour son compte.
DELSOL, rue Croix-Baragnon, 8. — 4 compositeurs, 2 imprimeurs, 3 presses. Ouvrages de liturgie et de ville.
DIEULAFOY et Cⁱᵉ, rue des Chapeliers, 13. — 4 compositeurs, 2 imprimeurs, 3 presses. Clientèle, la mairie, ouvrages de ville.
DOULADOURE, rue Saint-Rome, 41. — 12 compositeurs, 12 imprimeurs, 8 presses, 1 mécanique. *Journal des Propriétaires ruraux*. Clientèle, préfecture, Jeux Floraux, académie des sciences, diverses administrations. Travaux de ville et ouvrages classiques et religieux.
DUPIN, rue de la Pomme. — 4 compositeurs, 2 imprimeurs, 2 presses. L'*Agent dramatique*, journal de théâtres. Impressions du théâtre et ouvrages de ville.
FROMENT fils, rue Louis-Napoléon. — 2 compositeurs, 2 imprimeurs, 3 presses. Impressions diverses.
GIBRAC ouvriers réunis, rue Saint-Pantaléon, 3, hôtel Laromiguière. — 9 compositeurs associés, 4 imprimeurs, 3 presses. L'association est propriétaire d'un journal hebdomadaire, la *Publicité*, désigné pour

les annonces judiciaires et légales. Elle publie, en outre, l'*Annuaire de la Haute-Garonne*. Sa clientèle est considérable, car elle fait les impressions de la 12e division militaire, des conseils de guerre, de la 1re subdivision militaire; celles de la chambre de commerce, de la chambre des notaires, de la chambre des avoués, du chemin de fer du Midi, du canal latéral à la Garonne, de la manufacture des tabacs et de la 4e division de la préfecture. M. Gibrac, bien qu'associé de M Bonnal, placé ci-dessus, est en même temps associé des Ouvriers Réunis, qui exploitent son brevet. Le journal a été fondé lors de la constitution de cette association et lui appartient.

HÉNAULT, rue Tripière, 9. — 10 compositeurs, 2 imprimeurs, 4 presses à bras. Journal l'*Aigle*, politique, hebdomadaire, fait en grande partie avec les clichés de la *Patrie*. Clientèle, faculté de droit, impr. div.

MANAVIT, rue Saint-Rome, 1. — 3 compositeurs, 2 imprimeurs, 4 presses. Clientèle, l'archevêché. Ouvrages liturgiques.

MONTAUBIN, petite rue Saint-Rome, 1. — 9 compositeurs, 4 imprimeurs, 3 presses. La *Gazette du Languedoc*, feuille politique quotidienne.

Ve SENS et PAUL SAVY, rue du Puits-Vert. — 4 compositeurs, 2 imprimeurs, 2 presses. Le *Lutin*, journal critique; *Pierrot*, feuille littéraire et dramatique.

Il faut ajouter aux journaux qui alimentent la typographie toulousaine deux autres feuilles dont nous ne connaissons pas les imprimeurs : c'est le *Midi* et l'*Étudiant*, mensuels.

VILLEFRANCHE – DE – LAURAGUAIS.

J. DELMAS, imprimeur-libraire. — 2 compositeurs, 1 imprimeur, 2 presses.

E.-G. DEUMÉ, imprimeur-libraire. — 3 compositeurs, 1 imprimeur, 2 presses.

L'unique feuille de cette ville, le *Journal des Petites Affiches*, est édité par le concours de ces deux imprimeurs.

En résumé, la ville de Toulouse seule, avec 47 presses et 2 mécaniques seulement, entretient au travail 102 compositeurs et 54 imprimeurs. Le département entier compte 115 des premiers et 61 des derniers. Il possède 57 presses et 2 mécaniques.

GERS.

9 imprimeries, 6 journaux.

AUCH.

FOIX, rue Balguerie. Prote, Lassouquère. Compositeurs, 16; imprimeurs, 8; presses, 4. Journaux : le *Courrier du Gers*, politique, tous les deux jours ; la *Revue horticole*, mensuel ; la *Revue des Ecoles*, mensuel. Clientèle, beaucoup d'ouvrages de ville, de labeurs et portion des impressions des diverses administrations. Cette maison a publié l'année dernière un supplément au *Dictionnaire et Code de la Presse*, de MM. Bories et Bonnassies. Lithographie.

LOUBET, place d'Etigny. Compositeur, 1; imprimeur, 1; presses, 2.

J.-A. PORTE, rue de la Préfecture. Prote, Delpit. Compositeurs, 5; imprimeurs, 3; presses, 3. Clientèle, la préfecture, l'archevêché et quelques administrations. Publication : l'*Annuaire du Gers*.

CONDOM.

BOUSQUET

DUPOUY père, imprimeur de l'administration, éditeur de l'*Echo de la Baïse*, feuille d'annonces, hebdomadaire.

LECTOURE.

MATHIEU DE VILLECHENOUS, rue des Carmélites. Journal la *Chronique*, feuille littéraire, commerciale et d'annonces, hebdomadaire.

LOMBEZ.

CASTILLON fils, éditeur de l'*Utilité*, hebdomadaire, et imprimeur des administrations du département.

Deux brevets sont inexploités dans le Gers : celui de Mme Vidal, à Condom, et celui de Mme Groc, à Mirande.

GIRONDE.

23 imprimeries, 17 journaux.

BAZAS.

LABARRIERE, édit. du *Journal de Bazas*.

BLAYE.

Ve CHATENET, éditeur de l'*Espérance*, hebdomadaire.

BORDEAUX.

BALARAC jeune, rue du Temple, 7. — 3 compositeurs, 1 imprimeur, 3 presses à bras. Le *Lloyd bordelais*, quotidien, feuille maritime et commerciale, à laquelle est annexé un *Prix courant* paraissant chaque semaine. Impressions diverses.

CAUSSEROUGE, rue du Loup, 35. — 2 compositeurs, 1 imprimeur, 1 presse à bras. L'*Echo de la Boulangerie*, hebdomadaire. Clientèle modeste.

COUDERT, rue Porte-Dijaux, 43. — Prote, Dufau. 15 compositeurs, 2 imprimeurs, 1 conducteur, 8 presses à bras, 1 mécanique. L'*Indicateur*, politique, quotidien. Ouvrages de ville.

CRUGY (Mme), rue Saint-Siméon, 16. Prote, Lazare-Lévy. 17 compositeurs, 1 imprimeur, 1 conducteur, 2 presses à bras, 2 mécaniques. Le *Courrier de la Gironde*, politique, quotidien ; le *Journal du Peuple*, politique, quotidien, fait avec la composition du *Courrier*. Ouvrages de ville et labeurs.

DELMAS, rue du Chapelet, 2. — Prote, Roy. 5 compositeurs, 2 imprimeurs, 3 presses à bras. Les *Petites Affiches de la Gironde*, journal d'annonces, hebdomadaire ; l'*Almanach des 25,000 Adresses*, publication annuelle. Travaux divers.

DE MOULINS, rue Montméjean, 10. Prote, Dufour. 3 compositeurs, 2 imprimeurs, 2 presses à bras. Ouvrages religieux. Travaux de ville.

DUPUY, rue Margaux — Prote, Contresti. 12 compositeurs, 1 imprimeur, 1 conducteur, 3 presses à bras, 1 mécanique. La *Guienne*, politique, quotidien. Ouvrages de ville.

DURAND, imprimeur de la préfecture, rue des Allées-de-Tourny, 7. — Prote, Lafage. 16 compositeurs, 2 imprimeurs, 1 conducteur, 3 presses à bras, 1 mécanique. Le *Mémorial bordelais*, politique, quotidien. Impressions administratives.

DUVIELLA (Mme veuve), rue Porte-Dijeaux, 63. — 2 compositeurs, 1 imprimeur, 3 presses à bras. L'*Eventail*, hebdomadaire, littéraire et dramatique. Impressions des théâtres, spécialité pour les affiches.

GOUNOUILHOU, place Puy-Paulin, 1. — Prote, Minot. 12 compositeurs, 2 imprimeurs, 1 conducteur, 3 presses à bras, 1 mécanique. La *Gironde*, journal politique, quotidien, fait en grande partie avec les clichés de la *Patrie*; le *Journal de Médecine*, hebdomadaire; le *Mémorial de Jurisprudence*, mensuel. Clientèle importante : l'académie, l'archevêché, les chemins de fer, l'école de médecine, et plusieurs administrations.

LAFARGUE, imprimeur-libraire, rue Puits-de-Bagne-Cap, 8. — Prote, Dégreteau. 4 compositeurs, 2 imprimeurs, 3 presses à bras. L'*Ami des Champs*, feuille agricole hebdomadaire; l'*Almanach général*, publication annuelle. Cette maison édite des ouvrages classiques et religieux. Impressions diverses.

LANEFRANQUE, rue Montméjean, 37. — 2 compositeurs, 1 imprimeur, 4 presses à bras. Clientèle : impressions pour les contributions, les receveurs, percepteurs, etc. L'*Annuaire de la Gironde*, publication annuelle. Ouvrages de ville.

MONS et FORESTIÉ, imprimeur typographe et lithographe, rue Arnaud-Miqueu.— 4 compositeurs, 2 imprimeurs, 3 presses à bras. Clientèle, mairie, octroi, travaux de ville.

OUVRIERS ASSOCIÉS, rue du Parlement-Sainte-Catherine. — Gérant, Métreaud. 6 compositeurs, 3 imprimeurs, 3 presses à bras. Travaux de ville, clientèle assez étendue.

PÉCHADE, imprimeur typographe, lithographe et en taille-douce, rue Sainte-Catherine.—2 compositeurs, 1 imprimeur-typographe, 2 presses à bras, 1 imprimeur-lithographe, 2 presses lithographiques. Impressions diverses.

RAGOT, rue de la Bourse, 11.—Prote, Ragot fils. 5 compositeurs, 2 imprimeurs, 3 presses à bras. Clientèle, chambre et tribunal de commerce, diverses compagnies industrielles, ainsi qu'une grande partie des maisons de commerce. Cette imprimerie édite un *Almanach*.

SUWERINCK (Mme veuve), rue Sainte-Catherine, au Grand-Bazar. — 4 compositeurs, 2 imprimeurs, 3 presses à bras.

En résumé, la ville de Bordeaux, avec un matériel qui comporte 6 mécaniques et 45 presses à bras, n'occupe, dans ses 17 imprimeries, que 115 compositeurs, 25 imprimeurs et 5 conducteurs. Ajoutons à ces chiffres 20 compositeurs sans travail, et nous aurons la typographie bordelaise au complet, soit 135 compositeurs, 31 imprimeurs et 5 conducteurs, en tout 171 personnes.

Les prix de main-d'œuvre, réglés par un tarif revêtu de la signature des patrons et des ouvriers, porte le mille d'*n* à 50 cent. La durée de la journée de conscience est de dix heures de travail effectif, et son prix de 3 fr. 50 cent. Le salaire des journalistes est tarifé 4 fr. par jour.

LIBOURNE.

DUMONT, éditeur de la *Chronique de Libourne*

TRIGAUT-BEAUMONT.

LA RÉOLE.

J. PASQUIER.

HÉRAULT.

24 imprimeries, 15 journaux.

AGDE.

Il y a deux brevets d'imprimeur pour cette ville, mais inexploités l'un et l'autre, et appartenant à MM. Marioge et Bastouil.

BEDARIEUX.

ARNOUX, successeur de M. Daumas. Une presse en bois, peu de matériel, il exploite lui-même son imprimerie avec un apprenti. Ouvrages de ville.

BÉZIERS.

BERTRAND, successeur de M. Marioge. Une presse en fer, peu de matériel. Cette imprimerie n'a pas d'ouvriers; le titulaire du brevet s'occupe seul avec un apprenti. Clientèle, quelques petits bilboquets.

FUZIER, rue Montmorency, 13. Brevet de 1781. Les MM. Fuzier sont imprimeurs de père en fils depuis 1717. Compositeurs, 3; imprimeurs, 2; presse en fer, 1; presses en bois, 2. Bel assortiment de caractères de labeurs, d'affiches et de fantaisie. Clientèle, la sous-préfecture, la mairie, le tribunal, les hospices, le théâtre, les notaires, l'administration des chemins de fer; peu de labeurs, beaucoup d'ouvrages de ville. Journal : l'*Hebdomadaire*, feuille politique et d'annonces, créée en 1807 et publiée sans interruption depuis cette époque, désignée constamment par la Cour royale, et, depuis la loi de 1851, par M. le préfet pour les annonces légales du département.

ADRIEN GRANIER, rue du Chapeau-Rouge. Brevet de 1810. Compositeurs, 2; imprimeur, 1; presse en fer, 1; presse en bois, 1. Journal : la *Propriété*, feuille politique, religieuse et d'annonces, désignée pour la première fois en 1851, pour insérer les annonces légales de l'arrondissement. Clientèle, le clergé, ouvrages de ville.

EUGÈNE MILLET, rue Paul-Riquet. Brevet de 1838. Compositeurs, 2; imprimeur, 1; presse en fer, 1. Joli assortiment de vignettes, caractères d'affiches et de fantaisie. Clientèle, le collège, les frères de la doctrine chrétienne, le théâtre, ouvrages de ville. *Journal de Béziers*, feuille politique, commerciale et littéraire.

Mlle PAUL, place de la Mairie. Compositeurs, 2; imprimeur, 1; presse en fer, 1. Clientèle, la Société archéologique, spécialité pour les impressions des marchands de chansons, ouvrages de ville. Journal l'*Indicateur de l'Hérault*, feuille agricole et commerciale.

CETTE.

BONNET, éditeur du *Journal de Cette*, hebdomadaire.

IZARD.

PRIVAT.

MONTPELLIER.

BOEHM, place Croix-de-Fer. Presses, 3. Journal religieux : l'*Echo de la Réforme*, hebdomadaire.

CHRISTIN, rue Castel-Moton. Presses, 2.

DUMAS, place Croix-de-Fer. Presses, 2; mécanique, 1. Journal le *Messager du Midi*, quotidien, politique et d'annonces judiciaires. Clientèle de la mairie.

GELLY, rue d'Arc-d'Arènes. Presses, 2. Clientèle de la préfecture.

GROLLIER, rue des Tondeurs. Presses, 2. Catéchismes, heures, paroissiens du diocèse, etc.

JULLIEN, place Marché-aux-Fleurs. Presses, 2. Spécialité pour les affiches. Clientèle, le théâtre. Journal l'*Ami des Salons*, hebdomadaire.

MARTEL aîné, rue Canabasserie. Presses, 3. Journaux : la *Revue thérapeutique du Midi*, bi-mensuelle; *Journal de Montpellier*, hebdomadaire, judiciaire et d'annonces. Clientèle, la cour impériale, l'évêché, l'école de médecine.

RICARD frères, place d'Encivade. Compositeurs, 5; imprimeurs, 2; presses, 2. Journaux scientifiques : *Annales cliniques de Montpellier*, bi-mensuel; la *Gazette médicale de Montpellier*, mensuel

TOURNEL, rue Fournarié. Presse, 1.

LODÈVE.

BARTHÉLEMY-BARTHEZ. Journal l'*Écho de Lodève*, hebdomadaire.
GRILLÈRES.

LUNEL.

TOURNEL fils.

PÉZENAS.

EUGÈNE RICHARD. Compositeur, 1; imprimeur, 1. Imprimerie bien montée en caractères d'assortiment et d'affiches. Journal le *Languedocien*, feuille agricole, commerciale et d'annonces.

SAINT-PONS-DE-TOMIÈRES.

SEMAT fils. Compositeur, 1; imprimeur, 1; presse, 1. Journal la *Revue de Saint-Pons*, feuille agricole, commerciale et d'annonces.
SEMAT père.

ILLE-ET-VILAINE.

13 imprimeries, 11 journaux.

FOUGÈRES.

ALF. DOUCHIN, imprimeur et rédacteur de la *Chronique de Fougères*, hebdomad.
A. JUMELAIS, imprime beaucoup de classiques.

MONTFORT-SUR-MEU.

VATTIER. *Journal de Montfort*, hebd.

REDON.

RICHARD, *Journal de Redon*, hebdom.

RENNES.

CH. CATEL et Cᵉ, imprimeur du *Journal de Rennes*, semi-quotidien, et du *Petit Courrier de la Bretagne*, hebdomad.
F. DE FOLLIGNÉ, imprimeur de la cour impériale, des tribunaux et de plusieurs administrations, chez lequel se fait le *Progrès*, semi-quotidien, et la *Jurisprudence de la cour*, huit livraisons par an.
A. MARTEVILLE et LEFAS, imprimeurs de la préfecture et autres administrations, rédacteurs et éditeurs de l'*Auxiliaire breton*, semi-quotidien, et imprimeurs du *Journal d'Agriculture pratique*, hebd.
J.-M. VATAR, imprimeur de l'évêché et de plusieurs diocèses.

SAINT-MALO.

HAMEL. Le *Commerce breton*, deux fois par semaine.
Vᵉ MACÉ.
LE MAOUT.

SAINT-SERVAN.

LEBIEN.

VITRÉ.

E. BELOIN, éditeur du *Vitréen*, hebdom.

INDRE.

6 imprimeries, 6 journaux.

CHATEAUROUX.

AMOUROUX-BAYVET, éditeur du *Messager de l'Indre*.
MIGNÉ, éditeur du *Moniteur de l'Indre*.
SALVIAC, éditeur du *Conciliateur de l'Indre*.

ISSOUDUN.

H. COTARD. Cette maison a deux publications : 1o l'*Écho des Marchés du Centre*, journal hebdomadaire, qui, en raison de sa spécialité, est très-répandu dans l'Indre et les départements voisins; 2o l'*Almanach du département de l'Indre*, qui a acquis une certaine valeur par ses statistiques et son tableau détaillé des foires du centre de la France depuis 58 ans qu'il se publie.

LA CHATRE.

A. ARNAULT, éditeur de l'*Écho de l'Indre (affiches de La Châtre), journal des intérêts locaux, littéraire, commercial, d'agriculture et d'annonces légales*, hebd.

LE BLANC.

HUGUET frères, éditeurs des *Affiches du Blanc*.

INDRE-ET-LOIRE.

7 imprimeries, 3 journaux.

AMBOISE.

JIDOIN.

CHINON.

ARISTIDE SAINTON. Compositeurs, 2; presses à bras, 2. Clientèle, sous-préfecture, tribunal. *Journal de Chinon*, feuille littéraire et d'annonces.

LOCHES.

BORDESSOLLES, rue Saint-Ours. Compositeurs, 2; imprimeur, 1; presses à bras, 2; presse lithographique, 1. Journal le *Lochois*, feuille d'annonces. Clientèle, sous-préfecture, tribunal.

TOURS.

BOUSEREZ, rue de l'Ancienne-Intendance. Prote, 1. Compositeurs, 3; imprimeurs, 2; presses, 3. Clientèle d'ouvrages de ville et labeurs.
LADEVÈZE, rue Royale, 39 bis. Prote, 1. Compositeurs, 16; imprimeurs, 2; presses à bras, 2; mécaniques, 2. Clientèle, préfecture, mairie, contributions et travaux de ville. Publications : *Journal d'Indre-et-Loire*, quotidien et d'annonces judiciaires.
ALFRED MAME et Cᵉ, imprimeur-éditeur, rue de l'Ancienne-Intendance. Directeur, M. H. Fournier. Un prote. Correcteurs, 4; consciences, 4; compositeurs, de 60 à 70; imprimeurs, 2; conducteurs, 8; presses à bras, 3; presses à glacer, 2; mécaniques mues par la vapeur, 18, lesquelles tirent, en moyenne, 300 rames de labeurs par jour. Au nombre des grands établissements de France, se trouve l'imprimerie-librairie Mame, fondée à Tours au commencement du siècle et qui y a pris un développement considérable. Cette imprimerie, dont les proportions sont celles d'une vaste usine, n'a rien de commun avec ce que nous avons vu de plus important dans ce genre à Paris, à Londres ou dans aucune autre capitale de l'Europe (sauf cependant les ateliers de M. L. Migne, du Petit-Montrouge, près Paris, qui a eu l'idée de fonder un établissement à peu près analogue à celui de MM. Alfred Mame et Cᵢᵉ). Ici ce sont des ateliers plus ou moins achalandés, et qui exécutent ces travaux à la demande de leur clientèle d'auteurs et de libraires. Là, c'est une immense manufacture de livres de piété, d'éducation et d'enseignement classique, d'éditions illustrées et d'élégants volumes d'étrennes, qui a l'entière initiative de sa fabrication, et qui, par l'utilité, par le bas prix et la bonne condition de ses produits, les impose à toute la France, à une partie de l'Europe et du monde. Cette usine, disons-nous, où s'élabore sur une si grande échelle la subsistance intellectuelle et morale d'une partie du clergé, des communautés, des écoles et des institutions, est aujourd'hui parvenue (et rien ne prouve que ce soit le dernier terme de son progrès) à une production quotidienne de cent cinquante mille feuilles, ou de quinze mille volumes d'un format moyen ; et une portion notable de cette production est em-

preinte d'une perfection qui paraîtrait impossible à obtenir dans un ensemble aussi colossal. Là ne s'arrête pas, comme on pourrait le supposer, le labeur de cette puissante fabrique. C'est rarement à l'état de feuilles, ou même de brochures, que ces impressions quittent les magasins ; ce n'est généralement qu'après y avoir reçu une confection dont la diversité s'étend, pour le cartonnage, depuis le simple papier de couleur ou le parchemin jusqu'aux gaufrages les plus variés ; et pour la reliure, depuis la basane jusqu'au chagrin et au velours, ornés des plus riches garnitures d'acier, d'argent ou d'or. La maison Mame, après avoir résolu le problème du livre réduit à sa moindre valeur, s'est prescrit la même tâche pour la reliure, cette seconde main-d'œuvre, qui le rend maniable, qui lui donne la solidité et la durée. Dans ce but de vulgarisation, elle a commencé par faciliter à Tours l'établissement d'un certain nombre d'ateliers, dont quelques-uns n'occupent pas moins d'une centaine de bras. Mais aujourd'hui qu'elle est entrée dans la voie large et féconde des publications liturgiques, dont quelques-unes sont imprimées dans les grands formats, et qui toutes se complètent par la reliure, ses ressources sont devenues insuffisantes. Le moment est arrivé d'exécuter par elle-même un travail qui a changé de condition, puisqu'au lieu de rester éventuel et accessoire, il est maintenant fondamental et qu'il représente un chiffre au moins égal à celui des impressions. De là est née la nécessité de créer des ateliers propres à recevoir un nombreux personnel ; car il n'existe peut-être pas de confection aussi chargée de détails que la reliure, et peu de gens soupçonneraient, lorsqu'ils feuillettent un volume relié en chagrin et doré sur tranche, qu'après être sorti de la presse, il a passé successivement par plus de quatre-vingts mains différentes. Un grand établissement de reliure est presque sans exemple en France, non-seulement comme annexe de librairie, mais encore comme spécialité. Cette rareté tient à deux causes principales : d'abord à la difficulté d'embrasser sur un plan très étendu les opérations compliquées et épineuses qu'elle comprend, ensuite à l'usage, encore très-restreint chez nous, des livres reliés. C'était donc une entreprise neuve et hardie que celle devant laquelle M. Alfred Mame n'a pas reculé.

PLACÉ, rue du Change. Un prote. Compositeur, 1 ; imprimeur, 1 ; presses, 2. Clientèle d'ouvrages de ville.

ISÈRE.

11 imprimeries, 9 journaux.

BOURGOIN.

SIMONNET frères.
WAUVILLIEZ, édit. L'*Indicateur de Bourgoin*, hebdomadaire.

GRENOBLE.

ALLIER père et fils, imprimeurs de la préfecture, cour des Chaulnes.
BARATIER père et fils, imprimeurs-libraires, titulaires de deux brevets de typographes, Grande-Rue. Journal le *Courrier de l'Isère*, politique, semi-quotidien. Clientèle, l'évêché et la cour impériale.
MAISONVILLE, imprimeur de la mairie, rue du Palais, 4. Journal le *Messager dauphinois*, hebdomadaire.
ROBERT PHILIDOR, place Grenette. 10, imprimeur-lithographe, successeur de Re-

don, qui lui-même avait succédé à feu Barnel. Journal le *Vœu national*, politique, semi-quotidien.

PRUDHOMME, imprimeur-éditeur. Journaux l'*Annonciateur de l'Isère*, hebdomadaire ; *Journal de la Cour*, trimestriel le *Répertoire administratif*, mensuel.

SAINT-MARCELLIN.

BOSSAN. Journal le *Mémorial de l'Isère*, hebdomadaire.

VIENNE.

E. PERRIN.
ROURE, éditeur du *Moniteur de Vienne*.
TIMON frères, édit du *Journal de Vienne*.

JURA.

7 imprimeries, 6 journaux.

ARBOIS.

JAVEL.

DOLE.

PILLOT, édit. de l'*Album de Dôle*, hebd.
Ve PRUDONT, éditeur du *Publicateur*, hebdomadaire.

LONS-LE-SAULNIER.

COURBET, deux presses à bras, un journal d'annonces : le *Nouvelliste du Jura*.
F. GAUTHIER, imprimeur de la préfecture et du séminaire ; une presse mécanique, deux presses à bras ; deux journaux politiques : la *Sentinelle du Jura* et le *Messager du Jura*.
GROSSET (brevet inexploité).

SAINT-CLAUDE.

ENARD, imprimeur de l'évêché.

SALINS.

BILLET, éditeur du *Salinois*, hebdomad.

LANDES.

7 imprimeries, 3 journaux.

DAX.

BONNEBAIGT, éditeur de l'*Echo de l'Adour*, hebdomadaire.
MARCEL HERBET.

MONT-DE-MARSAN.

DELAROY, éditeur du *Journal des Landes*, feuille d'annonces.
Ve LECLERCQ-BARTHALOT.
Ve LECLERCQ-MEYRAC.
LUBET-BARBON.

SAINT-SEVER.

SERRES, éditeur de la *Chalosse*, hebdom.

LOIR-ET-CHER.

6 imprimeries, 3 journaux.

BLOIS.

BERGADIEU.
F. DEZAIRS, rue du Poids-du-Roi, 27. Prote, Guillemot ; correcteur, Mangot. Compositeurs, 8 ; imprimeurs, 2 ; presses à bras. 3 ; toucheur mécanique, 1. La *Revue numismatique*, tous les deux mois ; le *Journal de Loir-et-Cher*, feuille politiq., deux fois par semaine. Clientèle des administrations et des hommes d'affaires. Lithographie pourvue d'une seule presse, occupant un seul écrivain.
MORARD.

ROMORANTIN.

JOUBERT.

VENDOME.

LEMERCIER, pl. d'Armes. Prote, Lebourdais ; compositeurs, 3 ; imprimeur, 1 ; presses, 2. Journal le *Loir*, hebdomaire. Clientèl , la sous-préfecture, le lycée, le tribunal, quelques brochures et des ouvrages de ville soigneusement exécutés. Dans cette maison, on a réussi complètement à faire toute espèce de réglure avec des filets de cuivre en lames d'un point.

P. PICHE, rue Poterie. Cet imprimeur n'occupe pas d'ouvriers.

LOIRE.

9 imprimeries, 7 journaux.

MONTBRISON.

BERNARD aîné. Compositeurs, 5; imprimeur, 1; presses, 3. Le *Journal de Montbrison*, paraissant deux fois par semaine; la *Feuille du Cultivateur*. Clientèle, une partie de la préfecture, la mairie, la Société agricole et des ouvrages de ville. M. Bernard aîné, qui a obtenu deux médailles de bronze pour inventions typographiques, est fondateur et conservateur de la Bibliothèque et du Musée de la ville de Montbrison, maire d'Ecotay, membre de la Chambre de commerce de Saint-Étienne. Il a trois frères qui honorent la typographie: d'abord, Martin Bernard, ancien prisonnier d'Etat et ex-représentant du peuple, en exil, auteur d'un livre intitulé: *Dix ans de prison au Mont-Saint-Michel*, dont les événements politiques ont interrompu la publication; ensuite Auguste Bernard (voir plus haut la notice sur l'Imprimerie impériale), auteur de plusieurs ouvrages historiques, dont deux sont relatifs à la typographie: *Notice historique sur l'Imprimerie nationale*, un vol. in-32, 1848; et *De l'Origine et des Débuts de l'Imprimerie en Europe*, 2 vol. in-8o, 1853; enfin Henri Bernard, ex-sous-préfet du Vigan (Gard), plus connu par ses bonnes œuvres et ses nobles actions que par ses opuscules littéraires et les causes qu'il a pu plaider en qualité d'avocat.

CHEMINAL jeune. Compositeurs, 3; imprimeurs, 2; presses, 2 Clientèle, une partie de la préfecture, les contributions directes, la recette générale, les hospices, les ponts-et-chaussées, et des ouvrages de ville, etc.

SAINT-ÉTIENNE.

N.-S. JANIN, rue de Foy, 56. Presses, 3

MONTAGNY, rue de Foy, 58. Presse, 1. L'*Histoire de Saint-Étienne*, qui formera 1 vol. in-8o, est en cours d'exécution dans cette maison.

R. PICHON, rue de Foy, 40. Compositeurs, 2; imprimeur, 1; presses, 3. Clientèle, la mairie de Saint-Etienne, l'administration des domaines, la Société des sciences naturelles.

THÉOLLIER aîné. Imprimerie administrative et commerciale, place de l'Hôtel-de-Ville, 43. Prote, Ladry. Compositeurs, 14; imprimeurs, 2; presses, 2; mécanique, 1. Journal l'*Industrie*, quotidien, désigné pour les annonces légales; le *Cours officiel des soies*, hebdomadaire; le *Bulletin de la Société agricole et industrielle*; l'*Indicateur de la ville et de l'arrondissment*. Clientèle, la sous-préfecture, une partie de la mairie de Saint-Etienne, les mairies de l'arrondissement, le théâtre, la chambre de commerce, la Société industrielle, la chambre des notaires, la chambre des avoués et de l'ordre des avocats, une partie du lycée. Mémoires judiciaires, administratifs, commerciaux, ouvrages de ville.

Il y a quatre brevets inexploités à Saint-Etienne, ceux de MM. Gonin, Noblat, Poaston et Sauret.

. ROANNE.

CHORGNON, rue Sainte-Elisabeth. Presse, 1. Clientèle, une partie de la mairie et quelques travaux de ville.

FEBLAY, rue du Collége, 9. Première conscience, Fontaine. Compositeurs, 8; imprimeurs, 8; presses, 4. Atelier de clichage. Clientèle, le collége, l'hospice, des ouvrages de ville et des labeurs.

MEYFR (brevet inexploité).

PERRIN (brevet inexploité).

SAUZON, rue Impériale, 70. Première conscience, Marfaure. Compositeurs (ce sont des femmes), 10; imprimeurs (ici le sexe change), 6; presses, 3. Atelier de clichage. Clientèle, la mairie, le chemin de fer, des ouvrages de ville et des labeurs pour Paris et Lyon. Ces derniers travaux, comme on le pense bien, se font à très-bas prix.

Journal l'*Echo Roannais*, feuille hebdomadaire, imprimée alternativement pendant trois mois par les trois imprimeurs de la ville. Je signale cet arrangement, qui dénote une bonne entente, qu'on ne trouve pas toujours parmi les imprimeurs des petites localités.

En résumé, le département de la Loire emploie de 42 à 45 compositeurs, y compris les 10 dames compositrices. Il occupe 23 imprimeurs, possède 2 clicheries, 23 presses et une mécanique.

LOIRE (Haute-).

5 imprimeries, 2 journaux.

BRIOUDE.

GALLICE, édit. du *Journal de Brioude.*

LE PUY.

CLET, imprimeur du journal le *Puy.*

P.-M. MARCHESSOU.

GUILLAUME.

YSSENGEAUX.

DELOLME.

LOIRE-INFÉRIEURE.

15 imprimeries, 15 journaux.

ANCENIS.

RIBERT, éditeur du *Colibri*, hebdomad·

CHALLIER.

CHATEAUBRIANT.

J.-R. CHEVALIER, éditeur du *Bourguemestre*, feuille d'annonces, hebdomadaire.

MONNIER.

GUÉRANDE.

JACOBI.

NANTES.

WILLIAM BUSSEUIL, rue Santeuil, 8. Prote, H. Pétié; compositeurs, 10; imprimeurs, 2; presses 3; mécanique, 1. Journal le *Courrier de Nantes*, quotidien. Petite clientèle commerciale.

CHARPENTIER père et fils et Ce, rue de la Fosse, 32. Prote, J. Grinsard; compositeurs, 5; imprimeurs, 6; presses, 5; mécanique, 1. Journal l'*Unité catholique*, hebdomadaire. Clientèle, beaucoup d'ouvrages de ville faits avec soin, et quelques labeurs illustrés, exécutés de concert avec l'importante lithographie de cette maison, qui fait aussi la taille-douce.

VINCENT FOREST, place du Commerce, 1. Première conscience, C.-S. Goillandeau; compositeurs, 5; imprimeurs, 5; presses, 5. Clientèle d'ouvrages de ville pour le commerce et surtout pour les administrations de la marine et des contributions. Publication: l'*Annuaire de l'Horticulture*, brochure in-12, 2e année, publié par la Société d'Horticulture de Nantes.

A. Guéraud et Cie, rue Basse-du-Château, 6. Prote, Ch. Picard fils. Compositeurs, 4; imprimeurs, 2; presses, 6. Journal la *Revue des provinces de l'Ouest (Bretagne et Poitou)*, mensuel. Clientèle de labeurs, de brochures et d'ouvrages de ville. Librairie. M. Guéraud est correspondant du ministère de l'instruction publique pour les travaux historiques, membre de la Société académique du département et membre de la Société des Antiquaires de France.

Mme Victor Mangin, imprimerie dite du Commerce, quai de la Fosse, 25, et rue Neuve-des-Capucins, 10. Prote, H. Garet; compositeurs, 12; imprimeurs, 2; presses, 4; mécanique, 1 Journaux : le *Phare de la Loire*, quotidien ; le *Théâtre*, hebdomadaire. Clientèle, la mairie, le théâtre.

Félix Masseaux, rue du Pas-Périlleux, 10. Première conscience, Bourgeois; compositeurs, 10; imprimeurs, 2; presses, 5; mécanique, 1. Journal l'*Espérance du Peuple*, quotidien. Clientèle d'ouvrages de ville et de labeur religieux.

Mme Ve Mellinet, place du Pilori, 5. Prote J. Picart père; compositeurs, 18 ; imprimeurs, 2; presses, 6 ; mécaniques, 2. Journaux : le *Breton*, quotidien; le *Journal de Médecine*, les *Annales de la Société académique*. Clientèle, la préfecture, l'évêché et le lycée. Il se fait dans cette imprimerie beaucoup de brochures administratives.

Olivier Merson, rue Notre-Dame. Première conscience, A. Richier; compositeurs, 11; imprimeurs, 2; presses, 3; mécanique, 1. Publications périodiques : l'*Union bretonne*, quotidien, qui se fait en partie avec les clichés de la *Patrie*; et l'*Abeille pharmaceutique*, mensuel. Clientèle des avoués, attirée par l'*Union bretonne*, qui a été désignée pour recevoir les annonces judiciaires du département.

Demailly, fondeur, rue Colbert.

En résumé, Nantes emploie 78 compositeurs et 23 imprimeurs, et possède 37 presses et 9 mécaniques.

Le gain de la conscience est peu élevé à Nantes : la journée est de dix heures et ne va pas au delà de 3 francs. Le prix des pièces n'est pas uniforme dans toutes les maisons, mais cependant il diffère peu : le six est payé 65 et 70 c. le mille, le sept, 55 c.; le sept et demi et le huit, 50 c.; le neuf, le dix et le onze, 45 c.; le douze, 50 c.; le quatorze, 55 c. Quant aux mises en pages, il s'en fait si peu aux pièces qu'il est inutile d'en mentionner le prix.

PAIMBOEUF.

Eug. Fétu, éditeur de l'*Echo de Paimbœuf*, feuille d'annonces hebdomadaire.

SAVENAY.

Roy. Le *Savenaisien*, feuille d'annonces.

LOIRET.

12 imprimeries, 9 journaux.

GIEN.

Clément, éditeur du *Giennois*, désigné pour les annonces judiciaires.

MONTARGIS.

Chrétien, propriétaire de l'*Indicateur*, feuille d'annonces désignée.

Roberjot, éditeur du *Loing*, hebdomad. L'ancien propriétaire de cette imprimerie, celui qui a précédé M. Zanotte, a dû reprendre possession de cet atelier.

ORLÉANS.

Coignet-Darnaud, rue des Petits-Souliers, 32. — Prote, Berthier. 5 compositeurs, 2 imprimeurs, 2 presses manuelles. L'*Echo du Palais*, deux fois par semaine.

Constant aîné, rue Nationale, 5. — 4 compositeurs, 1 imprimeur, 1 presse manuelle. La *Presse religieuse*, semi-quotid.

Gatineau, rue Jeanne-d'Arc. 41. — Prote, Colas. 2 compositeurs, 1 imprimeur, 2 presses manuelles.

Jacob (Alexandre), rue de Bourgogne-Saint-Sauveur, 34.—Prote, Taudoux. 3 compositeurs, 4 imprimeurs, 3 presses manuelles. Publication : l'*Annuaire du Loiret*. Clientèle, cour d'appel, administration des contributions, etc. Lithographie. Il s'imprime dans cette maison des ouvrages qui ne cèdent en rien, pour le luxe et la correction typographique, à ceux qui sortent des meilleures imprimeries de Paris.

Morand-Bouget, rue des Carmes, 60,— Prote, T. Breton. 7 compositeurs, 1 imprimeur, 1 mécanique. 2 presses manuelles. Le *Moniteur du Loiret*, quotidien. Lithogr.

Niel, rue d'Escures, 3, imprimeur de l'évêché. — Prote, Tardif. 4 compositeurs, 1 imprimeur, 2 presses manuelles. L'*Orléanais*, hebdomadaire.

Pagnerre, rue de la Vieille-Poterie, 77. — Prote. Pujet (Emile). 10 compositeurs, 2 imprimeurs, 2 presses manuelles, 1 mécanique. Le *Journal du Loiret*, semi-quotidien. Publication : les *Etrennes du Loiret*. Clientèle, la préfecture, la ville et le théâtre. Lithographie.

Pesty, rue Sainte-Anne. 2.—Prote, Ruet. 2 compositeurs, 1 imprimeur, 2 presses manuelles.

Ces 8 imprimeries comptent ainsi 44 compositeurs, protes ou patrons travaillant à la casse; 13 imprimeurs, 16 presses manuelles et 2 presses mécaniques.

PITHIVIERS.

(*Voir page 47.*)

LOT.

7 imprimeries, 2 journaux.

CAHORS.

Brassac.
Combarieu, édit. du *Courrier du Lot*.
Plantade.
Ve Richard.

FIGEAC.

Lacroix, éditeur de l'*Impartial*, hebd.
Vitrac.

GOURDON.

Lescure et Dauriac.

LOT-ET-GARONNE.

9 imprimeries, 7 journaux.

AGEN.

Barrière. Journal le *Conciliateur*.
P. Noubel, éditeur du *Journal de Lot-et-Garonne*, de l'*Agenais*, journal-revue, hebdomadaire, et de l'*Annuaire du département*.
Quillot.

MARMANDE.

Avit-Duberort, éditeur de l'*Echo de Marmande*, hebdomadaire.
Pelouzin, éditeur de la *Revue de Marmande*, hebdomadaire.

NÉRAC.

J.-B Roques, éditeur du *Journal de Nérac*, hebdomadaire.

VILLENEUVE-SUR-LOT.

GLADY frères, édit. du *Progrès*, hebd.

G. LEYGUES.

DUTEIS.

LOZÈRE

5 imprimeries, 3 journaux.

FLORAC.

BOURCE, éditeur du *Bagnerais*, hebdom.

MARVEJOLS

THERET.

MENDE.

GEORGES, édit. de l'*Album de la Lozère*.

IGNON, éditeur du *Journal de la Lozère*, hebdomadaire.

TONNEINS.

DUGUÉ.

MAINE-ET-LOIRE.

14 imprimeries, 8 journaux.

ANGERS.

E. BARRASSÉ.

COSNIER et LACHÈSE. Le *Journal de Maine-et-Loire*, ouvert aux annonces judiciaires du département.

LAINÉ frères.

J.-J. LECERF.

G. PIGNET. Journal l'*Union de l'Ouest*.

BAUGE.

COLINETTE-FLEURY. *Journal de l'Arrondissement*.

BEAUPRÉAU.

GRANGÉ, édit. de l'*Echo de Beaupréau*.

CHOLLET.

DENIS.

F. LAINÉ, éditeur des *Petites Affiches de Chollet*, hebdomadaire.

PONT-DE-CÉ.

CAPON.

SAUMUR.

GODEFROID, édit du *Journal de Doué*.

GODET. Journal l'*Echo saumurais*.

ROLAND fils. Le *Courrier de Saumur*.

SEGRÉ.

BENNCHET, éditeur de l'*Echo de Segré*.

MANCHE.

17 imprimeries, 13 journaux.

AVRANCHES.

E. TOSTIN. Le *Journal d'Avranches*, annonces judiciaires.

TRIBOUILLARD.

CHERBOURG.

CLARMORGAN (brevet inexploité)

FENARDENT. *Journal de Cherbourg*.

MOUCHEL. Journal le *Commerce*.

NOBLET. Le *Phare de la Manche*, politique, 2 fois par semaine, annonces judic.

SIMONNET (brevet inexploité).

THOMINE.

COUTANCES.

DAIREAUX. *Journal de Coutances* annonces judiciaires. Clientèle de l'évêché.

SALETTES, éditeur de la *Feuille Coutançaise*.

GRANVILLE

NOEL GOT. Journal le *Pilote*; *Annuaire maritime de Granville*.

MORTAIN.

LEBEL. Journal le *Mortainais*, annonces judiciaires.

MATHIEU. Le *Journal de Mortain*.

SAINT-LO.

C.-JEAN DELAMARRE, rue de Commune, 4. Première conscience, V. Mondo. Compositeurs, 7; imprimeurs, 3; presses, 4. Clientèle commerciale, canaux de la Manche, ingénieur maritime, douanes, mairie, officiers ministériels, etc. Journal le *Messager de la Manche*, politique, deux fois par semaine, désigné pour les annonces judiciaires, tiré à 750.

ELIE, rue des Prés. Prote, Tostain. Compositeurs, 6; imprimeurs, 5; presses, 4. Clientèle, préfecture, recette générale, académie et ouvrages de ville.

A. JACQUELINE, rue Porte-au-Lait. Compositeur, 1; presses, 2. Clientèle d'ouvrages de ville.

LE TRÉGUILLY, rue du Poids-National, 4. Compositeurs, 2; imprimeur, 1; presses, 2. Clientèle d'ouvrages de ville. Journal le *Courrier de Saint-Lô*, hebdomadaire. Librairie-papeterie, reliure.

En résumé, Saint-Lô compte de 18 à 22 compositeurs, 9 imprimeurs et possède 12 presses à bras, dont 8 en fer. La journée est de 10 heures et le prix suivant le mérite.

VALOGNES.

Ve CARETTE-BONDESSEIN. *Journal de l'arrondissement de Valognes*, annonces judiciaires.

GOMONT *Journal de Valognes*, annonces judiciaires.

LEGOUPIL (brevet inexploité).

MARNE.

15 imprimeries, 10 journaux.

CHALONS-SUR-MARNE.

DORTU-DEULIN fils, éditeur-libraire.

E. LAURENT, éditeur de l'*Annuaire de la Marne*, successeur de Bonniez-Lambert. Prote, Cury. Compositeurs, 5, dont deux en conscience; imprimeurs, 2; relieur, 1; presses à bras, 3. Clientèle, préfecture, école des Arts et Métiers de Châlons, ponts-et-chaussées, chemins vicinaux, recette générale, officiers ministériels, etc.

T. MARTIN, place du Marché-au-Blé, 54, imprimeur-libraire. 12 à 15 ouvriers, dont 4 imprimeurs. *Journal de la Marne*, semi-quotidien; le *Cultivateur*, journal d'agriculture pratique de la Champagne, mensuel. Clientèle d'ouvrages de ville et d'administration.

ÉPERNAY.

NOEL BOUCART, rue de Châlons, 17. Prote, Brouchot. Compositeurs, 4; imprimeurs, 3; presses à bras, 3. Journal l'*Echo Sparnacien*, deux fois par semaine. Clientèle, impressions administratives, recette générale et particulière, forêts, officiers ministériels, etc. Labeurs.

VICTOR FIÉVET, maison qui fut le berceau de l'imprimerie dans la ville. Prote, Cochet. Personnel typographique de 9 ouvriers; presses, 2. Le *Journal d'Epernay*, feuille officielle hebdomadaire de l'arrondissement, ouverte aux annonces légales, laquelle date de 1810. Clientèle de labeurs pour Paris et d'ouvrages de ville.

MONTMIRAIL.

BRODARD-LIÉGAUX.

REIMS.

GÉRARD. Journal la *Concorde*, quotid.

A. HUET. Journal l'*Industriel de la Champagne*, semi-quotidien, et *Reims*, revue mensuelle.

E. LUTON.

MARÉCHAL-GRUAT. Journal le *Courrier de Reims*, deux fois par semaine.

P. RÉGNIER, imprimeur de l'évêché, des hospices et de l'académie.

SAINTE-MÉNEHOULD.

DUVAL. Journal la *Revue de la Marne*

SÉZANNE.

COUSIN.

VITRY-LE-FRANÇAIS.

F.-V. BITSCH, imprimeur-lithographe et libraire, éditeur de l'*Echo de la Marne*, journal politique hebdomadaire, ouvert aux annonces; et correspondant du Comptoir central de la librairie. Cette imprimerie a plus de 300 ans d'existence. Elle a actuellement un personnel de 15 ouvriers et possède 4 presses à bras. Clientèle des administrations de la ville et de l'arrondissement et celle des officiers ministériels. Impressions de livres classiques à l'usage des écoles du département.

HUBAUT. Personnel, 2 ouvriers; presses, 2. Impressions d'ouvrages de ville et de livres de piété.

Dans la Marne, le prix de la conscience ne va pas au delà de 3 fr. pour onze heures. Le mille d'*m* se paie 50 cent. pour les caractères au dessus du sept, ce qui équivaut à 30 cent. le mille d'*n* à peu près. L'imprimeur reçoit 6 fr. le mille pour le colombier, 5 fr. pour le jésus, 3 fr. pour le raisin, 2 fr. 50 c. pour le carré et les autres formats.

MARNE (Haute-).

8 imprimeries, 4 journaux.

CHAUMONT.

CAVANIOL. L'*Union de la Marne*.

Ve MIOT-BADANT, édit. de l'*Echo de la Haute-Marne*, hebdomadaire

JOINVILLE-EN-VALLAGE.

V. LAURENT.

LANGRES.

DEJUSSIEU. Compositeur-imprimeur, 1; apprentis, 2; presses à bras, 3. Clientèle, mairie, forêts, domaines, théâtre, sous-préfecture, quelques travaux de ville et quelques brochures.

E. L'HUILLIER. Prote, Emnet. Compositeurs, 3; imprimeurs, 1; presses à bras, 2; presse Selligue, 1. Clientèle, évêché, partie de la mairie, partie de la préfecture, parquet, tribunal, officiers ministériels, labeurs religieux pour le diocèse. Journ. le *Messager de la Haute-Marne*, deux fois par semaine, politique et d'annonces

SAINT-DIZIER.

HENRY. Journal l'*Ancre*.

VASSY.

MAUPÉRIN.

EMILE MONGIN.

MAYENNE.

7 imprimeries, 7 journaux.

CHATEAU-GONTHIER.

DELAPLACE, éditeur du *Journal de Château-Gonthier*, hebdomadaire. Ouvriers, 4. Clientèle, la sous-préfecture, impressions diverses.

LAVAL.

FEILLÉ-GRAND-PRÉ, éditeur de l'*Echo de la Mayenne*, paraissant deux fois par semaine. Ouvriers 8; presses à bras, 2. Clientèle, préfecture, avoués, notaires, etc.

H. GODBERT, rue de la Trinité, 25. Ouvriers, 8; presses à bras, 2. Journal l'*Indépendant de l'Ouest* (8e année), semi-quotidien, politique et littéraire; le *Bulletin de la Société de l'industrie de la Mayenne*, trimestriel. Impressions importantes pour la ville et labeurs pour la librairie de la maison. Imprimerie en taille-douce, papeterie, cabinet de lecture.

L. MOREAU, rue Napoléon. Ouvriers, 4; presses, 2. Clientèle, impressions diverses.

L'imprimerie dans le chef-lieu de ce département occupe donc 20 ouvriers. Elle possède 6 presses.

MAYENNE.

DERENNE, éditeur du *Moniteur de la Mayenne*, hebdomadaire. Impressions div.

GALBRUN, propriétaire de l'*Indicateur de la Mayenne*, feuille hebdomadaire.

Mlle ROULOIS, éditeur du *Journal d'annonces et d'avis divers de Mayenne*, hebd.

MEURTHE.

15 imprimeries, 14 journaux.

DIEUZE.

MAIMBOURG.

LUNÉVILLE.

PIGNATEL. Les *Petites affiches de Lunéville*, feuille hebdomadaire.

NANCY.

DARD cousins.

GRIMBLOT ET Ve RAYBOIS. Le *Bon cultivateur*, journal de la Société centrale d'agriculture du département, mensuel; *Feuille d'Annonces et Petites affiches*, deux fois par semaine; *Recueil administratif*, publié par l'administration préfectorale; *Mémorial de l'Académie de Stanislas* (Société impériale des sciences, lettres et arts), annuel; *Annuaire de la Meurthe*; livres d'usage du diocèse et ouvrages classiques pour les écoles.

HINZELIN ET Ce. Le *Moniteur de la Meurthe*, journal politique; l'*Impartial*, journal politique; *Almanachs* de tous formats.

LEPAGE. Le *Journal de la Meurthe*, feuille politique; *Journal de la Société d'archéologie et du Comité du Musée lorrain*, mensuel; *Bulletin de la Société d'archéologie lorraine*, annuel.

NICOLAS.

VAGNER. L'*Ami du Peuple*, journal politique hebdomadaire; l'*Espérance, courrier de Nancy*, journal politique.

PONT-A-MOUSSON.

TOUSSAINT. Le *Mussipontain*, feuille d'annonces hebdomadaire.

SAINT-NICOLAS.

TRENEL.

SARREBOURG.

GABRIEL, éditeur de l'*Indicateur*, feuille d'annonces, hebdomadaire.

TOUL.

BASTIEN.

HIS.

VIC.

Ve ANCILLON. L'*Echo de la Seille*, feuille d'annonces hebdomadaire.

BASTIEN.

MEUSE.

8 imprimeries, 5 journaux.

BAR-LE-DUC.

CARTIER (brevet inexploité).

Mme Ve LAGUERRE, imprimerie alimentée par les ouvrages de ville et où l'on fait le *Bulletin académique de la Meuse*, mens.

NUMA ROLIN, imprimeur de la préfecture et lithographe. Directeur, Charles Bertaux; prote, Collignon. Compositeurs, 14; imprimeurs, 3; imprimeurs lithographes, 4; conducteur de mécanique, 1; plieurs, 3; relieur, 1; presse mécanique mue par la vapeur, 1; presses à bras, 4; presse lithographique mécanique mue également par la vapeur, 1; presses lithographiques, 6. En tout un personnel de 30 ouvriers. Journal l'*Echo de l'Est*, semi-quotidien, désigné seul pour les annonces judiciaires du département, format de la *Presse*; M. Numa Rolin en est le propriétaire et le rédacteur en chef. Publications: l'*Atlas* illustré, statistique et historique du département, moitié typographie, moitié lithographie, avec des dessins de Malapeau; l'*Annuaire de la Meuse*. Clientèle d'impressions administratives, commerciales et de luxe.

COMMERCY.

CHARLES CABASSE.

MONTMÉDY.

JOACHIM HENRY, successeur de son père. Première conscience, Léon Gobert; compositeurs, 5; imprimeur, 1; presses, 2. *Journal de l'Arrondissement*, feuille politique hebdomadaire, dont M. J. Henry est le propriétaire-gérant.

SAINT-MIHIEL.

FRANÇOIS CASNER, édit. des *Affiches de la Meuse*, hebdomadaire.

STENAY.

RENAUDIN, atelier fermé depuis trois ans.

VERDUN.

LALLEMANT. Le *Courrier de Verdun*, deux fois par semaine.

LAURENT, imprimeur de l'évéché. Prote, Léon Dennery.

LIPPMANN.

MORBIHAN.

8 imprimeries, 5 journaux.

LORIENT.

Ve BAUDOIN.

Ed. CORFMAT.

C.-P. DAGUINEAU éditeur du *Lorientais*.

GOUSSET, édit. du journal l'*Abeille*.

NAPOLÉONVILLE.

L.-M. LEBUZULIER, éditeur du *Journal de Napoléonville*, hebdomadaire.

PLOËRMEL.

DU GRAVIER, éditeur du *Morbihannais*

VANNES.

CAUDERAN (brevet inexploité).

GALLES, rue de la Préfecture et place Napoléon. Cette maison, qui imprime l'unique journal de Vannes, le *Courrier du Morbihan*, est une des plus anciennes de la Bretagne. Clientèle d'une partie de la préfecture et d'ouvrages de ville. Librairie

DE LAMARZELLE, imprimeur-libraire et lithographe, place des Lices. Clientèle des officiers ministériels, des administrations et d'une partie de la préfecture

MOSELLE.

11 imprimeries, 5 journaux.

BRIEY.

BRANCHARD (Mme veuve).

METZ.

DIEU et V. MALINES, cours de Ranzières.

GANGEL, place Saint-Louis 8.

LAMORT, rue du Palais, 10.

MAYER-SAMUEL, quai Saint-Pierre, 15.

NOUVIAN, rue Neuve-Saint-Louis.

ROUSSEAU, rue des Clous, 15.

TOUSSAINT, place d'Austerlitz.

VERRONNAIS, rue des Jardins, 14. Cette maison a été honorée d'une médaille de 1re classe à l'exposition de l'Industrie agricole, manufacturière et commerciale de 1843. Elle édite une foule d'ouvrages historiques et statistiques sur le département, ainsi qu'une *Bibliothèque portative* qui s'adresse aux officiers et sous-officiers de l'armée, et un *Annuaire de la Moselle*.

Les journaux qui se publient à Metz sont au nombre de quatre : le *Courrier de la Moselle*, semi-quotidien, l'*Indépendant*, idem; le *Vœu national*, idem; le *Moniteur de la Moselle*, idem.

SARREGUEMINES.

ANTOINE WEISSE, le *Petit Glaneur*, hebdomadaire.

THIONVILLE.

FONDEUR.

NIÈVRE.

7 imprimeries, 4 journaux.

CHATEAU-CHINON.

FAURON, édit. de l'*Echo du Morvan*.

CLAMECY.

SÉGRETIN, éd. du *Journal de Clamecy*.

COSNE.

GOURDET aîné, éditeur du *Journal de Cosne*, hebdomadaire.

LA CHARITÉ.

BONNERONT.

NEVERS.

BEGAT, éditeur de l'*Almanach général de la Nièvre*.

FAY, éditeur du *Journal de la Nièvre*.

GOURDET jeune.

NORD.

46 imprimeries, 20 journaux.

ANZIN.

BOUCHER.

ARMENTIÈRES.

GARRET.

AVESNES.

CARTON.

VIROUX, imprimeur typographe et lithographe. Compositeurs, 7; imprimeurs, 2. Journal l'*Observateur des arrondissements d'Avesne, Cambrai et Valenciennes*, fondé en 1833. Publications : *Annuaire de l'arrondissement d'Avesnes*, créé en 1840; *Carte géograph. et statistique du même arrondissement*. M. Viroux est l'auteur de ces trois publications.

BAILLEUL.

VANNEUFVILLE.

BERGUES.

BARBEZ.

FOCQUEUR.

CAMBRAI.

CARION, éditeur de l'*Emancipateur*.

FÉNELON-DELIGNE.

LÉVÊQUE, édit. de la *Gazette de Cambrai*.

CASSEL.

D'HUBERT, édit. de l'*Observateur*, hebd.

LE CATEAU-CAMBRÉSIS.

DUMESNIL, rue de France. Compositeurs, 3; imprimeurs, 3; relieur, 1; presses en fer. Le *Journal de Cateau*, feuille d'annonces et faits divers, hebdomadaire; le *Bareme des Fabricants*, in-8o. Clientèle, impressions pour l'industrie et le commerce.

DOUAI.

ADAM D'AUBERS, rue des Procureurs. Compositeurs, 7; imprimeurs, 3; presses en fer, 3. Journal l'*Indépendant*, semi-quotidien.

Ve CERET-CARPENTIER.

DEREGNAUCOURT.

OBEZ, édit. de l'*Indicateur du Nord*.

VINOIS.

DUNKERQUE.

DROUILLARD, édit. de la *Dunkerquoise*.

LORENZO.

E. VANDALLE. Le *Journal de Dunkerque*.

VANDAREST. Le *Commerce*.

HAZEBROUCK.

DEBAECKER.

GUERMONPREZ. L'*Indicateur*.

TAVERNE.

RÉANT.

LILLE.

BLOCQUEL, Grande-Place, 13.—Première conscience, Destailleurs. 3 compositeurs,

2 imprimeurs, 2 presses. Ouvrages de ville, spécialité d'almanachs liégeois.

CAILLEAUX, rue Marais.—Première conscience, Morel. 6 compositeurs. 2 imprimeurs, 2 presses. La *Gazette de Flandre et d'Artois*, journal politique, quotidien.

L. **DANEL**, Grande-Place. — Prote, Destombes; correcteur, Burdan. 20 compositeurs, 4 imprimeurs, 4 presses à bras, en fer, 5 mécaniques, 2 presses hydrauliques pour le satinage, fonderie, clicherie, lithographie, atelier de réglure et de reliure, conserve de 15 à 1,600 formes. Clientèle, préfecture, mairie, chemin de fer du Nord, etc. Spécialité de travaux administratifs. L'*Annuaire du Département*.

GUERMONPREZ, place de la Mairie, 11.— 2 compositeurs, 2 imprimeurs, 3 presses à bras. Ouvrages de ville.

LEFEBVRE-DUCROCQ, place du Théâtre.— Prote, Santenerre. 16 compositeurs, 6 imprimeurs, 5 presses à bras, 2 mécaniques. Ouvrages de ville et d'administration. Le *Nord*, politique, quotidien, fait en grande partie avec les clichés de la *Patrie*. Lithographie, clicherie.

LEFORT (L.), éditeur de la *Bibliothèque de Lille*, rue Esquermoise, 55.—Protes, Dufeutrel père et Dufeutrel fils; correcteurs, Carpentier et Dubois. 28 compositeurs, 4 imprimeurs, 3 presses à bras, 4 mécaniques. Impressions d'ouvrages classiques et de piété. Travaux de ville.

LELEUX, Grande-Place. - Première conscience, Desreumaux. 10 compositeurs, 2 imprimeurs, 2 presses manuelles, 1 mécanique. Clientèle des hospices et du théâtre. L'*Echo du Nord*, politique, quotidien.

LÉVY, rue des Chats-Bossus, 15.—2 compositeurs, 1 imprimeur, 2 presses. Impressions militaires, ouvrages de ville.

RENOUX, Marché-aux-Poulets. — Première conscience, Le ong. 11 compositeurs, 3 imprimeurs, 4 presses manuelles, 2 mécaniques. La *Liberté*, politique, quotidien. Travaux de ville.

VANACKÈRE, Grande-Place, 7. — Prote, A. Chenu. 12 compositeurs, 4 imprimeurs, 6 presses. Ouvrages de ville et labeurs. L'*Almanach de Lille et du département du Nord*, publication annuelle. Lithogr.

En résumé, Lille alimente un personnel typographique composé de 110 compositeurs et 30 imprimeurs. Son matériel comporte 33 presses manuelles et 14 mécaniques.—Le prix du mille du 8 au 11, est de 35 à 40 cent.

MAUBEUGE.

DECAUSSENNE.
ED. LÉVÊQUE.

LE QUESNOIS.

PRÉSAU.

ROUBAIX.

Ve BEGHIN.
J. REBOUX.
VANDENBOSSCHE.

SAINT-AMAND.

RAVIARD.

TOURCOING.

MATHON, éditeur de l'*Indicateur*.

VALENCIENNES.

HENRY. Le *Courrier du Nord*; la *Revue agricole*.

PRIGNET, imprimeur de l'*Impartial*, semi-quotidien; de l'*Echo de la Frontière*, semi-quotidien et des *Archives du Nord*, publication annuelle.

WAZEMMES.

HOREMANS, imprimeur des hospices de

Lille. 6 compositeurs, 3 imprimeurs, 4 presses. Ouvrages de ville, quelques labeurs.

OISE.

12 imprimeries, 11 journaux.

(Voir pages 46, 47 et 48.)

ORNE.

10 imprimeries, 4 journaux.

ALENÇON.

BONNET le *Nouvelliste alençonnais*.

POULET-MALASSIS (Mme veuve), place d'Armes. Compositeurs, 5; imprimeurs, 3; régleur, 1; presses, 3. Le *Journal d'Alençon*, hebdomadaire; publication : l'*Annuaire de l'Orne*. Clientèle d'ouvrages de ville et de la plupart des administrations.

ARGENTAN.

BARBIER, édit. du *Journal d'Argentan*.

DOMFRONT.

CRESTEY.
MONTAUZÉ, éditeur du *Journal de Domfront*.

FLERS.

MARTIN.

LAIGLE.

BRÉDIF.

MORTAGNE-SUR-HUISNE.

DAUPPELEY et **LONSIN**.

SEEZ.

VALIN.

VIMOUTIERS.

GRIGY.

Dans la plupart des villes de ce département, le salaire est payé 30 cent. l'heure au compositeur et 20 cent. à l'imprimeur. En général, on n'y travaille pas aux pièces.

PAS-DE-CALAIS.

25 imprimeries, 16 journaux.

AIRE

GUILLAIN.
POULAIN.

ARRAS.

BOUTRY.
BRISSY, éditeur du journal la *Société*.
Ve DEGEORGES, imprimeur du *Progrès* et de l'*Annuaire du Département*.
FREY.
LEFRANC et Ce, imprimeur de la *Liberté*.
TIERNY, imprimeur du *Courrier*.

BAPAUME.

DEBEUGNY.

BÉTHUNE.

DESAVARY (Ad.). La *Revue artésienne*.
DESAVARY (Alexandre).
REYBOURBON, rue du Pot-d'Etain, imprimeur du *Journal de Béthune et de son arrondissement*, désigné pour recevoir les annonces judiciaires. Publication : l'*Almanach administratif et commercial de Béthune et de son arrondissement*. Clientèle, impressions administratives, celles des avoués, notaires, huissiers, et beaucoup d'ouvrages de ville pour le commerce. Librairie, papeterie.

BOULOGNE.

CH. AIGRE, rue des Pipots, 36. Prote, Podevin. Compositeurs, 7; imprimeurs, 3; presses en fer, 5. Journaux : l'*Impartial de Boulogne*, hebdomadaire, politique, ouvert aux annonces judiciaires et de commerce; *The Boulogne Gazette*, journal anglais hebdomadaire. Publication : l'*Almanach de Boulogne*.

BERGER frères, imprim. du *Nouvelliste*.
BOUSQUET.
DELAHODDE. La *Colonne*.

CALAIS.

LELEUX, rue Royale. Journal l'*Industriel Calaisien*.

LEROY, rue des Boucheries, éditeur du *Journal de Calais*.

GUINES.

MORGANT frères.

MONTREUIL.

BLONDEL.

DUVAL. La *Feuille montreuilloise*.

SAINT-OMER.

CHAUVIN.

FLEURY. Le *Mémorial artésien*.

VANESLAND. L'*Eclaireur*.

SAINT-POL-SUR-TERNOISE.

H. WARMÉ. Compositeurs-imprimeurs, 2; imprimeur, 1; presses en fer, 2. Journal. L'*Abeille de la Ternoise*, hebdomadaire, ouvert aux annonces judiciaires et autres. Clientèle administrative, tribunaux, officiers ministériels, fonctionnaires, etc. Librairie.

PUY-DE-DOME.

9 *imprimeries, 8 journaux.*

AMBERT.

GRANGIER, imprimeur de l'*Echo de la Dore*, hebdomadaire.

PERISSEL-BASSE. Le *Mémorial d'Ambert*.

CLERMONT-FERRAND.

HUBLER, BAYLE et DUBOS, éditeurs de l'*Ami de la Patrie*.

L. THIBAUD-LANDRIOT frères, imprimeurs du *Journal de Clermont*, des *Annales de l'Auvergne* et de l'*Annuaire du Département*.

A. VEYSSET.

ISSOIRE.

A. JAILLET. Le *Journal d'Issoire*.

RIOM.

JOUVET, imprimeur de la *Presse judiciaire*.

LEBOYER, éditeur du *Courrier de la Limagne*.

THIERS.

CUISSAC. L'*Album de Thiers*.

PYRÉNÉES (Basses-).

11 *imprimeries, 6 journaux.*

BAYONNE.

BERNAIN.

CLUZEAU fils, imprimeur du *Courrier des Basses-Pyrénées*.

FORÉ et LASSERRE, imprimeurs du *Messager de Bayonne*.

Ve LAMAIGNIÈRE.

OLERON.

LAPEYRETTE.

MAURIN, imprim. du *Journal d'Oléron*.

A. VIVENT.

ORTHEZ.

DU MESNIL, éditeur du *Mercure*.

PAU.

TONET.

VÉRONÈSE, imprimeur de l'*Echo des Basses-Pyrénées*.

VIGNANCOURT. Le *Mémorial des Basses-Pyrénées*.

PYRÉNÉES (Hautes-).

6 *imprimeries, 4 journaux.*

BAGNÈRES.

J.-M. DOSSUN, place Napoléon. Compositeurs, 5; imprimeurs, 4; presses, 4. Journal l'*Echo des Vallées*, hebdomadaire. Publication l'*Annuaire du Département*. Clientèle d'ouvrages de ville et principalement de labeurs. Bonne librairie.

PLASSOT, place des Coustous. Le fils du patron forme à lui seul le personnel de cette imprimerie. Une presse. Journal le *Bagnerais*, hebdomadaire.

LOURDES.

CASENAVE. Une presse. Le patron et son frère composent le personnel de cet atelier, qui ne fait guère que les impressions des officiers ministériels.

TARBES.

BAZERQUE (brevet inexploité).

CAZENAVE (brevet inexploité).

FOUGA, rue Bourg-Vieux Compositeurs, 5; compositeur-imprimeur, 1; apprentis. 2; presses à bras. 3 Journal l'*Intérêt public*, trois fois par semaine.

LAVIGNE, rue des Grands-Fossés. Prote, Juez. Compositeur-imprimeur. 1; presses, 3. Cette maison est la plus ancienne imprimerie de la ville. Son personnel nul me dispense de dire sa clientèle.

TH. TELMON, place Maubourguet. Prote, Vimard. Compositeurs, 12; imprimeurs, 2; manœuvres, 3; apprenti, 1; presses, 4. Journal l'*Ere impériale*, désigné pour l'insertion des annonces judiciaires de l'arrondissement, paraissant trois fois par semaine. Clientèle, la préfecture et tout ce qui dépend des administrations départementales; beaucoup d'ouvrages de ville exécutés avec soin.

En résumé, ce département procure du travail à 26 compositeurs, à 1 compositeur-imprimeur et à 6 imprimeurs. Il possède 16 presses et n'a pas encore de mécanique.

PYRÉNÉES-ORIENTALES.

2 *imprimeries, 1 journal.*

PERPIGNAN.

J. ALZINE.

Mlle TASTU, imprimeur du *Journal de Perpignan*.

RHIN (Bas-).

11 *imprimeries, 15 journaux*

HAGUENAU.

EDLER. Ouvriers, 2; presses à bras, 2. L'*Indicateur de Haguenau*.

SAVERNE.

GILLIOT-AWENG. Ouvriers, 2; presses à bras, 2. *Journal de Saverne*. Imprimeur de la sous-préfecture.

SCHELESTADT.

HELBIG. Ouvriers, 2; presses à bras, 2. Propriétaire de la *Feuille d'annonces de Schlestadt*. Imprimeur de la sous-préfect.

STRASBOURG.

BERGER-LEVRAULT. Prote, Garcin. Ouvriers, 28; presses à bras, 6; mécaniques, 2. Imprimeur de la préfecture, de l'académie, de nombreux labeurs et ouvrages de ville, de l'*Annuaire du Bas-Rhin* et de l'*Annuaire militaire*. Les imprimés militaires sont sa spécialité.

DANNBACH. Prote, Braun. Ouvriers, 7; presses, 3. Propriétaire de l'*Indicateur*, feuille d'annonces, deux fois la semaine. Imprimeur de la mairie; ouvrages de ville.

HEITZ. Pas de prote. Ouvriers, 4; presses à bras, 3. Imprimeur du directoire de la confession d'Augsbourg et du gymnase protestant. Librairie d'ouvr. d'instruction.

E. HUDER. Prote, Sturm. Ouvriers, 10; presses à bras, 3. Propriétaire de l'*Alsacien*, quotidien. Imprimeur du lycée. Ouvrages de ville.

KOENIG (brevet inexploité).

LE ROUX. Prote, Schahn. Ouvriers, 9; presses à bras, 3; mécanique, 1. Imprimeur de l'évêché et du *Katholischen kirchen-Schulblatt für das Elsass*, mensuel Librairie d'ouvrages de piété.

G. Silbermann ✳, Ⓐ 1844, Ⓞ 1846, MP à l'Exposition universelle de Londres. Prote, A. Hoummel. 40 ouvriers, 7 presses à bras, 2 mécaniques mues par la vapeur. Propriétaire du *Courrier du Bas-Rhin*, quotidien, et des *Affiches de Strasbourg*, deux fois par semaine (ces deux journaux existent depuis 66 ans). Imprimeur de la *Gazette médicale*, mensuelle ; du *Bulletin académique du Bas-Rhin*, bi-mensuel ; du *Journal d'horticulture*, mensuel ; de la *Revue de Théologie*, mensuelle ; *des Missions-freund* (l'*Ami des Missions*), six fois par an ; de la *Feuille de Niederbronn*, semi-quotidien, ne paraissant que pendant la saison des eaux ; des chemins de fer d'Alsace, de l'administration des forêts, de l'école de pharmacie, de nombreux ouvrages de luxe et de ville, M. Silbermann a des procédés d'impressions en couleur avec lesquels il obtient des résultats magnifiques. Je n'apprends sans doute rien de nouveau à ceux qui me lisent, car cet imprimeur s'est épris d'une telle passion pour l'art typographique, il a poussé si loin la perfection, la recherche du beau et du merveilleux dans ses œuvres, qu'il est parvenu à se faire une réputation européenne, aussi incontestable que celle des Estienne et des Didot ; alors de quel poids pourraient être mes éloges, mon admiration, à côté de cette douce récompense de l'artiste : la célébrité méritée. Depuis quelques années, cette imprimerie a vu naître bien des concurrents, bien des rivaux sérieux, qui sont venus lui disputer la palme, entre autres MM. Meyer et Minster, à Paris ; Danel, à Lille ; Arnaud et Cie, à Marseille ; mais elle n'en demeurera pas moins l'initiatrice en son art. En 1840, M. Silbermann publia, à l'occasion de l'inauguration de la statue de Gutenberg, un *Album typographique* qui présentait l'ensemble des progrès de l'imprimerie depuis quatre cents ans. En fait d'ouvrages soignés sortis de ses presses l'année dernière, je citerai l'*Alsace illustrée* et le *Code historique et diplomatique de la ville de Strasbourg*.

En résumé, la ville de Strasbourg seule occupe 98 ouvriers, dans ses imprimeries. Son matériel est riche de 25 presses et 5 mécaniques. Le département entier emploie 110 ouvriers et possède 33 presses à bras et 5 mécaniques.

Les prix de main-d'œuvre sont dans les proportions d'un dixième au-dessous de ceux de Paris.

WISSEMBOURG.

Sauer. Ouvriers, 2 ; presses à bras, 2 Journal l'*Echo de Wissembourg*. Imprimeur de la sous-préfecture.

Wentzel.

RHIN (Haut-).

7 imprimeries, 7 journaux.

ALTKIRCH.

Mme Ve Goetschy.

BELFORT.

Ve Clerc et fils. Le *Journal hebdomadaire du département*.

COLMAR.

Ve Decker. Le *Glaneur* ; la *Revue d'Alsace*.

Hoffmann. Le *Journal du Haut-Rhin*.

GUEBWILLER.

J.-B. Jung, imprimeur du *Wolksfreund* (*Ami du Peuple catholique*), feuille allemande, paraissant tous les dix jours. Une lithographie autographique et typographique, une librairie, un atelier de reliure et un magasin de papiers sont annexés à cette maison.

MULHOUSE.

Baret. L'*Industriel alsacien*.

J.-P. Risler, imprimeur des *Affiches de Mulhouse*, hebdomadaire.

RHONE.

21 imprimeries, 15 journaux.

LYON.

Ve Ayné, rue Mercière, 68. Prote-correcteur, Barthélemy Blanqui. Compositeurs, 2 ; imprimeurs, 2 ; presses, 2. Ouvrages de ville et labeurs. Cette maison a joui d'une très grande activité, que les événements lui ont fait perdre.

Eugène Bajat, imprimeur de l'*Indicateur de Lyon* et successeur de son père, cours des Brosses, 8, à la Guillotière. Compositeurs, 3 ; le reste du personnel en apprentis *amphibies ; presses.* 3. Ouvrages de ville et labeurs, clientèle de la mairie du 3e arrondissement municipal.

S.-M. Barret, rue Pizay, 11, et rue Lafond, 8. Compositeur, 1 ; imprimeur, 1 ; presses, 4. Imprimerie des *Annales de la Société d'agriculture* et du *Bulletin quotidien de la Bourse*. Ouvrages de ville.

B. Boursy, rue Mercière, 90, imprimeur de l'*Entr'acte lyonnais*, hebdomadaire ; de la *Revue maçonnique*, mensuelle, et du *Journal des Roses*, trimestriel. Première conscience, Genest. Compositeurs, 2 ; imprimeurs, 2 ; presses, 3 ; mécanique, 1. Ouvrages de ville et labeurs, Almanach (*Dieu soit béni*) dit du père Benoît.

J.-F. Chanoine, place de la Charité, 16-18. Première conscience, J.-B. Aufiaux. Compositeurs, 21 ; imprimeurs, 4, y compris le conducteur ; presses, 4 ; mécanique, 1. Journaux : le *Salut Public*, politique et quotidien ; l'*Argus*, paraissant tous les deux jours. Ouvrages de ville, grandes affiches, labeurs. Clientèle de la préfecture et de la mairie du 2e arrondissement. Cette maison est pourvue des instruments de travail les plus modernes et s'efforce de suivre les progrès de la typographie. M. Chanoine a acquis l'année dernière l'imprimerie Rodonet, rue de l'Archevêché, 3, dont il a fait une succursale de sa maison principale. Ce second atelier occupe 2 compositeurs et possède 2 presses.

F. Dumoulin, rue Centrale, 20. Première conscience, Descomte. Compositeurs, 2 ; imprimeurs, 2 ; presses, 4 ; mécanique, 1. Académie de Lyon, Société des amis des Arts, ouvrages de ville et labeurs. Librairie.

Fonville-Brunet et Bonnaviat, rue Sainte-Catherine, 13. Prote-correcteur et intéressé, Auguste Chavent, ancien conseiller municipal de Lyon. Compositeurs, 3 ; imprimeurs, 2 ; presses, 2. Cette maison possède une lithographie qui est la plus ancienne de la ville. *Agenda lyonnais*, l'*Éphémère*, calendrier de comptoir ; ouvrages de ville et labeurs ; travaux de luxe.

Girard et Josserand, rue Saint-Dominique, 13. Prote, Mistral. Compositeurs, 8 ; imprimeurs, 4 ; presses, 3 ; mécanique, 1. Ouvrages de ville et de piété. Librairie.

J. Guyot, rue de l'Archevêché, 2. Compositeurs, 2 ; imprimeurs, 3 ; presses, 3 ; mécanique, 1. Ouvrages de piété. Librairie.

Labaume, imprimeur de la revue mensuelle le *Feuilleton*, rue Monsieur, 43. Compositeurs, 2; mécanique, 1; pas de presse à bras. Ouvrages de piété. Librairie.

G. LAMBERT-GENTOT, rue Mercière, 88. Première conscience, P. Ronchard. Compositeurs, 2; imprimeurs, 3; presses, 2. Ouvrages de piété, clientèle de l'Enregistrement et des domaines. Librairie.

T. LÉPAGNEZ, Petite rue de Cuire, 10, à la Croix-Rousse. Compositeurs, 2; imprimeurs, 2; presses, 2. Ouvrages de ville et labeurs, clientèle de la mairie du 4e arrondissement. *Le Moniteur de la Fabrique*, hebdomadaire.

MOUGIN-RUSAND (Mme Ve), rue Centrale, 67. Prote, Porte. Compositeurs, 23; imprimeurs, 4; presses, 5; mécaniques, 2. Journaux : le *Courrier de Lyon*, politique et quotidien; le *Moniteur judiciaire*, semi-quotidien, ouvert aux annonces légales. Publication : l'*Annuaire départemental*. Ouvrages de ville, affiches et labeurs.

J. NIGON, rue Chalamond, 7. Première conscience, E. Martinon. Compositeurs, 6; imprimeurs, 4; presses, 3. Ouvrages de ville, brochures, peu de labeurs. Clientèle des mairies du 1er et du 5e arrondissement. Lithographie et clicherie.

E. PÉLAGAUD, rue de la Sphère, 5. Prote, L.-S Havard; correcteur, V.-B. Mazoyer. Compositeurs, 18; imprimeurs, 10; clicheur, 1; presses, 7; mécaniques, 3. Journal la *Gazette de Lyon*, politique et religieux, quotidien; les *Annales de la Société pour la Propagation de la Foi*, en plusieurs langues; ouvrages d'églises et de piété, plain-chant et classiques divers. Librairie considérable.

A. PÉRISSE, rue Mercière, 49. Prote, Breyton; correcteur, C. Dambuyant. Compositeurs, 3; imprimeurs, 14; clicheur, 1; presses, 7; mécanique, 1. Ouvrages de piété et livres classiques, presque tous clichés; plain-chant. Clientèle de l'archevéché. Librairie considérable.

L. PERRIN, rue d'Amboise, 6. Prote, Albert; correcteur, Utinet. Compositeurs, 6; imprimeurs, 4; clicheur, 1; presses, 6. Ouvrages de ville et labeurs, travaux d'administrations, chemins de fer, octroi, hospices, etc.; travaux très-réputés. Lithographie importante et travaux d'art justement estimés. M. Perrin est un brillant praticien, qui fait de l'imprimerie un noble et sérieux usage, et c'est avec la joie d'un amateur passionné qu'il l'ouvre aux exigences chaque jour plus impérieuses du mouvement moderne.

J. REY-SÉZANNE, rue Saint-Côme, 8. Première conscience, Marchand. Compositeur 1; imprimeur, 1; presses, 2. Clicherie. Ouvrages de ville. Clientèle de la recette générale. Lithographie importante et réputée.

AYMÉ VINGTRINIER, quai Saint-Antoine, 36. Prote, M. Renaudin. Compositeurs, 10; imprimeurs, 4; brocheur, 1; presses à bras, 4. Clientèle des Facultés des sciences et des lettres, du lycée, des domaines, des théâtres, des artistes. Journaux la *Revue du Lyonnais*, recueil scientifique et littéraire, paraissant tous les mois par livraisons de cinq à six feuilles grand in-8o; la *Gazette médicale de Lyon*, mensuelle, deux feuilles in-4o. Dans mes flâneries aux étalages des libraires, je me suis souvent mépris aux livres sortis des presses de M. Vingtrinier, qui décèlent tout le goût, tout le fini, toute la coquetterie des meilleures maisons de Paris. Dans ce genre, je citerai entr'autres la *Loi Gombette*, qu'a traduite pour la première fois M. Peyré (un vol. in-8o), puis la *Monographie de la Table de Claude*, de M. Montfalcon, bibliothécaire de la ville de Lyon (in-folio, avec fac-simile, fleurons, lettres ornées, etc.); ensuite les *Conseils aux fumeurs sur le choix d'une Pipe*. Ces trois ouvrages sont faits et imprimés d'une façon remarquable, surtout le second, que je considère comme une œuvre hors ligne.

Ainsi, le matériel typographique de Lyon, réparti en 20 maisons, dont quelques-unes ne sont que des spécimens d'imprimerie, représente 71 presses et 12 mécaniques. Le personnel se compose de 119 compositeurs et de 66 imprimeurs; mais ce personnel, comme tout le monde le présume sans doute, est essentiellement mobile et variable. On le trouvera peut-être bien restreint pour une aussi grande cité.... il ne faudra pas trop s'en étonner, car depuis longtemps la typographie lyonnaise saigne par tous les pores. Quant aux prix de main-d'œuvre, je n'en parle que pour mémoire; bien qu'il y ait à Lyon, comme à Paris, un tarif adopté par les patrons, ces prix ne sont pas les mêmes dans toutes les maisons. Cependant, on peut dire qu'en général ils flottent aux approches d'un dixième au-dessous de Paris, quoique les besoins de la vie soient aussi chers que dans la capitale. Toutefois, je le dis à regret, ils auraient plutôt une tendance à baisser encore qu'à se relever, ce qui serait un grand malheur, car les mauvais salaires font les médiocres ouvriers, et pourtant ma pauvre ville natale a encore beaucoup à faire pour reconquérir son ancienne réputation typographique.

FRANCISQUE REY, place Saint-Jean, 6, l'unique fondeur que possède la ville, au lieu de trois qu'elle avait naguère.

VILLEFRANCHE-SUR-SAONE.

PINET, rue de la Calade. Compositeurs, 3; imprimeur, 1; presses à bras, 2. Publication : *Journal de Villefranche*, ouvert aux annonces judiciaires de l'arrondissement, hebdomadaire. Clientèle, mairie, tribunal, sous-préfecture, etc. Lithographie pourvue de trois presses.

SAONE (Haute-).

3 imprimeries, 3 journaux

GRAY.

ROUX, imprimeur typographe et lithographe, qui publie la *Presse grayloise*, hebdomadaire.

LURE.

BETTEND, imprimeur typographe et lithographe, qui publie une *Feuille d'Annonces*, hebdomadaire.

BRETTENSTEIN (brevet inexploité).

MORE (brevet inexploité).

VESOUL.

BOBILLIER (brevet inexploité).

L. SUCHAUX, imprimeur typographe et lithographe, chez lequel se publie le *Journal de la Haute-Saône*, qui paraît depuis 1817 sans interruptions. Prote, Cultin.

SAONE-ET-LOIRE.

8 imprimeries, 6 journaux.

AUTUN.

DEJUSSIEU, éditeur de l'*Echo de Saône-et-Loire*, hebdomadaire. Compositeurs, 6; imprimeurs, 2; conducteur, 1; presse en fer, 1; mécanique, 1. Forte librairie, lithographie, stéréotypie et reliure. Clientèle, évêché, sous-préfecture et mairie.

VILLEDEY (brevet inexploité).

CHALON-SUR-SAONE.

DEJUSSIEU, rue du Châtelet. Compositeurs, 5; imprimeurs, 3; presses, 3. Journal l'*Indicateur châlonnais*, hebdomadaire. Stéréotypie. Librairie classique et religieuse. Clientèle des forêts.

MONTALAN, rue Fructidor, éditeur-gérant du *Courrier de Saône-et-Loire*, politique, bi-hebdomadaire. Compositeurs, 7; imprimeurs, 4; presses en fer, 3. Clicherie. Clientèle du canal du Centre, mairie, sous-préfecture, tribunal civil et navigation de la Saône. Labeurs.

CHAROLLES.

DAMELET, éditeur de l'*Echo du Charollais*, hebdomadaire. Compositeur, 1; amphibie, 1; presses, 2. Impressions diverses.

LOUHANS.

POINET, éditeur de la feuille les *Annonces judiciaires de Louhans*, paraissant irrégulièrement. Pas de personnel, le patron faisant tout par lui-même. Une presse.

MACON.

PROTAT, imprimeur de la préfecture, éditeur du *Journal de Saône-et-Loire*. Compositeurs, 9; imprimeurs, 4; conducteur de mécanique, 1; tourneurs, 3; margeur, 1; presses en fer, 4; mécanique, 1. Beaucoup d'ouvrages de ville.

ROBERT. Compositeurs, 2; imprimeur, 1; presse en fer, 1.

ROMAND. Compositeur, 1. Le patron est pressier. Une presse.

En résumé, les huit imprimeries de Saône-et-Loire procurent du travail à 31 compositeurs, à 15 imprimeurs, à 2 amphibies et à 1 conducteur. Leur matériel comporte 16 presses et 2 mécaniques.

La conscience est de 3 francs pour dix heures dans Saône-et-Loire. Le mille y vaut 40 cent. et les heures accidentelles de conscience 40 cent. aussi.

SARTHE.

8 imprimeries, 4 journaux.

LE MANS.

GALLIENNE.

JULIEN, LANIER et Cᵉ, éditeurs du journal l'*Union*. Cette imprimerie est la plus considérable du département.

MONNOYER, éditeur de l'*Annuaire de la Sarthe*.

LA FLÈCHE.

JOURDAIN, éd. de l'*Echo du Loir*, hebd.

SABLE.

V. CHOISNET.

MAMERS.

FLEURY, édit. du *Journal de Mamers*, hebdomadaire.

SAINT-CALAIS.

PELTIER, éditeur du *Journal de l'Arrondissement de Saint-Calais*, hebdom.

CHATEAU-DU-LOIR.

BOURGOIN.

SEINE.

91 imprimeries, 470 publications périodiques.

(Voir pages 6, 7, 8 et 9.)

SEINE-ET-MARNE.

11 imprimeries, 6 journaux.

(Voir pages 46, 47 et 48.)

SEINE-ET-OISE.

18 imprimeries, 10 journaux.

(Voir pages 46, 47 et 48.)

SEINE-INFÉRIEURE.

35 imprimeries, 19 journaux.

BOLBEC.

VALIN, éditeur du *Journal de Bolbec*, hebdomadaire.

DARNÉTAL

FRUCHART.

DIEPPE.

Société DELVOYE (Émile) LEFEBVRE et LEVASSEUR, rue Duquesne, 3. Réunion des trois brevets et du matériel des trois imprimeries, et par contre absorption de tous les travaux de la ville et des environs dans cet unique atelier. Compositeurs, 10; imprimeurs, 4; presses en fer, 4; presse Selligue, 1; mécanique pour le tirage des grandes affiches, 1; presse lithographique, 1. Journal la *Vigie de Dieppe*, semi-quotidien; le *Journal des Baigneurs*, une fois par semaine, pendant la saison des bains.

ELBEUF.

BARBÉ.

LEVASSEUR (Jean-Simon).

LEVASSEUR (Louis-Paul), éd. du *Journal d'Elbeuf*, hebdomadaire.

FÉCAMP.

DEHA.

J. VASSELIN, éditeur du *Journal de Fécamp*, heddomadaire.

GOURNAY-EN-BRAY.

ANDRIEUX.

LETAILLEUR.

GRAVILLE.

PRUDHOMME, éditeur de l'*Echo du Havre*, hebdomadaire.

LE HAVRE.

H. BRINDEAU et Cᵉ, imprimeur du *Journal du Havre*, quotidien; de la *Revue de la Semaine*, hebdomadaire, et de l'*Almanach du Havre*.

CARPENTIER et Cᵉ, imprimeur du *Courrier du Havre*, quotidien.

HUE, imprimeur du *Phare*.

LEMALE.

J. LENORMAND DE L'OSIER.

LEPELLETIER.

INGOUVILLE

ROQUENCOURT éd. du *Journal de l'Arrondissement*, hebdomadaire.

MONTIVILLIERS.

HÉBERT.

NEUFCHATEL-EN-BRAY.

DUVAL.

Vᵉ FERAY, édit. de l'*Echo de la Vallée*, hebdomadaire.

ROUEN.

BRIÈRE (Désisle), successeur de Duval, rue Saint-Lô, 7. Brevet de 1829. Prote, Giroux. Compositeurs, 14; imprimeurs, 2; presses, 4; mécaniques, 2. Le *Journal de Rouen*, quotidien, politique.

DELAUNAY, successeur de Blocquel, rue aux Juifs, 39. Brevet de 1849. Compositeurs, 2; imprimeur, 1; presses, 2.

F. et A. LECOINTE frèr., ancienne maison François Marie, rue Cauchoise, 6. Brevet de 1845. Prote, Defosse; premières consciences, Lachèvre et Surville. Compositeurs, 5; imprimeurs, 4; presses, 5; mécanique en blanc, Dutartre, 1.

MÉGARD et Cᵉ, édit. de la *Bibliothèque*

morale de la Jeunesse, anciennes maisons Mégard père et Lecrène-Labbey, Grand'Rue, 156, et rue du Petit-Puits, 21. Brevet de 1844. Directeur-associé, Vimont; prote, Niel; pemière conscience. Date. Compositeurs, 12; imprimeur, 1; presses, 4; mécaniques mues par la vapeur, 3. Spécialité d'ouvrages religieux et classiques.

E. PÉRIAUX, sucesseur de Ve Ferrand, rue Percière, 26. Brevet de 1820. Prote, Fagant. Compositeurs, 3; imprimeur, 1; presses, 4. Un magasin de papiers est joint à l'établissement.

PÉRON, successeur de N. Périaux, rue de la Vicomté, 55. Brevet de 1843. Prote, Duclos; première conscience, C. Longé. Compositeurs, 5; imprimeurs, 2; presses, 4; mécanique. Publication : l'*Almanach de Rouen* et l'*Annuaire des départements de la Seine-Inférieure et de l'Eure*, format in-12, de 900 pages (57e année). C'est dans cette maison que s'imprimait depuis fort longtemps la *Revue de Rouen*, recueil mensuel, qui a cessé de paraître, ainsi que la *Jurisprudence de la Cour d'Appel*, par M. Troussel-Dumanoir. Cette dernière publication est réunie à celle qui se publie à Caen sous le même titre.

RENAUX, successeur de Moget-Feret, rue de l'Hopital, 25. Brevet de 1852. Compositeurs, 2; imprimeur, 1; presses, 2. Journal les *Petites Affiches de Rouen*, feuille d'annonces hebdomadaire.

RIVOIRE, rue St-Etienne-des-Tonneliers, 1. Brevet de 1843. Prote, Jamais. Compositeurs, 12; imprimeur, 1; presses, 3; mécanique, 1. Journal le *Nouvelliste de Rouen*, ancien *Mémorial*, politique, quotidien.

SAINT-EVRON (Pierre), rue de la Vicomté, 15. Brevet de 1853. Prote, Hébert; première conscience, Cagnard. Compositeurs, 4; imprimeurs, 2; presses, 4; mécanique, 1. Journal la *Normandie*, quotidien, politique, qui se fait en partie avec les clichés de la *Patrie* et s'imprime rue des Charettes, succursale de l'imprimerie. Matériel particulier, compositeurs, 9; mécanique, 1.

Ve SURVILLE, rue des Bons-Enfants, 46. Brevet de 1849. Prote, Hardy. Compositeurs, 3; imprimeurs, 2; presses, 3.

TRUFFAULT, rue Cauchoise, 65. Brevet de 1832. Compositeur, 1; imprimeur, 1; presses, 2.

Ainsi, Rouen occupe 70 compositeurs, 17 imprimeurs et 10 conducteurs de mécaniques. Les imprimeries renferment 33 presses à bras. Je ne parle pas des lithographies, qui, au nombre de 15, occupent 45 presses et 15 écrivains ou graveurs sur pierre, ces détails étant, cette année, étrangers à ma publication.

SAINT-VALERY-EN-CAUX.

G.-A. GAMOT, éditeur du *Pays de Caux*, journal hebdomadaire.

YVETOT.

E. BRUNET, édit. de l'*Abeille cauchoise*, hebdomadaire.

Ve PIMONT, éditeur de l'*Echo d'Yvetot*, hebdomadaire.

SÈVRES (Deux-).

7 imprimeries, 8 journaux.

BRESSUIRE.

BAUDRY, éditeur du *Bressuirais*, hebd. Compositeur-imprimeur, 1; presse, 1.

MELLE.

C. MOREAU, éditeur de l'*Écho de Melle*, hebdomadaire. Compositeur, 1; imprimeur,

1; presses, 2. Clientèle de travaux de ville exécutés avec une certaine recherche.

NIORT.

GILLET, place du Château. Brevet de 1849. Compositeurs, 2; imprimeur, 1; presses, 2. Clientèle du théâtre et de quelques administrations.

Mme MORISSET, rue des Halles. Prote, Desprêz. Compositeurs, 6; imprimeurs, 2; presses à bras, 3; mécanique, 1. Journal le *Mémorial des Deux-Sèvres*, deux fois par semaine. Publication : l'*Annuaire des Deux-Sèvres*. Clientèle, la préfecture et la mairie. Cette maison a édité, il y a déjà quelque temps, les œuvres de Jacques Bujault, cultivateur dont la réputation est européenne.

ROBIN et L. FAVRE, rue Saint-Jean, 6. Brevet de 1831. Prote, A. Collet. Compositeurs, 10; imprimeurs, 2; presses à bras, 3; mécanique, 1. Journaux : la *Revue de l'Ouest*, 3 fois par semaine; le *Journal de la Société d'Agriculture*, mensuel; le *Journal de la Société d'Horticulture*, mensuel; le *Journal de la Société de Statistique*, mensuel. Clientèle d'ouvrages de ville, alimentation de labeurs. Cette maison a publié deux livres recommandables : la *Bibliothèque historique du Poitou* et les *Monuments du Poitou*. Elle édite encore une foule d'ouvrages pour l'instruction primaire et pour étrennes; depuis un an surtout, elle a enrichi la librairie de jolies éditions dont voici les titres : l'*Histoire des principales villes de France, Trois Époques de l'Histoire de France, Faits mémorables de l'histoire d'Angleterre, Règnes mémorables de l'Histoire de France et Duguesclin et Jeanne d'Arc*. Ces différents ouvrages sont presque tous dus à la plume exercée et élégante de M. L. Robin, l'un des associés.

PARTHENAY.

V. BAUDRY, édit. du *Gâtinais*, hebdomadaire. Compositeur-imprimeur, 1; presse, 1. Cet imprimeur vient de succéder tout récemment à M. Bouchet-Sauzeau.

SAINT-MAIXENT.

REVERSÉ, Compositeur, 1; imprimeur, 1; presses, 2. Clientèle d'ouvrages de ville soigneusement exécutés. Bien que modeste, cet atelier a mené à bonne fin d'importants travaux parfaitement faits.

Somme toute, les imprimeries des Deux-Sèvres occupent les bras de 22 compositeurs et de 9 imprimeurs; elles renferment 14 presses et 2 mécaniques. Les ouvriers y sont pour ainsi dire tous à la journée, avec un gain de 2 fr. à 2 fr. 50 c. par jour. Sauf dans l'atelier de MM. Robin et L. Favre, où il se fait des labeurs, les travaux se réduisent partout à des ouvrages de ville.

SOMME.

12 imprimeries, 10 journaux.

ABBEVILLE.

BRIEZ, éditeur de l'*Almanach d'Abbeville*, dans l'atelier duquel s'imprime l'*Abbevillois*, hebdomadaire. 2 presses Selligue.

JEUNET, propriétaire du *Pilote de la Somme* et d'un *Annuaire*. Une mécanique.

AMIENS.

CARON (Alfred), rue des Trois-Cailloux. Brevet de 1838. Première conscience, L. Lefebvre; compositeurs, 8; imprimeurs, 3; presses à bras en fer, 3; mécanique en blanc de Chevalier et Cie, 1. Matériel considérable en caractères de labeurs, d'affiches et de fantaisie; 6,000 vignettes de genre. Journal le *Commerce de la Somme*, hebdomadaire, non politique, ouvert aux annonces locales. Clientèle, la mairie, le commerce, les notaires. Spécialité pour les couvertures et les affiches. Labeurs pour Paris. M. Alfred Caron a édité un grand et magnifique ouvrage sur les *Églises et les Châteaux de la Picardie*, ainsi qu'un *Guide dans Amiens* et une *Notice sur la Cathédrale*. Comme annexes à son imprimerie, cette maison possède une lithographie de deux presses, un atelier pour la gravure de caractères d'affiches, un atelier de reliure, une luxueuse librairie-papeterie, un cabinet de lecture et une fonderie-stéréotypie au papier et au plâtre, qui produit de fort belles choses : cela n'étonnera personne quand on saura que M. A. Caron est un des fondateurs de la stéréotypie Petin, de Paris, à qui l'exposition de 1835 décerna une médaille d'argent.

CARON ET LAMBERT, ancienne maison Caron-Vitet, fondée en 1813. Premières consciences, Jourdain et Calmont; compositeurs, 10; imprimeurs, 6; presses en fer, 4; mécanique Dutartre en blanc, 1. Journal le *Publicateur*, hebdomadaire. Clientèle, l'évêché, l'académie, les ponts-et-chaussées et des livres classiques. Spécialité, les *Almanachs picards*, la liturgie et les livres religieux. Cette imprimerie est aussi en possession d'une stéréotypie au papier, d'une librairie et d'une papeterie, auxquelles est adjoint un magasin de papiers peints.

CHALLIER, rue des Jeunes-Matins. Brevet du 15 décembre 1851. Prote-metteur en pages, Solange; compositeurs, 10; imprimeurs, 1; presse en bois, 1; mécanique à deux cylindres de Girodot, 1. Journal le *Mémorial d'Amiens*, fondé en octobre 1851 et désigné pour les annonces légales : tirage à 1,100 exemplaires.

DUVAL ET HERMENT, place Périgord, ancienne maison Raoul Machart. Prote, Massart; compositeurs, 12; imprimeurs, 6; presses en fer, 6: mécanique à deux cylindres de Girodot mue par la vapeur, 1. Matériel considérable. Clientèle, la préfecture, la recette générale, la Société des Antiquaires, l'académie, labeurs pour Paris. Plusieurs ouvrages illustrés se tirent avec soin dans cette maison, à laquelle est annexée une lithographie de deux presses.

LENOEL-HEROUART, rue des Rabuissons, ancienne maison Ledieu. Compositeurs, 4; imprimeurs, 2; presses en fer, 3; mécanique en blanc de Dutartre, 1. *Journal d'annonces*, hebdomadaire. Clientèle, l'évêché, les contributions, des livres classiques et liturgiques et des ouvrages de ville.

YVERT, rue Sire-Firmin-Leroux, ex-maison Boudon-Caron, la plus ancienne imprimerie d'Amiens. Compositeurs, 9; imprimeurs, 2; presses, 3; mécanique Thonnelier à deux cylindres, 1. Clientèle, le théâtre, la Société Philharmonique, celle des Amis des Arts, des ouvrages de ville. Journal l'*Ami de l'Ordre*, quotidien, tiré à 600 exemplaires.

E. TROUVAIN, fondeur en caractères, rue des Corroyers. qui emploie la galvanoplastie pour le clichage.

En résumé, Amiens compte de 50 à 60 compositeurs et 20 imprimeurs, possède 20 presses et 6 mécaniques. Le gain de la conscience est de 2 fr. 50 à 3 fr., selon les mérites. La journée est de dix heures. Le prix du mille est de 40 c., manuscrit ou réimpression. Les mises en pages se font en conscience. 20 compositeurs sont employés aux journaux. On se plaint à Amiens de la proximité de Paris, qui nuit aux affaires, ce qui fait que les prix en souffrent, et cela d'autant plus que la concurrence est excessive dans l'endroit. Amiens se plaint, c'est son droit, et la cause de cette plainte est sans doute les soins, le luxe, la perfection déployés à Paris ; mais, à son tour, est-ce que la capitale ne pourrait pas se plaindre des villes qui l'entourent, et qui nuisent considérablement à ses affaires par leur bon marché, surtout depuis l'achèvement des lignes de fer et l'abaissement des transports par la poste? Les griefs sont donc égaux de part et d'autre.

DOULLENS.

GROUSILLIAT, éditeur de l'*Authie*, hebd.

MONTDIDIER.

RADENEZ, une mécanique et un journal hebdomadaire, le *Propagateur picard*.

PÉRONNE.

QUENTIN, édit du *Journal de Péronne*. Il y a une autre feuille dans cette ville, la *Gazette de Péronne, écho de Santerre*, qui s'imprime chez MM. Cottenest frères, à Saint-Quentin (Aisne).

ROYE.

LEMÉNI.

TARN.

7 imprimeries, 5 journaux.

ALBI.

PAPAILHAU, éd. du *Journal d'Albi*, heb. RODIÈRE.

CASTRES.

ABEILHOU (Victor). Compositeurs, 2; imprimeur, 1. Journal l'*Echo du Tarn*, hebdomadaire. Clientèle des établissements religieux de la ville et de l'arrondissement.

Ve GRILLON, imprimerie exploitée actuellement par M. Adrien Rey, propriétaire-gérant de l'*Aigle du Tarn*, feuille politique, ouverte aux annonces légales. Prote, Terrisse. Compositeurs, de 3 à 4; imprimeurs, 2. Clientèle des percepteurs, de la Société biblique et quelques ouvrages de ville.

J.-L. PUJOL, rue Neuve-Castelmontou, 3. Prote, Nouguier. Compositeurs, 4; imprimeurs, 2; presses à bras, 2. Le *Castrais, courrier du Tarn* (15e année). hebdomadaire, désigné pour les annonces judiciaires, lequel a cessé d'être politique depuis le 2 décembre 1851. Clientèle, quelques labeurs de peu d'importance, les impressions des administrations et des officiers ministériels de la ville, celles des comices agricoles, du commerce et du théâtre.

GAILLAC

CESTAN, éd. du *Journal de Gaillac*, heb.

LAVAUR.

Ve VIDAL.

TARN-ET-GARONNE.

6 imprimeries, 3 journaux.

CASTEL-SARRAZIN.

CONDEL.

MÉZAMAT, éditeur du *Messager de Castel-Sarrazin*, hebdomadaire.

MOISSAC.

G. LARNAUDÈS.

MONTAUBAN.

L. DUBOIS, édit. du *Courrier de Tarn-et-Garonne*.

FORESTIÉ père et fils et Ce, éditeurs du *Journal de Tarn-et-Garonne*, hebdomadaire, et de l'*Annuaire du département*.

LAPIE-FONTANEL.

VAR.

12 imprimeries, 6 journaux.

AUBAGNE.

A.-D. JAMMES.

BRIGNOLLES.

PERREYMOND-DUFORT, édit. du *Journal de Bressuire*, feuille d'annonces hebdom.

DRAGUIGNAN.

BERNARD, éd. du *Journal du Var*, hebd.
FABRE.
GARCIN.

GRASSE.

DUFORT (Pierre), éditeur du *Journal de Grasse*, hebdomadaire.
DUFORT (Jean-Baptiste).

TOULON.

AUREL frères, éditeurs du *Toulonnais*, semi-quotidien.
BAUME (veuve).
BELLUE (brevet inexploité).
FABRI.
GUIBERT, éditeur des *Affiches de Toulon*, hebdomadaire.
LAURENT, éditeur de la *Sentinelle de la Méditerranée*, semi-quotidien.

VAUCLUSE.

15 imprimeries, 7 journaux.

APT.

JEAN, éditeur du *Mercure aptésien*, hebdomadaire. Compositeurs, 3; imprimeur, 1;
L. CLAUZEL. Compositeur, 1; imprimeur, 1.

AVIGNON.

T. AUBANEL, imprimeur de Sa Sainteté Pie IX, fondeur et libraire, rue Saint-Marc, 7. Compositeurs, 8; imprimeurs, 3; fondeurs, 12.
BONNET fils, rue Boucquerie. Prote, Raymond. Compositeurs, 9; imprimeurs, 4. Journal le *Mémorial de Vaucluse*, deux fois par semaine.
FISCHER aîné, rue des Ortolans, 4. Compositeurs, 4; imprimeurs, 2. Journ. le *Commerce*, hebdomadaire.
GUICHARD (veuve) [brevet inexploité].
JACQUET, rue Saint-Marc. Compositeurs, 3; imprimeurs, 2.
OFFRAY, place Saint-Didier. Compositeurs, 2; imprimeur, 1.
PEYRI.
RASTOUL (brevet inexploité).
SÉGUIN aîné, imprimeur de la *Bibliothèque populaire et catholique*, rue Boucquerie. Compositeurs, 7; imprimeurs, 4.

CARPENTRAS.

DEVILLARIO, Porte-Mouteux, Compositeurs, 3; imprimeurs, 2; presse mécanique, 1. Journal le *Conciliateur*, feuille littéraire, fondée en 1849, désignée pour les annonces. Clientèle le tribunal, ouvrages de ville et labeurs.
DORNAND.
GAUDIBERT (brevet inexploité).
Ve PROYET, rue Bouquerie, 1. Compositeur, 1; imprimeur, 1; presse à Stanhope, format colombier, 1; presse mécanique pour les affiches, 1. Journal l'*Echo de Ventoux*, hebdomadaire (14e année), désigné pour les annonces judiciaires. Clientèle, la sous-préfecture, la mairie, le collège, le théâtre, la ferme-école, le mont-de-piété et beaucoup d'ouvrages de ville.
PROYET fils. Cet imprimeur forme à lui seul tout le personnel de la maison. Presse en fer ne tirant que le carré. Brevet de 1848. Journal l'*Indicateur*, fondé en 1849, désigné pour les annonces. Clientèle d'ouvrages de ville.

ORANGE.

CLAUZEL, éditeur du *Journal d'Orange*, hebdom. Compositeurs, 3; imprimeur, 1.
ESCOFFIER (brevet inexploité).
RAPHEL.

En résumé, le département de Vaucluse procure du travail à un nombre de compositeurs qui flotte entre 50 et 60; il emploie de 25 à 30 imprimeurs et ne possède encore qu'une mécanique. La conscience y est de 2 fr. 50 cent. pour dix heures. Le travail aux pièces est établi à forfait, c'est-à-dire à tant la feuille, mode de comptage qui amène des variations de hausse et de baisse dans le prix du mille, qui est, en moyenne, à 37 c. 1/2.

VENDÉE.

6 imprimeries, 4 journaux.

FONTENAY-LE-COMTE.

FILLON (Edmond), rue Royale, 20. Compositeurs, 3; imprimeurs, 2; presses en fer, 2; presse en bois, 1. Clientèle, sous-préfecture, tribunal, officiers ministériels, administrations de l'arrondissement, ouvrages de ville, théâtre, société de secours mutuels, société des Marais mouillés, dépôts de remonte, etc. Journal la *Gazette vendéenne*, journal d'annonces, hebdomad. Publication : le *Grand Almanach Vendéen*, tiré annuellement à 50,000 exemplaires. Librairie.
ROBUCHON, Grande-Rue, éditeur de l'*Indicateur*, feuille d'annonces hebdomadaire. Compositeur, 1; imprimeur, 1; presse en fer, 1; presse en bois, 1. Publication : l'*Almanach national du département de la Vendée*, tiré à 5 ou 6,000 exemplaires. Librairie. Clientèle formée d'ouvrages de ville et des impressions de la mairie.

LUÇON.

F. BIDEAUX, rue des Gentilshommes, 5. Prote, L. Chopin. Compositeurs, 6; imprimeurs, 2; presses en fer, 2; presse en bois, 1. Clientèle, l'évêché, ouvrages de ville et labeurs. Librairie.

NAPOLÉON-VENDÉE.

C.-L. IVONNET, rues Lafayette et de la Préfecture, éditeur du *Publicateur*, journal d'annonces hebdomadaire. Presse mécanique, 1. Clientèle du tribunal et de quelques administrations. Librairie.
LECONTE (Camille), imprimeur de la préfecture et de quelques administrations, installé dans l'hôtel préfectoral.

LES SABLES-D'OLONNE.

DEPIERRIS (brevet inexploité).
J. LAMBERT, éditeur du *Sablais*, feuille d'annonces hebdomadaire. Compositeurs, 1; imprimeur, 1; presses, 2. Clientèle, la mairie, le séminaire, les administrations de l'arrondissement, les officiers ministériels, et des ouvrages de ville. Papeterie.

Dans la Vendée, les typographes sont généralement en conscience; leur salaire varie de 2 fr. à 2 fr 50 c., selon le mérite des ouvriers; mais il faut dire aussi que la nourriture et le logement y sont à très bon compte. Il y a eu quelques tentatives de travaux payés à 40 cent. le mille, mais ce mode équitable de salaire n'a pas pu s'implanter définitivement dans le pays.

VIENNE.

8 imprimeries, 7 journaux.

CIVRAY.

P.-A. FERIOL, éditeur de l'*Echo de la Vienne*, hebdomadaire.

CHATÉLLERAULT.

A. RIVIÈRE, édit. de la *Vienne*, hebdom.
VARIGAULT, éditeur de l'*Echo de Châtellerault*, hebdomadaire.

LOUDUN.

BRUNEAU, édit. du *Journal de Loudun*, hebdomadaire.

MONTMORILLON.

VENTEL.

POITIERS.

BERNARD, éditeur de l'*Echo de l'Ouest*.
DUPRÉ, impr. du *Journal de la Vienne*.
OUDIN, propriétaire-gérant de l'*Abeille*.

VIENNE (Haute-).

12 imprimeries, 2 journaux.

BELLAC.

CLOCHARD.

ISLE.

ARDANT.

LIMOGES.

ARDANT (Martial) frères, éditeurs de la *Bibliothèque religieuse, morale, littéraire, pour l'Enfance et la Jeunesse.*
ARDILLIER fils, imprimeur du *Courrier de Limoges*, hebdomadaire.
ARDILLIER père.
BARBOU frères.
CHAPOULAUD frères, imprimeur de la préfecture et du journal le *Vingt-Décembre*, semi-quotidien.
H. DECOURTIEUX, édit. de l'*Annuaire*.
MARMIGNON.

ROCHECHOUART.

BARRET (Jean-Baptiste).

SAINT-JUNIEN.

BARRET (Nicolas).

SAINT-YRIEIX-LA-PERCHE.

J.-E. NOYER.

VOSGES.

11 imprimeries, 6 journaux.

CHARMES - SUR - MOSELLE.

BUFFET. Conscience : compositeurs, 2; imprimeurs, 2; presses à bras, 2. Almanachs et canards pour les colporteurs.

EPINAL.

CABASSE (Alex.), rue du Collège, 21. Conscience et pièces : compositeurs, 7; imprimeurs, 2; presses à bras, à la Stanhope, 2. Le *Journal des Vosges*, paraissant trois fois par semaine. Clientèle, conservation et inspection des forêts; contributions indirectes, comices d'Epinal et de Rambervillers; affiches pour MM. les avoués, notaires, huissiers, spectacle; têtes de lettres pour les administrations et les particuliers, billets de morts, lettres de faire-part, cartes de visite, etc., etc.

Ve GLEY. Conscience et pièces : compositeurs, 10; imprimeurs, 8; presses à bras, 4. Journal le *Courrier des Vosges*, feuille de la préfecture, désignée pour les annonces judiciaires du département. Clientèle, impressions de la préfecture, de la Société d'émulation, des contributions directes, des percepteurs, etc. Publication : l'*Annuaire des Vosges*.

PELLERIN et Ce. Conscience : compositeurs, 2; imprimeurs, 10; presses à bras, 5. Cette imprimerie jouit d'une réputation colossale et déjà bien vieille : c'est elle qui édite ces images, ces estampes, ces gravures grossièrement faites dont les colporteurs inondent les campagnes. Elle emploie d'un bout de l'année à l'autre 40 ouvriers à ce travail, auquel est jointe l'impression de cartes à jouer. M. Pellerin et Ce édite aussi des livres de dévotion et des petits livres qui portent la dénomination générique de *Bibliothèque bleue*.

MIRECOURT.

FRICADEL-DUBIEZ. Conscience : compositeurs, 2; imprimeurs, 4; presse à bras, 2. Librairie de dévotion.
HUMBERT. Conscience et pièces : compositeurs, 6; imprimeurs, 4; presses à bras, 4. La *Presse vosgienne*, paraissant une fois par semaine. Magasin de reliure et de registres. Librairie classique et de dévotion

NEUFCHATEAU.

BEAUCOLIN-ROBIN. conscience : compositeurs, 2; imprimeurs, 2; presses à bras, 2. L'*Abeille des Vosges*, hebdomadaire.
MONGEOT (veuve). Conscience : compositeurs, 2; imprimeur, 1; presse à bras, 2. Librairie.
PÉTRI (brevet inexploité).

RAMBERVILLERS.

MÉJEAT. Conscience : compositeurs, 2; imprimeur, 1. Clientèle. têtes de lettres, cartes de visites, affiches. Librairie classique et de dévotion. Cabinet de lecture et lithographie.
MEJEAT (François), brevet inexploité.

RAON-L'ETAPE.

JEANNETTE. Conscience : compositeur, 1; imprimeur, 1; presse à bras, 1.

REMIREMONT.

MOUGIN. Conscience : compositeurs, 2; imprimeur, 1; presses à bras, 2. L'*Echo des Vosges*. hebdomadaire. Presses lithographiques, 2.

SAINT - DIÉ.

TROTTOT fils. Conscience : compositeurs, 3; imprimeurs, 2; presses à bras, 2. Clientèle de l'évêché, de la sous-préfecture, du comice agricole. Presses lithographiques, 2. Les *Petites Affiches*, hebdomadaire.

YONNE.

8 imprimeries, 9 journaux.

AUXERRE.

BOUDIN, imprimeur de l'*Abeille*, hebd.
DUCROS (brevet inexploité).
GALLOT, rue Croix-de-Pierre. Compositeurs, 5; imprimeurs, 2; presses en fer, 2; presse Selligue, 1. Journal l'*Yonne*, feuille d'annonces. Publication : l'*Almanach historique et statistique du Département*. Clientèle d'une partie des impressions de la préfecture.
PERRIQUET et Ce, rue de Paris, 31. Correcteur, 1. Compositeurs, 13; imprimeurs, 4; presse en fer. 4; mécanique, 1; presses lithographiques, 3. Journaux : la *Constitution*, ouvert aux annonces judiciaires; le *Journal du Manuel des Notaires*. Publications : l'*Annuaire de l'Yonne*, le *Bulletin de la Société des Sciences historiques et Naturelles de l'Yonne*, le *Cartalaire* et la *Bibliothèque historique de l'Yonne*, publiées par la même société, etc. Clientèle, la préfecture, la mairie, les contributions directes, etc. Librairie.

AVALLON.

HERLOBIG, édit. du *Journal d'Avallon*, hebdomadaire.

JOIGNY.

ZANOTTE fils, édit. du *Journal de l'arrondissement de Joigny*, hebdomadaire.

SENS.

CHAPU, éditeur de l'*Indicateur*.
DUCHEMIN, éditeur du *Sénonais*, hebd.

TONNERRE.

HÉRISÉ, éditeur du *Tonnerrois*.

Dans l'Yonne, la conscience est de 3 fr. Le mille de lettres vaut 35 centimes.

STATISTIQUE

DES

OUVRAGES IMPRIMÉS EN FRANCE

ou

PART DE PRODUCTION

ATTRIBUÉE AUX 614 IMPRIMEURS QUI ONT CONCOURU A L'IMPRESSION

DES 7,992 OUVRAGES

Sortis des presses typographiques françaises en 1853,

Établie d'après la Bibliographie de la France. (1)

Ordre d'importance.	LISTE ALPHABÉTIQUE des MAISONS QUI ONT IMPRIMÉ DES OUVRAGES en 1853.	Nombre d'ouvrages imprimés.	Nombre de feuilles que comportent ces ouvrages.
	Abadie, Constantine, Algérie.	1	1
	Abeilhou, Castres, Tarn....	2	3 1/2
	Achard, Verneuil, Eure.....	1	1/2
86	Adam d'Aubers, Douai, Nord	6	192
374	Allien, Etampes, Seine-et-O.	1	9 1/2
	Allier père et fils, Grenoble.	2	12 1/4
	Alzine, Perpignan, Pyr.-Or.	3	8
310	Ancillon (Ve), Vic, Meurthe.	1	20 1/2
236	Anner, Brest, Finistère.....	3	33 1/2
139	Appert et Vavasseur, Paris.	40	77
19	Arbieu, Poissy, Seine-et-Oise	99	1179
16	Ardant (Martial), Limoges..	148	1576
	Ardillier, Limoges, Hte-V...	3	6 1/2
	Arène, Nantua, Ain........	1	1/2
	Arnaud et Ce, Marseille....	3	6
138	Aubanel, Avignon, Vaucluse	8	77 3/4
373	Aubin, Aix, Bouches-du-R..	3	12
215	Aubusson (d'), Paris, Seine.	6	38 1/4
395	Aupetit, Montluçon, Allier..	3	10 1/2
152	Aurel, Toulon, Var........	12	66
323	Ayné (Ve), Lyon, Rhône....	2	18
33	Bailly, Divry et Ce, Paris...	71	644
169	Bajat (Eug.), Lyon, Rhône..	9	54 1/2
	Balarac je, Bordeaux, Gir..	1	1
386	Barassé, Angers, Maine-et-L.	4	11 3/4
223	Baratier, Grenoble, Isère...	4	36
	Barbat, Châlons, Marne.....	1	1
	Barbier, Argentan, Orne....	1	1
113	Barbier et Deckherr, Montbéliard, Doubs........	22	113
40	Barbou, Limoges, Haute-V..	83	580
	Baret, Mulhouse, Haut-Rhin.	2	4
176	Barlatier-Feissat, Marseille..	9	51 1/2
	Barret, Lyon, Rhône........	2	4 1/2
	Barrière, Agen, Lot-et-Gar..	4	6 1/2
270	Bastide, Alger, Algérie.....	5	25 3/4
235	Bastien, Toul, Meurthe......	5	33 1/2
111	Batault-Morot, Beaune......	8	121
350	Baudot, Troyes, Aube.......	4	15 1/4
	Baudre, Honfleur, S.-Infér..	1	1
A reporter.		584	4884

Ordre d'importance.	LISTE ALPHABÉTIQUE des MAISONS QUI ONT IMPRIMÉ DES OUVRAGES en 1853.	Nombre d'ouvrages imprimés.	Nombre de feuilles que comportent ces ouvrages.
	Reports. . .	584	4884
	Baume (Ve), Toulon, Var....	4	6
301	Bayret (Martin), Toulouse...	4	21 1/4
394	Bazouge, Dinan, Côt.-du-N.	2	10 1/2
77	Beau, Saint-Germain, S.-O.	20	216
103	Beau. Versailles, Seine-et-O.	14	134
	Beaufort, Cherbourg, Manch	1	3 1/4
104	Beaulé, Paris, Seine........	64	134
184	Bégat, Nevers, Nièvre.......	3	47 1/2
95	Belin-Mandar, Saint-Cloud..	11	150
64	Bénard et Ce, Paris, Seine..	24	299
	Berger fr., Boulogne, P.-de-C.	2	7
49	Berger-Levrault, Strasbourg	77	440
240	Bernard, Draguignan, Var.	4	32 3/4
	Bernard, Poitiers, Vienne...	2	8
98	Best, Paris, Seine..........	8	139
	Betoulle (Ve), Guéret, Creuse.	2	1 1/4
287	Bideaux [Ferru] (2), Luçon, V.	2	24 1/2
	Billet, Salins, Jura........	1	7 1/4
144	Blecquel-Castiaux, Lille, N..	18	74 1/2
58	Blondeau, Paris, Seine.....	30	385
	Blondeau-Dejussieu, Beaune	1	2
	Blot, Quimper-Corentin, Fin.	1	8
116	Bœhm, Montpellier, Hérault.	21	110
294	Boisseau, Paris, Seine......	12	22
12	Bonaventure. Paris, Seine..	140	1750
172	Bonnal et Gibrac, Toulouse.	8	52
363	Bonnaviat et Fonville-Brunet [Brunet], Lyon, Rhône....	3	13
	Bonnet, Alençon, Orne......	1	1
	Bonnet, Cette, Hérault......	2	4 3/4
317	Bonnet fils. Avignon, Vaucl.	5	19 1/4
195	Bonvalot, Besançon, Doubs..	6	43 3/4
151	Boucart, Epernay, Marne...	5	68 1/2
48	Bouchard (Mme), Paris, Seine	40	453
327	Boucharie, Périgueux, Dord.	3	17 3/4
234	Boucher-Moreau, Anzin, Nord	2	33
326	Boucquin, Paris, Seine.....	11	17
121	Bourquot, Troyes, Aube.....	13	107
291	Boultes, Limoux, Aude.....	1	23 1/4
A reporter. .		1152	9362

(1) Voir la note placée au bas de la page 13.
(2) Les noms placés entre deux crochets, à côté des imprimeurs classés par ordre alphabétique, sont ceux des prédécesseurs qui ont imprimé dans l'année quelques ouvrages sous leur nom avant de céder leur atelier. La production annuelle de l'ancien comme du nouvel Imprimeur est portée ici pour une seule et même Maison.

Ordre d'importance	LISTE ALPHABÉTIQUE des MAISONS QUI ONT IMPRIMÉ DES OUVRAGES en 1853.	Nombre d'ouvrages imprimés.	Nombre de feuilles que comportent ces ouvrages.
	Reports.........	1152	9362
	Bourget, Alger, Algérie.....	2	4
	Bourron, Montélimar, Drôme	1	4 1/2
124	Boursy, Lyon, Rhône......	8	95
362	Bouserez, Tours, Ind.-et-L.	4	13 3/4
322	Boussard (Mlle), Louviers, E.	2	18 3/4
251	Boutais, La Rochelle, Ch.-I...	7	30 1/4
	Bouyet, Aubusson, Creuse..	1	1
194	Brassac, Cahors, Lot.......	3	43
94	Brière, Paris, Seine......	37	152
393	Brière, Rouen, Seine-Infér.	5	10
	Briez, Abbeville, Somme....	2	3 1/2
	Brindeau, Havre, Seine-Inf.	2	4 3/4
245	Brissy, Arras, Pas-de-Calais.	5	31 1/4
	Brunet, Yvetot, Seine-Infér.	1	1/8
	Buffet, Charmes-sur-Moselle	3	1 1/4
372	Buhour, Caen, Calvados...	2	12 1/4
	Busseuil, Nantes, Loire-Inf.	4	3 1/4
355	Cabasse, Commercy, Meuse.	1	14 3/4
	Cabasse, Epinal, Vosges....	1	1/4
349	Caffé, Troyes, Aube........	6	15 3/4
	Caillard, Narbonne, Aude...	1	1/4
316	Canu, Evreux, Eure	3	19 1/4
255	Cardon, Troyes, Aube......	4	29
	Carette-Bondessein (Ve), Valognes, Manche..........	1	3/4
222	Carion, Cambrai, Nord....	4	36 3/4
148	Carion père, Paris, Seine....	17	127
150	Caron (Alfred), Amiens, S...	11	68
	Caron et Lambert, Amiens.	1	3 1/2
110	Caron (Noël), Paris, Seine ..	16	122
	Carpentier, au Havre, S.-Inf.	3	6 1/2
	Carré (Ve), Paris, Seine.....	14	8
162	Carro, Meaux, Seine-et-M...	5	57 1/2
	Casner, Saint-Mihiel, Meuse.	1	1/2
212	Catel et Cie, Rennes, I.-et-V.	8	39 3/4
	Causserouge, Bordeaux, G..	5	8 1/2
244	Cavaniol, Chaumont, Hte-M.	3	31 1/4
192	Cazeaux, Toulouse, H.-Gar.	3	44 1/2
385	Cégretin, Bordeaux, Gironde	1	11 1/2
	Céret-Carpentier (Ve), Douai.	2	7 1/4
79	Cerf, Sèvres, Seine-et-Oise..	21	208
	Cestan, Gaillac, Tarn......	4	1
24	Chaix et Cie, Paris, Seine ...	65	877
354	Chaléat (Mme), Valence, Dr..	4	14 1/2
	Challier, Ancenis, Loire-Inf.	2	1 1/2
182	Chanoine, Lyon, Rhône.....	18	49 1/2
301	Chapoulaud, Limoges, H.-V.	7	21 3/4
164	Charpentier, Nantes, L.-I...	4	56
229	Chauffard, Marseille, B.-du-R.	2	34 1/4
62	Chauvin, Toulouse, Hte-G..	58	342
286	Chenevier et Chavet, Valence	4	24
	Chenu, Pithiviers, Loiret...	1	4 3/4
	Chevalier, Chateaubriant...	1	1 1/2
	Choisnet, Sablé, Sarthe.....	2	4
	Chrétien, Montargis, Loiret.	1	4
	Christophe, Paris, Seine....	4	1
309	Clappier, Marseille, B-du-R.	3	20 3/4
	Clauzel, Orange, Vaucluse..	1	1 1/2
3	Claye et Cie, Paris, Seine....	172	2398
361	Clerc (Ve), Belfort, H.-Rhin..	3	13 3/4
	Cochard, Rocroi, Ardennes.	1	5 1/2
156	Coignet-Darnaud, Orléans..	7	62 3/4
45	Collin, Plancy, Aube........	59	486
261	Combarieu, Cahors, Lot....	1	28
267	Constant aîné, Orléans, L..	3	27
	Cordier, Paris, Seine.......	4	5
	Corne, Toulouse, Haute-G...	1	1
134	Cosnier et Lachèze, Angers.	8	85 1/2
38	Cosse et Dumaine, Paris, S .	25	615
67	Cosson, Paris, Seine........	32	251
	A reporter.......	1872	16093
	Reports.........	1872	16093
	Costerousse (Ve), Evreux, E.	1	1
	Cotard, Issoudun, Indre...	1	1 1/4
	Cottu-Harlay, Noyon, Oise..	3	5 1/2
	Coudert, Bordeaux, Gironde.	2	4 1/4
	Courbet, Lons-le-Saulnier, J.	1	1 3/4
84	Cousin, Sézanne, Marne.....	4	198
4	Crété, Corbeil, Seine-et-M..	101	2105
371	Cristin, Montpellier, Hérault	3	12
228	Crugy (Ve), Bordeaux, Gir...	9	35 1/4
	Cuissac, Thiers, Puy-de-D..	1	1/2
	Daguineau, Lorient, Morbih.	1	7 1/2
	Daireaux, Coutances, Manch.	1	1 1/2
133	Daix, Clermont, Oise.......	39	87
299	Damelet, Charolles, S.-et-L.	2	21
78	Danel, Lille, Nord..........	16	213
260	Dannbach, Strasbourg, B.-R.	5	28
221	Dard cousins, Nancy, Meurth.	2	36
	Decamps, Soissons, Aisne..	1	1
209	Decker (Ve), Colmar, H.-Rhin	13	40 1/4
211	Degeorge (Mme), Arras......	4	39 1/2
	Delia, Fécamp, Seine-Infér..	1	1
66	Deis (Ve), Besançon, Doubs.	5	274
254	Dejussieu, Autun, S.-et-L..	5	29
266	Dejussieu, Châlon, S.-et-L...	3	27 1/4
	Dejussieu, Langres, H.-M..	2	1 1/8
130	Delacombe (Mme), Paris, Seine	31	89 1/2
	Delahais, Pont-l'Evêque, C..	2	3 1/4
	Delahodde, Boulogne.......	1	1
21	Delalain, Paris, Seine.......	147	1068
	Delamarre, Saint-Lô, Manch.	3	4
	Delaplace, Château-Gontier.	1	1/2
	Delaplace, Gap, Basses-Alpes	2	13
272	Delaporte, Caen, Calvados..	1	26 1/4
	Delarue, Bayeux, Calvados..	4	8 1/2
	Delevoye et Cie, Dieppe, S.-I.	5	72
171	Delmas, Bordeaux, Gironde.	7	53 3/4
126	Delos, Caen, Calvados......	13	94 3/4
271	Delsol, Toulouse, Haute-Gar.	3	26 1/4
18	Dépée, Sceaux, Seine......	27	1321
	Desmoulins, Landerneau, F.	2	1 1/4
51	Desoye et Bouchet, Paris, S.	76	427
243	Desros ers, Moulins, Allier..	6	31
75	Desrues, Melun, S-ine-et-O.	8	217
250	Devillario, Carpentras, V...	6	30
	Dezairs, Blois, Loir-et-Cher..	1	5
1	Didot (Firmin), Paris, Seine.	277	4207
132	Dieu, Metz, Moselle........	4	87 1/4
265	Dieulafoy, Toulouse, H.-G.	4	27
285	Docteur, Luxeuil, Hte-Saône.	1	24
	Doloy et Tauzein, St-Quentin	3	9
5	Dondey-Dupré (Ve), Paris, S.	239	2100
	Dornand, Carpentras, Vaucl.	2	1
218	Dossun, Bagnères, Htes-Pyr.	12	37
208	Douillier, Dijon, Côte-d'Or..	7	40 1/4
120	Douladoure, Toulouse, H.-G.	8	107
56	Drouard, Saint-Denis, Seine.	37	398
220	Drouillard, Dunkerque, Nord	7	36 3/4
	Dubos frères, Alger, Algérie.	1	1
168	Dubois, Meaux, Seine-et-M..	3	54 1/4
47	Dubuisson et Cie, Paris, S...	77	478
214	Ducourtieux, Limoges, H.-V.	2	38
224	Dufaure, Versailles, S.-et-O.	3	41 1/2
	Dufey, Pontoise, Seine-et-O.	1	3
	Dufort aîné, Grasse, Var....	1	1
259	Dufour, Bourg, Ain........	2	2 1/4
	Dugenest, Guéret, Creuse...	4	28
200	Dumas, Montpellier, Hérault	7	42 1/4
81	Dumoulin, Lyon, Rhône...	17	204
	Dupin, Toulouse, Haute-Gar.	1	3/4
44	Dupont (Paul), Paris, Seine..	68	494
	A reporter.......	3232	30996

Ordre d'importance.	LISTE ALPHABÉTIQUE des MAISONS QUI ONT IMPRIMÉ DES OUVRAGES en 1853.	Nombre d'ouvrages imprimés.	Nombre de feuilles que comportent ces ouvrages.
	Reports.........	3232	30996
210	Dupont, Perigueux, Dordog.	7	39 3/4
54	Dupré, Poitiers, Vienne....	10	408
153	Dupuy, Bordeaux, Gironde..	8	64 1/2
	Durand, Bordeaux, Gironde	1	1/8
298	Durand, Chartres, E.-et-L...	1	1/2
	Duriez, Senlis, Seine-et-O..	6	21 1/4
	Duteis, Villeneuve, Lot-et-G.	1	3 1/2
-	Duval, Montreuil, Pas-de-C.	2	8
	Duval, Neufchâtel, Seine-Inf.	1	5
155	Duval, Sainte-Ménehould ..	7	62
	Duval et Herment, Amiens.	1	3
384	Duvant (Saint-Ange), Bayeux	4	11 3/4
30	Duverger, Paris, Seine......	60	671
	Duviella (Mme), Bordeaux, G.	8	8 1/4
	Elie, Saint-Lô, Manche.....	1	1
	Enaud [Thibaud], Moulins..	2	9
	Enard, Saint-Claude, Jura..	1	1/2
131	Fabiani, Bastia, Corse	14	87 3/4
227	Fabri et Aurel, Toulon, Var.	1	35
	Faure et Rastouil, Périgueux	1	2
	Fauron, Château-Chinon, N.	1	1
167	Favre et Robin, Niort, D.-S.	5	55
181	Fay, Nevers, Nièvre.......	5	49
348	Feillé-Grandpré, Laval, M..	3	17
213	Fenardent [Lecaux], Cherbourg, Manche..........	3	38
249	Fénélon-Deligne, Cambrai, N.	2	30 1/4
	Ferlay, Roanne, Loire. ...	1	2
	Fètu, Paimbœuf, Loire-Inf..	1	1/2
145	Fièvet, Epernay, Marne.....	4	73 1/2
	Fillon, Fontenay-le-Comte..	3	6
161	Fischer, Avignon, Vaucluse	4	57 1/2
347	Flamant-Ansiaux, Vouziers.	2	15 3/4
342	Fleury, Mamers, Sarthe.....	2	16
127	Fleury et Chavergny, Laon..	13	93 1/4
	Fleury, Saint-Omer, P.-de-C.	1	1 1/4
170	Floury [Desjardins], Beauvais	2	53 1/4
203	Foix, Auch, Gers...........	4	41 1/2
	Folligné (de), Rennes, I.-et-V.	1	2
278	Foré et Lasserre, Bayonne.	6	25 1/2
158	Forest, Nantes, Loire-Infér.	6	60
125	Forestié, Montauban, T.-et-G.	4	94 1/2
	Fossé-Darcosse, Soissons, A.	1	3 1/2
	Fouga, Tarbes, Htes-Pyrén..	4	3/4
	Frémont, Beaumont, Oise....	2	1 1/4
	Fruchart, Darnétal, S.-Inf.	4	2 1/2
297	Gaittet [Chassaignon], Paris.	15	21
308	Galban, Belleville, Seine....	6	20
193	Galles, Vannes, Morbihan...	2	43
123	Gallienne, Mans, Sarthe.....	11	100
264	Gangel, Metz, Moselle.......	7	27 3/4
233	Garcin, Draguignan, Var...	3	33 1/4
270	Garnier, Chartres, E.-et-L..	6	26
	Gasnier, Beaugency, Loiret.	2	8
	Gatineau, Orléans, Loiret...	1	5
269	Gauthier, Lons-le-Saulnier..	3	26 3/4
370	Gérard, Reims, Marne.......	3	12 3/4
369	Gibrac ouvr. réun., Toulouse	4	12
	Gillet, Niort, Deux-Sèvres...	2	4
	Ginoux, Laigle, Orne........	1	3
74	Girard [Maillet], Lyon, Rh..	22	219
277	Gley (Ve), Epinal, Vosges...	5	25 3/4
175	Godbert, Laval, Mayenne...	4	51 1/2
	Godet, Saumur, Maine-et-L..	2	3
239	Gonin-Faure (Ve), Espalion.	1	32 1/4
	Got, Granville, Manche......	1	1
69	Gounouilhou [Faye], Bordeau	9	237
	Gourdet, Cosne, Nièvre.....	1	1
	Gourdet, Nevers, Nièvre....	2	7 1/3
	Gouvernement (Imprimerie		
	A reporter......	3566	34100

Ordre d'importance.	LISTE ALPHABÉTIQUE des MAISONS QUI ONT IMPRIMÉ DES OUVRAGES en 1853.	Nombre d'ouvrages imprimés.	Nombre de feuilles que comportent ces ouvrages.
	Reports.........	3566	34100
	du), Alger, Algérie........	1	8
380	Gouvernement (Imprimerie du), Pondichéry..........	1	11 1/2
383	Gouverneur, Nogent-le-Rotr.	1	3
276	Grangier, Ambert, P.-de-D..	1	25
15	Gratiot, Paris, Seine........	109	1494
	Grigy, Vimoutiers, Orne....	1	6
	Grillon (Ve), Castres, Tarn...	2	2
90	Grimaux, Paris, Seine	29	166
149	Grollier, Montpellier, Hérault	17	68
43	Gros, Paris, Seine.........	38	517
	Gros, Nyons, Drôme........	3	6 1/2
106	Guédon, La Ferté-s.-Jouarre	5	129
	Guende, Constantine, Algér.	1	3
321	Gueyraud, Nantes, Loire-Inf.	3	18 1/4
392	Guermonprez. Hazebrouck..	1	10 1/2
258	Guermonprez [Bracke], Lille.	10	28 3/4
341	Gueymard, Alger, Algérie..	5	16 3/4
391	Guichard (Ve), Digne, B.-A..	1	10 1/2
	Guillois, Paris, Seine........	3	3
	Guilmer, Morlaix, Finistère.	1	1/2
28	Guiraudet et Jouaust, Paris,	83	782
91	Guyot fils, Lyon, Rhône	14	155
118	Guyot et Scribe, Paris, Seine	16	109
340	Hamel, Saint-Malo, Ille-et-V.	2	16 1/2
61	Hardel, Caen, Calvados.....	42	382
	Heitz Strasbourg. Bas-Rhin.	5	8
	Henault, Toulouse, Haute-G.	1	1 1/2
36	Hennuyer, Batignolles, Seine	74	630
39	Henri et Ch. Noblet, Paris-.	32	604
	Henri, Valenciennes, Nord..	3	1 1/2
207	Hérissay, Evreux, Eure.....	5	40 1/2
107	Hinzelin et Cie, Nancy, M....	21	128
226	Hoffmann, Colmar, Haut-Rh.	8	35
284	Horemans, Wazemmes, Nord	8	24
206	Hubler et Ce, Clermont-Ferr.	8	40
191	Huder, Strasbourg. Bas-Rh..	5	44 1/2
	Huet, Clermont, Oise.......	2	9 1/2
360	Huet, Reims, Marne........	2	13
275	Humbert, Mirecourt, Vosges	6	25
	Hus, Saintes, Charente-Infér.	1	2
	Ignon, Mende, Lozère......	2	6 1/2
13	Imprimerie Impériale, Paris	42	1567
248	Ivonnet, Napoléon-Vendée..	4	30
92	Jacob, Orléans, Loiret......	15	153
	Jacquet, Avignon, Vaucluse	3	4
112	Jacquin, Besançon, Doubs...	9	117
	Jacquin, Fontainebleau...	40	2341
	Jaillet, Issoire, Puy-de-Dôm.	1	1/8
390	Janin, Saint-Etienne, Var...	1	10
307	Jardeaux (Mme), Bar-s.-Aube.	5	23 1/4
	Javel (Ve), Arbois, Jura.....	1	1
-	Jean, Apt, Vaucluse.	1	1 1/4
135	Jeunet, Abbeville, Somme...	3	83 1/2
202	Jollet-Souchois, Bourges, C.	2	41 1/2
238	Jouglard, Gap, Hautes-Alpes	1	32
268	Jourdain, La Flèche, Sarthe.	2	26
	Jousset, Paris, Seine........	1	4
	Jouvet, Riom, Puy-de-Dôme.	3	7 1/4
	Julien, Falaise, Calvados....	2	2 1/2
63	Julien, Lanier et Cie, au Mans	32	304
205	Jumelais, Fougères, I.-et-V.	4	40 1/2
293	Jung, Guebwillers, Haut-Rh.	2	22 1/2
232	Juteau, Paris, Seine........	12	33
274	Kléfer, Versailles, S.-et-O...	4	25 1/2
382	Labadie, Castelnaudary, A..	3	11 1/2
381	Labau, Carcassonne, Aude..	1	11
296	Labaume, Lyon, Rhône.....	3	21 1/2
41	Lacour et Cie, Paris, Seine..	46	578
368	Lacroix, Saintes, Ch.-Infér..	1	3/4
	A reporter......	4283	45175

Ordre d'importance.	LISTE ALPHABÉTIQUE des MAISONS QUI ONT IMPRIMÉ DES OUVRAGES en 1853.	Nombre d'ouvrages imprimés.	Nombre de feuilles que comportent ces ouvrages.
	Reports.........	4283	45175
315	Ladevèze, Tours, Indre-et-L.	4	19
225	Lafargue, Bordeaux, Gironde	10	35 1/4
	Laguerre (Ve), Bar-le-Duc...	2	5
2	Lahure, Paris, Seine........	302	2801
	Lajoie-Tissot, Lisieux, Calv.	1	6 1/2
160	Lamaignère (Mme), Bayonne.	6	57
177	Lamarzelle (de), Vannes, M.	7	50 1/4
74	Lambert-Gentot, Lyon, Rh..	3	51 3/4
146	Lamort, Metz, Moselle......	11	72
346	Lannefranque, Bordeaux, G.	1	15 3/4
	Lapie-Fontanel, Montauban.	2	7 1/2
	Laporte, Caen, Calvados....	4	9 1/2
201	Laurent [Boniez-Lambert], Châlons, Marne..........	6	41 1/4
359	Laurent, Toulon, Var......	1	13 1/2
253	Laurent, Verdun, Meuse....	1	29 1/2
83	Léautey, Paris, Seine........	16	200
97	Lebeuf, Chatillon-sur-Seine.	31	145
	Lebien, Saint-Servan, I.-et-V.	2	9 1/2
122	Lebon, Paris, Seine..... ...	14	103
380	Leboyer, Riom, Puy-de-Dôm.	1	11
	Lecesne, Châteaudun.......	1	1/4
52	Le Clère et Cie, Paris, Seine..	25	426
	Lecointre fr., Rouen, S.-Infér.	4	12 1/4
	Leclan, Morlaix, Finistère....	1	3/4
224	Lefebvre-Ducrocq, Lille, N...	16	35 1/4
23	Lefort, Lille, Nord..........	118	901
197	Lefournier, Brest, Finistère.	7	42
100	Lefranc, Arras, Pas-de-Cal..	10	137
353	Lehériché, Provins, S.-et-M	5	14
	Lelaurin, Mézières, Ardenn.	2	5
	Leleux, Lille, Nord.......	2	2 3/4
188	Lemâle, au Hâvre, Seine-Inf.	6	46
	Lemenestrel, Dreux, E.-et-L.	2	1 1/2
	Lemercier, Vendôme, L.-et-C.	1	1
367	Lenoël-Hérouart Amiens, S.	3	12
180	Le Normand, Paris, Seine...	12	49 1/2
119	Lepage, Nancy, Meurthe.....	11	107
	Lépagnez, Lyon, Rhône.....	1	1/2
290	Lepelletier, au Hâvre, S.-Inf.	2	23
199	Le Roux, Strasbourg, B.-Rh.	6	42
314	Levavasseur, Falaise, Calv..	5	19
273	Lévèque, Cambrai, Nord....	5	25
	L'Huillier, Langres, Hte-M. .	1	2 1/2
80	Loireau-Feuchot, Dijon.....	27	206
217	Luton, Reims, Marne........	9	37
	Maimbourg, Dieuze, Meurth.	2	1 1/2
247	Maisonville, Grenoble, Isère	6	30 1/2
46	Mallet-Bachelier, Paris, S...	39	484
82	Malteste et Cie, Paris, Seine	48	201
7	Mame et Cie, Tours, I.-et-L.	184	2083
283	Manavit, Toulouse, Hte-G...	4	24 3/4
320	Manceron le Rasle. Bourges.	5	18 1/2
115	Marc-Aurel, Valence, Drôm.	8	110
306	Marchessou [Gaudelet], Puy	4	20 3/4
	Marchi, Ajaccio, Corse......	1	1 1/2
282	Maréchal, Laon, Aisne......	1	24 3/4
237	Maréchal-Gruat, Reims, M...	10	32 1/4
	Mareschal, La Rochelle, C.-I.	2	9 3/4
	Marquès [Le Proust des A-geux], Philippeville, Algér.	1	2
73	Martel aîné, Montpellier, H.	15	219
187	Marteville et Lefas, Rennes.	5	46 1/2
	Martial-Place, Moulins, Allier	3	9 1/2
	Martin, Châlons, Marne......	7	5
9	Martinet, Paris, Seine.....	134	1954
	Mary-Dupuis, Noyon, Oise..	1	3 1/2
	Masseaux, Nantes, Loire-Inf.	3	8 3/4
53	Maulde et Renou, Paris, S..	52	412
	Mayer-Samuel, Metz, Moselle	3	7
	A reporter.......	5528	56717

Ordre d'importance.	LISTE ALPHABÉTIQUE des MAISONS QUI ONT IMPRIMÉ DES OUVRAGES en 1853.	Nombre d'ouvrages imprimés.	Nombre de feuilles que comportent ces ouvrages.
	Reports.........	5528	56717
42	Mégard [Lecrène-Labbey], à Rouen, Seine-Inférieure. .	60	520
389	Méjeat, Rambervilliers, Vosg.	1	10
147	Mellinet (Mme), Nantes, L.-I.	15	71
	Ménage (Ve). Bourges, Cher.	2	1 1/4
	Mercier, Rochefort, Ch.-Inf.	2	9
319	Merson, Nantes, Loire-Inf...	3	18 1/4
329	Metreaud, Bordeaux, Gir....	3	16
281	Meyer, Paris, Seine.........	3	24
26	Meyrueis [Ducloux], Paris, S.	77	801
	Mézamat, Castel-Sarrazin. .	1	1
313	Michelin, Melun, Seine-et-O.	5	19
289	Michelin, La Rochelle.....	6	23
231	Migné, Châteauroux.. . . .	4	33 1/4
31	Migne, Petit-Montrouge, S....	11	665
128	Milliet-Bottier, Bourg, Ain. .	17	90 3/4
	Minster et Wiésener, Paris..	1	1/2
	Miot-Badant (Ve), Chaumont.	1	1 1/2
	Mogino, Vervins, Aisne....	1	1/2
345	Moisand, Beauvais, Oise	5	15 1/2
	Mongeot (Mme), Neufchâteau.	1	4 1/4
159	Monnoyer, au Mans, Sarthe.	4	58 1/4
305	Mons, Bordeaux, Gironde..	2	20 1/2
379	Montaland, Châlon, S.-et-L.	3	11
179	Montaland, Versailles. . . .	17	49
252	Montaubin, Toulouse, H.-G. .	1	29
71	Moquet, Paris, Seine	44	223
	Morand-Bouget, Orléans, L..	1	1/4
216	Morard, Blois, Loir-et-Cher.	6	37 1/2
	Moreau, Laval, Mayenne......	1	1 1/2
280	Morisset (Mme), Niort, D.-S. .	2	24 3/4
77	Moronval, Paris, Seine......	16	109
198	Morris [Bureau], Paris, Sein.	8	42
136	Mougin-Rusand (Ve), Lyon, R	5	81 1/4
101	Moulins (de). Bordeaux, Gir.	12	135
352	Moureau, Saint-Quentin, A..	2	14
20	Moussin, Coulommiers. . . .	37	1078
173	Nicolas, Meulan, Seine-et-O.	3	52
	Nicolas, Nancy, Meurthe. . .	1	9
358	Nigon, Lyon, Rhône.	4	13
	Noblet, Cherbourg, Manche.	1	1/4
263	Noëllat (Ve), Dijon, Côte-d'Or	1	27 1/2
129	Noubel, Agen, Lot-et-Garon.	9	89
137	Nouvian, Metz, Moselle. . . .	4	79
	Noyer, Saint-Yrieix, Hte-V...	1	1 3/4
357	Obez [Crépeaux], Douai, Nord	2	13
	Offray, Avignon, Vaucluse. .	1	5
262	Olive (Ve), Marseille, B.-du-R.	7	27 3/4
	Ollagnier, Bastia, Corse. ...	1	1
96	Oudin, Poitiers, Vienne. . .	11	147
35	Outhenin, Besançon, Doubs.	19	641
242	Oyon, Laon, Aisne.	3	31 3/4
	Pagès, Castres, Tarn...... .	1	1/2
	Pagnerre, Orléans, Loiret. .	2	2 1/4
143	Pagny (Ve), Caen, Calvados.	11	75 3/4
257	Pallez et Rousseau, Metz, M.	3	28 3/4
32	Panckouke, Paris, Seine. . .	92	659
325	Papailhau, Albi, Tarn.	5	17 1/4
157	Papillon, Vervins, Aisne. . .	2	60 1/4
378	Pardigon, Aix, Bouch.-du-R.	1	11 1/2
	Pasquier, à La Réolle, Gir. .	2	5 1/2
	Paul (Mlle), Béziers, Hérault.	1	1/2
	Péchade, Bordeaux, Gironde	1	2 1/2
17	Pélagaud, Lyon, Rhône. . .	46	1430
356	Pellerin, Epinal, Vosges. . .	5	13
34	Penaud frères, Paris, Seine.	18	641
	Périaux, Rouen, Seine-Infér.	1	1/2
11	Périsse, Lyon, Rhône......	96	1828
163	Perol, Clermont-Ferrand...	11	56 1/2
99	Péron, Rouen, Seine-Infér..	9	137
	A reporter......	6283	66995

Ordre d'importance.	LISTE ALPHABÉTIQUE des MAISONS QUI ONT IMPRIMÉ DES OUVRAGES en 1853.	Nombre d'ouvrages imprimés.	Nombre de feuilles que comportent ces ouvrages.
	Reports...	6283	66995
	Perreymont, Brignolles, Var	1	1
89	Perrin, Lyon, Rhône.	15	167
	Perrin, Mulhouse, Haut-Rh..	1	1
351	Peyri, Avignon, Vaucluse...	9	14 1/2
	Picat (Mme), Aurillac, Cantal.	1	6 3/4
190	Picault, St-Germain-en-Laie.	4	45
	Pignet, Angers, Maine-et-L..	1	1
37	Pillet fils aîné, Paris, Seine,	72	615
	Pillot, Dôle, Jura..........	1	1 1/3
102	Pilloy frères, Montmartre, S.	26	134
196	Pinard [Saintin], Paris, Seine	15	42
	Pinel, Toulouse, Hte-Garon.	1	3/4
	Pinet, Villefranche, Rhône.	1	1 1/2
	Placé, Tours, Indre-et-Loire	2	7 1/2
	Plassot, Bagnères. Htes-P.	2	1 1/4
14	Plon frères, Paris, Seine ...	105	1559
142	Poilleux, Neuilly, Seine.....	9	75
114	Poisson fils, Caen, Calvados.	19	111
388	Pollet, Paris, Seine........	11	10
	Pomiès, Carcassonne, Aude.	4	8 1/2
29	Pommeret et Moreau, Paris.	97	683
	Pouillard, Charleville, Ard..	2	4
	Poulet-Malassis (Me), Alençon	2	5
154	Poussielgue, Paris, Seine...	10	63
88	Preve et Cie, Paris, Seine....	28	170
241	Prignet, Valenciennes, Nord	6	31
288	Protat, Mâcon, Saône-et-L..	14	23 1/4
219	Prud'homme, Grenoble, I...	7	36 1/4
344	Prud'homme, Saint-Brieuc	5	15
	Prudhont (Mme), Dôle, Jura.	1	6 1/4
	Pujol, Castres, Tarn........	1	1 3/4
	Quillot, Agen, Lot-et-Gar..	2	7
8	Racon, Paris, Seine........	250	2022
377	Ragot, Bordeaux, Gironde...	4	11 1/2
	Raissac, Marennes, Ch.-In..	1	1 1/2
	Raphel, Orange, Vaucluse..	1	4 3/4
166	Ratery, Rhodez, Aveyron...	3	55 1/2
68	Raybois (Ve), Nancy, Meurth	27	241
	Raynal, Rambouillet, S.-et-O.	3	8
178	Reboux, Lille, Nord........	9	49 1/2
	Régnier, Reims, Marne.....	11	107
	Régnier, Senlis, Seine-et-O.	2	1 1/4
25	Remquet, Paris, Seine......	79	850
312	Renaux, Rouen, Seine-Infér.	6	19 1/2
189	Repos, Digne, Basses-Alpes.	5	45 3/4
	Reversé, Saint-Maixent, D.-S.	1	4 1/2
	Reybourbon, Béthune, Nord	2	8
140	Ricard, Montpellier, Hérault.	2	76 1/2
	Richard (Ve), Cahors, Lot....	2	3 1/2
59	Rignoux, Paris, Seine.......	30	391
105	Risler, Mulhouse, Haut-Rh..	6	133
246	Rivoire, Rouen, Seine-Infér.	6	30 1/4
376	Robert-Philidor [Redon], Gre-noble, Isère.............	3	11 1/4
295	Robert, Lons-le-Saunier, J..	2	1/4
	Robert, Mâcon, Saône-et-L..	4	3/4
	Robin et Cie, Niort, Deux-S..	2	4
141	Robuchon, Fontenay-le-Cte.	4	5 3/4
	Rodière, Albi, Tarn........	1	1/2
366	Rollin (N.), Bar-le-Duc, Meuse.	3	12 3/4
	Roquencourt, Ingouville...	3	2 1/2
	Roques, Nérac, Lot-et-Gar..	1	1/4
	Roure, Vienne, Isère.......	1	2
	Roux, Gray, Haute-Saône...	1	2
	A reporter.......	7233	75044

Ordre d'importance.	LISTE ALPHABÉTIQUE des MAISONS QUI ONT IMPRIMÉ DES OUVRAGES en 1853.	Nombre d'ouvrages imprimés.	Nombre de feuilles que comportent ces ouvrages.
	Reports.........	7233	75044
40	Saillard, Bar-sur-Seine, A..	32	431
	Saint-Evron [Berdalle de la Pommeraie], Rouen, S.-Inf.	1	3/4
	Salettes [Mlle Tanqueray], à Coutances, Manche......	1	4
	Salviac, Châteauroux, Indre.	1	6
	Sauzon, Roanne, Loire.....	2	1 3/4
72	Schiller aîné, Paris, Seine...	23	219
65	Séguin aîné, Avignon, V....	19	275
	Senès, Marseille, B.-du-Rh..	1	1
	Sens (Ve), Toulouse, H.-G....	1	1
109	Serrière, Paris, Seine.......	15	122
85	Silbermann, Strasbourg....	29	196
148	Simon, Cambrai, Nord......	3	70 3/4
70	Simon-Dautreville, Paris, S.	35	283
304	Simonet-Delaguette, Paris..	6	20
303	Siret, La Rochelle, Ch.-Inf..	18	20
87	Smith (Mme), Paris, Seine....	10	172
	Soupe-Vineux, Paris, Seine.	3	1
324	Suchaux, Vesoul, Haute-S..	2	17 1/4
	Surville (Ve), Rouen, Seine-I.	5	8 1/4
	Suwerinck (Ve), Bordeaux, G.	2	4
387	Tastu (Mlle), Perpignan, P.-O.	4	10 1/2
302	Telmon, Tarbes, Htes-Pyr.	5	20 3/4
318	Théollier aîné, Saint-Etienne	4	18 1/4
375	Thèze, Rochefort, Ch.-Infér.	3	11 1/2
185	Thibault-Landriot, Clerm.-Ferrand, Puy-de-Dôme...	6	46 1/2
10	Thunot, Paris, Seine........	127	1935
365	Tierny, Arras, Pas-de-Cal..	3	12 1/2
	Timon frères, Vienne, Isère.	4	5 1/2
	Tonet, Pau, Basses-Pyrén...	1	1
	Tostain, Avranches, Manche	2	8 3/4
292	Toussaint, Metz, Moselle.....	4	22 1/2
328	Toussaint, Pont-à-Mousson.	3	16
	Trécourt, Mézières, Ardenn.	1	1/2
256	Trénel, St-Nicolas, Meurthe.	2	28 3/4
183	Tricault, Dijon, Côte-d'Or...	4	47
93	Vagner, Nancy, Meurthe....	21	152
343	Valluet, Besançon, Doubs...	1	15 1/4
186	Vanackère, Lille, Nord......	8	40 1/2
	Vandalle, Dunkerque, Nord.	5	8 1/4
	Vandarest, Dunkerque, Nord	1	1
	Vasselin, Fécamp, Seine-Inf	1	1/2
230	Vatar, Rennes, Ille-et-Vil..	4	33
	Vauvilliez, Bourgoin, Isère..	2	7
	Véronèse, Pau, Basses-Pyr..	2	2
165	Verronais, Metz, Moselle....	11	55 3/4
	Veysset, Clermont-Ferrand.	1	9 1/2
	Vial, Digne, Basses-Alpes...	1	1
	Vial, Marseille, Bouch.-du-R.	1	1 1/2
22	Vialat et Cie, Laguy, S.-et-M.	71	1040
311	Vignancourt, Pau, B.-Pyr...	5	19 1/2
55	Vinchon, Paris, Seine......	43	400
76	Vingtrinier, Lyon, Rhône...	36	216
	Viroux, Avesnes, Nord.....	1	3 3/4
364	Vitalis, Aix, Bouches-du-Rh.	1	12 1/2
60	Vrayet de Surcy, Paris, S..	54	361
27	Walder [Gerdès], Paris, S..	69	793
	Wauthier, Givet, Ardennes.	1	1
	Weis, Sarreguemines. Mos.	1	1/4
	Wentzel, Wissembourg....	1	6 1/4
59	Wittersheim, Paris, Seine...	33	382
	Yvert, Amiens, Somme.....	1	5
	TOTAUX........	7902	82601

N. B. Le nombre d'ouvrages enregistré en 1853 par la *Bibliographie de la France* étant de 8,058, et non pas de 8,060, comme elle le porte par suite d'une erreur, il y a donc dans notre total une différence de 68 avec le chiffre de cette publication: mais cette différence se comble en ajoutant aux 7,902 ouvrages additionnés par nous 66 ouvrages lithographiés qui sont en dehors de notre liste comme étrangers à l'imprimerie typographique, bien qu'ils soient compris, par leur numéros d'ordre, dans les 8,060 enregistrements faits par la *Bibliographie*.

PRESSE PARISIENNE.

Il serait bien difficile de préciser le nombre exact des journaux ou publications qui existent en France. A Paris surtout, cette statistique est presque impossible à faire, à cause des créations nouvelles et des résurrections de chaque jour, qui succèdent aux enterrements en règle de toutes les semaines. Sans vouloir donner comme parfaite la liste que nous avons dressée, nous ferons remarquer qu'elle renferme plus de 150 journaux qui ne figurent dans aucune autre publication annuelle, journaux dont l'existence nous a été révélée soit par MM. les imprimeurs, soit par nos confrères. Toutefois, en faisant cette nomenclature, nous avons vivement regretté le laconisme auquel nous condamnait l'exiguité de notre cadre.

Liste formée des 470 journaux paraissant régulièrement dans la capitale, et de 70 publications irrégulières.

ABEILLE MÉDICALE, mens.; Dr Comet, réd.-prop., boul. des Italiens, 9.
— PARISIENNES (les), boul. Montm., 5.
— SOLITAIRES ET SOCIALES, trim.
ADMINISTRATION D'HISTOIRE GÉNÉRALE, rue Richelieu, 85.
ADVERTISER (the), heb., Provence, 12.
AFFICHES ILLUSTRÉES (les), mensuel.
— PARISIENNES, quot., Rivoli, 114.
AGENDA ET ANNUAIRE DES OFFICIERS PUBLICS, Sts-Pères, 52.
AGRICULTEUR PRATICIEN (l'), Hautefeuille, 12.
AGRICULTURE (l'), quot.; Jacques-Valserres, r. Coq-Héron, 5.
ALBUM DU CACHEMIRIEN; Dessaigne, Cléry, 19.
— DU DESSINATEUR; Dessaigne, Cléry, 19.
— LE MEUBLE (l'), faub. St-Antoine, 40, et rue de Charenton, 41.
AMI DE LA JEUNESSE, mens., Clichy, 47.
— DE LA RELIGION, tri-heb.; J. Lecoffre et Ce, Vieux-Colombier, 29.
ANCIEN JOURNAL DES JEUNES FILLES, mens., Richelieu, 92.
ANGE-GARDIEN (l'), mens., q. des Augustins, 33.
ANNALES DE L'AGRICULTURE FRANÇAISE, mens., r. de l'Eperon, 5.
— ARCHÉOLOGIQUES, périod.; Didron, direct., rue Hautefeuille, 13.
— DU BIEN, mens., rue Angoulême-du-Temple, 17.
— DE LA CHARITÉ, mens.; Chevalier, direct., Grenelle-St-Germain, 49.
— DES CHEMINS VICINAUX, Grenelle-Saint-Honoré, 45.
— DE CHIMIE ET DE PHYSIQUE, mens.; V. Masson, pl. de l'Ecole-de-Médecine, 17.
— DE COLONISATION, mens., Jacob, 26.

— DU COMMERCE EXTÉRIEUR (les), mensuel, Grenelle-Saint-Honoré, 45.
— DU COMMERCE (les), mens.
— DES DOUANES ET CONTRIBUTIONS INDIRECTES, mens., Gr.-St-Honoré, 45.
— D'ENTOMOLOGIE, trim.
— FORESTIÈRES, mens., Garancière, 10.
— HYDRAULIQUES, Gr.-St-Honoré, 45.
— D'HYGIÈNE PUBLIQUE ET DE MÉDECINE LÉGALE, trim.; J.-B. Baillière, Hautefeuille, 19.
— DE L'INSTITUT D'AFRIQUE, mens., St-Florentin, 7.
— LÉGISLATIVES DE L'INSTRUCTION PRIMAIRE, mens.; J. Delalain, édit., Sorbonne, 1, et Math.-St-Jacques, 50.
— DES MATHÉMATIQUES, mens., quai des Augustins, 55.
— MÉDICO-PSYCHOLOGIQUES, trim.; V. Masson, pl. de l'Ecole-de-Médec., 17.
— DES MINES, tous les 2 mois, q. des Augustins, 49.
— DU PALAIS; Eugène Roch, Cléry, 19.
— DE PHILOSOPHIE CHRÉTIENNE, mens.; A. Bonnetty, direct., Babylone, 10.
— DES PONTS ET CHAUSSÉES, tous les 2 mois, q. des Augustins, 49.
— DE LA SCIENCE DES JUGES DE PAIX, mens.; Jay, direct., r. de Mulhouse, 11.
— DE LA SCIENCE ET DU DROIT COMMERCIAL ET MARITIME, mens.; Decrand, direct., boul. des Italiens, 27.
— DES SCIENCES NATURELLES, mens.; V. Masson, pl. de l'Ec.-de-Méd., 17.
— DE LA SOCIÉTÉ CENTRALE D'HORTICULTURE, mens., Eperon, 5.
— DE THÉRAPEUTIQUE MÉDICALE ET DE CHIRURGIE, mens., St-Lazare, 68.
ALMANACH-BOTTIN, rue Coquillière, 14.
ANNUAIRE-CHAIX, rue Bergère, 20.
ANNUAIRE DES 500,000 ADRESSES, Didot frères, rue Jacob, 56.

ANNUAIRE DE L'IMPRIMERIE; V.-Eug. Gauthier, r. Mauconseil, 37.

ARCHIVES DE L'ART FRANÇAIS, tous les 2 mois, J.-B. Dumoulin, libraire, quai des Augustins, 13.

— DU CHRISTIANISME DU XIXe SIÈCLE, bi-mensuel, Tronchet, 2.

— DRAMATIQUES, boul. Montmartre, 5.

— GÉNÉRALES DE MÉDECINE, mens., pl. de l'Ecole-de-Médecine, 22.

— GÉNÉRALES DE LA NOBLESSE; E. St-Maurice Cabany, réd. en chef, boul. Beaumarchais, 91.

— HISTORIQUES, Richelieu, 85.

— ISRAÉLITES, mens.; Cahen, direct., Quatre-Fils, 16.

— DES HOMMES DU JOUR, mens.; Tisseron, direct., Faub.-St-Martin, 117.

— DES MISSIONS SCIENTIFIQUES, mens.; Gide et J. Baudry, Bonaparte, 5.

— DU MUSEUM D'HISTOIRE NATURELLE, Gide et Baudry, Bonaparte, 5.

— DU MÉTHODISME, mens.

— DU NOTARIAT ET DES OFFICIERS MINISTÉRIELS, mens., r. d'Argenteuil, 51, près St-Roch.

— D'OPHTHALMOLOGIE, mens.

— DES SCIENCES PHYSIQUES ET NATURELLES, mens., pl. de l'Oratoire, 6.

ARGUS (l') DES HARAS ET DES REMONTES, X. de Nabat, direct., Anjou-St-Honoré, 41.

ARGUS (l'), journ. des théâtres, quot.

ARMORIAL DE LA NOBLESSE DE FRANCE, rue Bonaparte, 14.

ASSUREUR DES RÉCOLTES (l'), Saint-Anne, 55.

ARTISTE (l'), bi-mensuel, A. Houssaye, réd. en chef, q. Voltaire, 5.

ASSEMBLÉE NATIONALE (l'), quotid., Bergère, 20.

ATENAO ITALIANO, mens., pl. de l'Ecole-de-Médecine, 17.

ATHENOEUM FRANÇAIS (l'), hebdom., Guénégaud, 8.

BIBLE (la), rue des Quatre-Fils, 16.

AUXILIAIRE (l') DU CLERGÉ ET DES FABRIQUES, rue Vivienne, 23.

AVANT-SCÈNE (l'), quot., r. Gaillon, 14.

BIBLIOGRAPHIE CATHOLIQUE, mensuel; l'abbé Duplessy, dir., r. de Sèvres, 31.

— DE LA FRANCE, hebd., r. des Grands-Augustins, 5.

BIBLIOTHÈQUE DE L'ÉCOLE DES CHARTES, tous les 2 mois; Dumoulin, libraire, q. des Augustins, 13.

— UNIVERSELLE DE GENÈVE, etc., pl. de l'Oratoire, 6.

BIOGRAPHIE GÉNÉRALE DES HOMMES VIVANTS, etc., mens., Richelieu, 85.

BONNE COMPAGNIE, bi-mens., Ste-Anne, 63.

BON TON (le), hebd.; Mariton, direct., Ste-Anne, 64.

BRODEUSE (la), mens., Laffitte, 25.

BULLETIN DE L'ACADÉMIE NATION. DE MÉDECINE, bi-mens., Hautefeuille, 19.

— DES ACTIONS DE LA CAISSE LAFARGE, rue Cherche-Midi, 28.

— ADMINISTRATIF DE L'INSTRUCTION PUBLIQUE, mens., Gr.-St-Honoré, 45.

— ANNOTÉ DES LOIS ET ORDONNANCES, Grenelle-St-Honoré, 45.

— ARCHÉOLOGIQUE DU COMITÉ DE LA LANGUE, etc., Gide et Baudry, Bonaparte, 5.

— DES ABBÉS DE LA COUR DE CASSATION, Vieille-du-Temple, 87.

— BIBLIOGRAPHIQUE, mens.

— DU BIBLIOPHILE, pl. du Louvre, 20

— DES CONTRIBUTIONS DIRECTES ET DU CADASTRE, mens., Gr.-St-Honoré, 45.

— DES COMITÉS HISTORIQUES, mens.; Gide et J. Baudry, Pet.-Augustins, 5.

— DES CRÈCHES, trim.

— DE L'EMPIRE, rue de Hanôvre, 17.

— FINANCIER, quot., rue Drouot, 14.

— GÉNÉRAL DE THÉRAPEUTIQUE, etc., bi-mens., Thérèse, 4.

— DU GRAND ORIENT, irrég.

— DE LA SOCIÉTÉ DES GENS DE LETTRES, mens.

— DES HALLES ET COURRIER DES MARCHÉS, quot., Sartine, 1.

— DES JUSTICES DE PAIX, tous les 2 mois, Savoie, 9.

— DES LOIS, irrég., Vieil.-du-Temple. 87.

— DES LOIS ET ORDONNANCES, mens., Grenelle-Saint-Honoré, 45.

— MONUMENTAL, 7 à 8 fois par année, Derache, Bouloi, 7, au 1er.

— OFFICIEL DE L'AGRICULTURE ET DU COMMERCE, rue Gren.-St-Honoré 45.

— OFFICIEL DES COURSES DE CHEVAUX; Grandhomme, réd., Drouot, 2.

— OFFICIEL DE LA MARINE, rue Vieille-du-Temple, 87.

— OFFICIEL DU MINISTÈRE DE L'INTÉRIEUR, Grenelle-St-Honoré, 45.

— DES SÉANCES DE LA SOCIÉTÉ D'AGRICULTURE, rue de l'Eperon, 5.

— SPÉCIAL DE L'INSTITUTRICE, rue de Lille, 19.

— SPÉCIAL DES HUISSIERS ET DES CLERCS D'HUISSIERS, mens.; H. Horel, réd., Christine, 2.

— DE LA SOCIÉTÉ AÉROSTATIQUE, men.

— DE LA SOCIÉTÉ D'ANATOMIE, mens., place de l'Ecole-de-Médecine, 17.

— DE LA SOCIÉTÉ ANATOMIQUE DE PARIS, mens., Harpe, 92.

— DE LA SOCIÉTÉ D'ENCOURAGEMENT, r. de l'Eperon, 5.

— DE LA SOCIÉTÉ DE GÉOGRAPHIE, Hautefeuille, 21.

— DE LA SOCIÉTÉ GÉOLOGIQUE DE FRANCE, mens., Vieux-Colombier, 24.

— DE LA SOCIÉTÉ DE L'HISTOIRE DE FRANCE, J. Renouard et Ce, libr.-éd., Tournon, 6.

— DE LA SOCIÉTÉ DE L'HISTOIRE DU PROTESTANTISME FRANÇAIS, mens., pl. de l'Oratoire, 6.

— DE LA SOCIÉTÉ DE L'INSTRUCTION ÉLÉMENTAIRE, mens., r. Taranne, 12.

— DE LA SOCIÉTÉ NATIONALE DE VACCINE, rue Saint-André, 25.

— DE LA SOCIÉTÉ SAINT-VINCENT DE PAUL, mens.

— THÉRAPEUTIQUE, mens.
— UNIVERSEL DES ACADÉMIES DE FRANCE, rue Cherche-Midi, 28.

CAMÉLÉON (le) ARTISTIQUE ET INDUS-TRIEL, publ. par Dessaigne, Cléry, 19.
CAPRICE (le), tri-mens., Mariton, direr., Ste-Anne, 64.
CARICATURE (la), journal programme, quotidien.
CATALOGUE MENSUEL DES NOUVEAUTÉS DE LA LIBRAIRIE, rue Tournon, 6.
CAUSEUR (le), mens., rue Lamartine, 9.
CENDRILLON, Richelieu, 92.
CHAPELIER (le) PARISIEN, trim., Mariton, direct., Ste-Anne, 64.
CHARIVARI (le), quot., Croissant, 16.
CHRONIQUE DE FRANCE, bi-mens.; H. de Villem rsant et René de Rovigo, réd. en chef: J. Lucas, directeur, rue Ste-Anne, 63.
CIMETIÈRES (les) DE PARIS, H. Acquier et F. Combes, réd.; Harvan et Chambaran, artistes, Louis-le-Grand, 10.
CIVILISATEUR (le), mens.; Lamartine, direct.-gér., Richelieu, 102.
COLLECTION DE FLEURS, PAYSAGES; Dessaigne, édit., Cléry, 19.
— COMPLÈTE DES LOIS, par ordre chronologique, rue de Seine, 60.
COMMERCE (le), quot., Croissant, 12.
COMMISSION (la), mensuel.
COMPENDIUM DE CHIRURGIE (le), irrég.
COMPTES-RENDUS DES SÉANCES DE L'ACADÉMIE DES SCIENCES MORALES ET POLITIQUES; Pougin, dir., Poitevins, 6.
— HEBDOMADAIRES DES SÉANCES DE L'ACADÉMIE DES SCIENCES, q. des Augustins, 55.
CONSEILLER (le) DES DAMES ET DES DEMOISELLES, Montmartre, 169.
— DES ENFANTS (le), Montmartre, 169.
CONSTITUTIONNEL (le), quotid., r. de Valois, 10.
CONTROLEUR (le) DE L'ENREGISTREMENT; Palette, dir., q. des Orfèvres, 40.
CORBEILLE (la), mens.; Mariton, dir., Ste-Anne, 64.
CORPS DU DROIT FRANÇAIS; Cosse, pl. Dauphine, 27.
CORREO (el) DE ULTRAMAR; MM. Xavier de Lassalle et Mélan, propr.-dir., Montmartre, 10.
CORRESPONDANT (le), bi-mensuel; Ch. Douniol, gér.-adm., Tournon, 29.
— DES JUSTICES DE PAIX (le), mens., Anjou-Dauphine, 8.
COSMOS, hebd., boul. des Italiens, 8.
COUPEUR (le), mens.; Mariton, direct., Ste-Anne, 64.
COURRIER DU COMMERCE (le), hebdom., journal du commerce en gros; Alph. Lauvray, réd. en chef; Duport, prop.-gér., r. Montmartre, 111.
— MÉDICAL (le), mens.; C.-A. Philippe, direct., Guénégaud, 3.
— DES NOTAIRES, r. Bergère, 3.
— DE PARIS, mens., Favart, 9.
— DES SPECTACLES (le), boul. Montmartre, 5.

COURS DE LA BANQUE ET DE LA BOURSE, Feydeau, 7, et pl. de la Bourse, 8.
— GÉNÉRAL DE LA BOURSE DE PARIS, pl de la Bourse, 31.
— GÉNÉRAL DES ACTIONS, hebd., pl. de la Bourse, 31.
CRÉDIT FONCIER, bi-mens.; Jules Lévita, réd. en chef, r. du Mail, 30.
CULTIVATEUR (le), mens.; de la Chauvinière, direct., Saints-Pères, 40.

DAGUERRÉOTYPE THÉATRAL (le), boul. Montmartre, 5.
DÉCISIONS (les) DU CONSEIL D'ÉTAT, mensuel.
DESSINATEUR (le) DE PAPIERS PEINTS; Dessaigne, édit., Cléry, 19.
DEUTSCHER COURIER, Vivienne, 48.
DIMANCHE DES ENFANTS (le), hebd., rue St-Jacques, 59.
DISCIPLE DE JÉSUS-CHRIST (le), mens., pl. de l'Oratoire, 6.
DIVAN (le), hebd., Jacq.-de-Brosse, 10.
DOCK (le), politique, hebd., rue de Provence, 12.
DROIT (le), journal des tribunaux, q. des Orfèvres, 40.

ÉCHO AGRICOLE (le), Coquillière, 10.
— DU COMMERCE, rue Coq-Héron, 5.
— DES FEUILLETONS (l'), mens., q. Malaquais, 21.
— DES JOURNAUX (l'), Richelieu, 54.
— DE LA MÉTALLURGIE (la), hebd.
— MILITAIRES (les), passage du Grand-Cerf, 22.
— DE LA PRESSE (l'), r. St-Georges, 12.
— DU MONITEUR DE LA MODE (l'), Richelieu, 92.
ÉCLAIR (l'), journal-programme, hebd., rue Bergère, 20.
ÉCO DE AMBOS MUNDOS (el), tous les 15 jours, en espagnol; Boix, direct.; Payen, gérant, Richelieu, 102.
— HISPANO-AMERICANA (l'), bi-mens.; Ramon de la Sagra, Rivoli, 114.
ÉCOLE DES COMMUNES (l'), Grenelle-Saint-Honoré, 45.
— DE DESSIN (l'), mens., Suger, 3.
ÉDUCATION (l'), mens.; chez M. Audeley, r. Madame, 40.
ÉLÉGANT (l'), journal des tailleurs, mens.; Mariton, direct., Ste-Anne, 64.
ÉMULATION (l'), hebd., rue Grange-Batelière, 1.
ENCYCLOPÉDIE DES ARTS ET MÉTIERS ILLUSTRÉE, bi-mens.; E. Moreau et Trotin, Ventadour, 6.
— CATHOLIQUE, Cassette, 28.
— DU XIXe SIÈCLE; de St-Priest, dir.-gén., Jacob, 31.
— UNIVERSELLE D'ORNEMENTS; Dessaigne, Cléry, 19.
ENSEIGNEMENT CATHOLIQUE (l'), mens.
ENTR'ACTE (l'), quotid., Grange-Batelière, 13.
ESPÉRANCE (l'), bi-mens., rue Fontaine-au-Roi, 18.
ESTAFETTE (l'), journal des journaux,

quot.; A. Dumont, gér., Coq-Héron, 5.
— DES MODES, boul. St-Martin, 61.
EUROPE ARTISTE (l'), hebd.; Ch. Desolme, rue Geoffroy-Marie, 10.
EUROPÉEN (l'), journal religieux, hebd.
EXERCICE D'ANALYSE MATHÉMATIQUE, q. des Augustins, 55.

FABRIQUE (la), LA FERME ET L'ATELIER, mens.; Julien Turgan, adm., Richelieu, 61.
FASHION-THÉORIE (la), Vivienne, 2.
FAVORI DES DAMES (le), mens.
FOLLET (le), courrier des salons, boul. Saint-Martin, 69.
FOYER DOMESTIQUE (le), Neuve-Saint-Augustin, 11.
FRANCE INDUSTRIELLE (la), hebd.
— MUSICALE, hebd., r. Richelieu, 102.
FRANC-MAÇON (le), mens.; Escudier fr., Richelieu, 102.

GALERIE NATIONALE DES NOTABILITÉS CONTEMPORAINES, trim.; E. St-Maurice Cabany, réd. en chef, boul. Beaumarchais, 91.
— DES NOTABILITÉS CONTEMPORAINES ÉTRANGÈRES; E. St-Maurice Cabany, réd. en chef, boul. Beaumarchais, 91.
— PHOTOGRAPHIQUE DU COSMOS, rue de l'Ancienne-Comédie, 18.
GALIGNANI'S MESSENGER, journal angl., quot., Vivienne, 18.
GARDE-MEUBLE (le), rue de Lancry, 2.
GAZETTE DES FAMILLES, Richepanse, 4.
— DE FRANCE (la), quotidien; Aubry-Foucault, gér.; de Lourdoueix, dir., Coq-Héron, 5.
— DE PARIS, hebd.
— HEBDOMADAIRE DE MÉDECINE ET DE CHIRURGIE, pl. de l'Ecole-de-Médecine, 17.
— DES HÔPITAUX CIVILS ET MILITAIRES, tri-hebd.; Dr Fabre, réd. en chef, Sts-Pères 40.
— MÉDICALE DE PARIS, hebdom., Racine, 14.
— MUSICALE; Brandus, direct., boulev. des Italiens, 1 et 3.
— DES TRIBUNAUX, Harlay-du-Palais, 2.
GÉNÉALOGIE UNIVERSELLE, Richel., 85.
GÉNIE INDUSTRIEL (le), mens.; Armengaud frères, St-Sébastien, 45, et Filles-du-Calvaire, 6.
GLOBO (el), bi-mens.
GRANDES (les) AFFICHES JUDICIAIRES ET HEBDOMADAIRES, rue Favart, 41.
GRATIS (le), Feydeau, 24.
GUIDE DU COMMERCE (le), quot., Bourbon-Villeneuve, 11.
— DE L'ACHETEUR EN GROS, Cléry, 74.
— DES CHEMINS DE FER, annuel.
— -DURR, hebd., r. Montmartre, 131.
— -SAJOU, mens., Rambuteau, 52.
HISTOIRE DES PEINTRES DE TOUTES LES ÉCOLES, bi mens.; chez J. Renouard et Ce, édit., Tournon, 6.
HORTICULTEUR (l'), r. Guy-Labrosse, 11.

ICONOGRAPHIE DU RÈGNE ANIMAL, de Cuvier, Beaux-Arts, 4.

ILLUSTRATION (l'), journal universel; Lechevalier et Ce, Richelieu, 60.
— HISPANOLA, hebd., Montmartre, 10.
IMAGERIE (l'), mens., rue de Lille, 3.
INDICATEUR DES CHEMINS DE FER (l'), hebd., Bergère, 20.
— PARISIEN, bi-hebd., rue Joquelet, 7.
— DE L'ENSEIGNEMENT, boul. Poissonnière, 4.
— MÉDICAL, mens., Bourbon-Villeneuve, 27.
INDUSTRIE (l'), hebd., politique.
INNOVATEUR (l'), journ. des cordonn.-bottiers, mens.; Pannelier, direc., Notre-Dame-de-Nazareth, 52.
INSPIRATIONS DU DESSINATEUR DE FABRIQUE; Dessaigne, édit., Cléry, 19.
INSTITUT (l'), hebd.; Eugène Arnault, direct., r. Trévise, 45.
INSTRUCTEUR JARDINIER, rue des Fossés-St-Victor, 18.
INTÉRÊTS MARITIMES (les), mens.
INTERMÉDIAIRE (l'), Rambuteau, 47.
INVENTION (l'), mens., boul. Saint-Martin, 29.
INVESTIGATEUR (l'), mens.; Renzi, dir., St-Guillaume-St-Germain, 9.
JEUNE CHRÉTIEN (le), mens., rue de la Monnaie, 10.
JONAS (en anglais), hebd., rue Basse-du-Rempart, 72.
JOURNAL D'ARCHITECTURE, mens.
— D'AGRICULTURE PRATIQUE ET DE JARDINAGE, mens.; chez Dusacq, rue Jacob, 26.
— L'AMEUBLEMENT, C. Allard, direct., Faub.-du-Temple, 50.
— DES ARMES SPÉCIALES, Christine, 1.
— ASIATIQUE, à la librair. de Benjamin Duprat, Cloître-St-Benoît, 7.
— DE L'ASSUREUR ET DE L'ASSURÉ, par M. Lehir, avocat; M. Lozach, direct., boul. des Italiens, 27.
— DES AVOUÉS, mens.; par Ad. Chauveau; Cosse, direct., pl. Dauphine, 27.
— DES BANQUIERS, etc., mens.; par M. Lehir, avocat; Decrand, direct., boul. des Italiens, 27.
— DES CHAPELIERS, mens., pl. de la Bourse, 7.
— DES CHASSEURS, mens.; chez M. Lefaucheux, Vivienne, 37.
— DES CHEMINS DE FER; J. Mirès, dir., Richelieu, 85.
— DE CHIMIE MÉDICALE, etc., mens., pl. de l'Ecole de Médecine, 23.
— DE CHIMIE ET DE TOXICOLOGIE, mensuel.
— DES CHOEURS; chez Gambaro aîné, Ste-Anne, 16.
— DES COIFFEURS, r. Ste-Anne, 64.
— DU COMMERCE, Verrerie, 69.
— DES COMMISSAIRES - PRISEURS, etc.; M. Lozach, direct., boul. des Italiens, 27.
— DES COMMUNES ET DES ÉTABLISSEMENTS DE BIENFAISANCE, mens., rue d'Anjou-Dauphine, 8.

— DE CONCHILOGIE , trim.

— DES CONNAISSANCES MÉDICALES PRA-TIQUES, mens., r. Poissonnière, 23, et chez L. Colas, r. Dauphine, 26.

— DES CONNAISSANCES MÉDICO-CHIRUR-GICALES, bi-mens.; Dr Vartin-Lauzer, dir.-réd.; bur., Grenelle-St-Germ., 39.

— DES CONSEILLERS MUNICIPAUX , etc. , mens., Louis-le-Grand, 17.

— DES CONSEILS DE FABRIQUES, mens , Louis-le-Grand, 17.

— DE LA COUR, feuille de littérature et de mode, rue Vivienne, 7.

— DES CONSERVATEURS DES HYPOTHÈ-QUES, NOTAIRES ET AVOUÉS, mens., Grenelle-St-Honoré , 23.

— DES CORDONNIERS-BOTTIERS , Notre-Dame-de-Nazareth. 52.

— DES DÉBATS, quot., Prêtres-St-Germ.-l'Auxerrois, 17.

— DES DAMES, mens., r. St-Jacques, 29.

— DES DEMOISELLES, mens., Richelieu , 103.

— ET DICTIONNAIRE DES ASSURANCES , irrég., r. N.-Dame-des-Victoires, 44.

— DU DIMANCHE, mens., rue du Crois-sant, 16.

— DU DROIT CRIMINEL, mens.; chez J. Claye et Ce, St-Benoît-St-Germain, 7.

— DE L'ÉCOLE POLYTECHNIQUE ; Bache-lier, q. des Augustins, 55.

— DE L'ÉCLAIRAGE AU GAZ, Cité-Tré-vise, 8 bis.

— DES ÉCONOMISTES, mens.; libr. Guil-laumin et Ce, Richelieu , 14.

— D'ÉDUCATION POPULAIRE, mens., Ta-ranne, 12, et chez Colas, Dauphine, 26.

— DE L'ENFANCE CHRÉTIENNE. mens.

— DE L'ENREGISTREMENT ET DES DO-MAINES, tri-mensuel, Saint-Florentin, 16.

— DES FABRICANTS D'ÉTOFFES FAÇON-NÉES , mens ; Dessaignes, édit. , Clé-ry, 19.

— DES FABRIQUES, mens.

— DES FANFARES, Ste-Anne, 16.

— DES FERMIERS, bi-mens.; Nozahic, r. Coq-Héron, 5.

— DES FIANCÉS ; Dubedat direct.-prop.; Ste-Anne, 9.

— DE LA GENDARMERIE DE FRANCE, hebd., St-Guillaume, 21.

— GÉNÉRAL D'AFFICHES, etc., Grenelle-St-Honoré, 55.

— GÉNÉRAL DE L'INSTRUCTION PUBLI-QUE, bi-hebdom., Grenelle-St-Honoré, 45.

— DES HARAS, DES CHASSES, DES COUR-SES DE CHEVAUX, pl. de la Madeleine, 8, et boul. des Italiens, 27.

— DES HÔTELS ; Dubedat, direct., Ste-Anne, 9.

— DES HUISSIERS, mens ; par MM. Bil-lequin et Harel ; Cosse, direct., place Dauphine, 27.

— DES JEUNES PERSONNES, mens. ; Mlle S. Ulliac Tremadure, direct. , Riche-lieu, 88.

— DE LA JEUNESSE, mens., Laffitte, 51.

— DES JUSTICES DE PAIX, etc., Haute-feuille, 15.

— DE LA JURISPRUDENCE DU NOTA-RIAT, mens., quai des Augustins, 11.

— LITTÉRAIRE, HISTOIRE, ROMANS, VOYAGE, rue Suger, 13.

— DES LOCATIONS, pass. Jouffroy, 44.

— DU MAGNÉTISME, mens. ; baron Du Potet de Senevoy, direct.; Héhert (de Garnay) , gérant , Beaujolais-Palais-Royal, 5.

— -MANUEL DES NOTAIRES, etc., men-suel, par F.-M. Sellier, avocat, Gr.-Augustins, 5.

— MANUEL DE PEINTURE, mens. , rue Bellefonds, 32.

— DES MARCHANDS TAILLEURS, mens.; Couanon, direct., Monnaie, 14.

— DE MATHÉMATIQUES , mensuel ; par Liouville, q. des Augustins, 55.

— DE MÉDECINE ET DE CHIRURGIE PRA-TIQUE ; par Lucas - Championnière , doct. en médecine ; bur., r. d'Anjou-Dauphine, 8.

— DES MÈRES ET DES ENFANTS , mens.; Jules Delbrück , direct., rue des Sts-Pères, 9.

— MILITAIRE OFFICIEL, r. et pass. Dau-phine, 30.

— DES MISSIONS ÉVANGÉLIQUES, mens., Tronchet, 2.

— DE MUSIQUE MILITAIRE ; chez Gom-baro aîné, Ste-Anne, 16.

— DES NÉGOCIANTS, COMMISSIONNAIRES; Decrand, direct., boulev. des Italiens, 27.

— DES NOTAIRES ET DES AVOCATS , mens., Sts-Pères, 52.

— DU NOTARIAT ET DES OFFICIERS MI-NISTÉRIELS, bi-hebd.; Joseph Havard, réd. en chef, r. d'Argenteuil, près St-Roch.

— DU PALAIS, pl. Dauphine, 6.

— DES PEINTRES EN DÉCORS, EN BATI-MENTS ET EN VOITURES, mens., r. des Noyers, 47.

— DE PHARMACIE ET DE CHIMIE, mens.; chez Victor Masson, pl. de l'Ecole de Médecine, 17.

— POUR RIRE (le) , hebd. ; Ch. Philip-pon, direct., pl. de la Bourse, 29.

— DES PRÉDICATEURS, rue Sainte-Anne, 16.

— DE PROCÉDURE, mens ; par Bioche, Hautefeuille, 15.

— DES PRUD'HOMMES, etc., mens. ; par M. Lehir, avocat; Decrand, direct. , boul. des Italiens, 27.

— QUOTIDIEN, rue Bergère, 20.

— DE LA RENAISSANCE DES MUSIQUES MILITAIRES DE CAVALERIE; Fournier, édit., pass. du Grand-Cerf, 22.

— DE LA RENAISSANCE DES MUSIQUES MILITAIRES D'INFANTERIE; Fournier, édit., pass. du Grand-Cerf, 22.

— DES SALONS, bi-mens.

— DES SAVANTS, mensuel, Hautefeuille, 21.

— DES SCIENCES MILITAIRES, etc., men-suel, Christine, 1.

— DE LA SOCIÉTÉ GALLICANE, rue Hautefeuille, 19.

— DE LA SOCIÉTÉ FRANÇAISE DE STATISTIQUE UNIVERSELLE, mens., Louis-le-Grand, 21.

— DE LA SOCIÉTÉ DE LA MORALE CHRÉTIENNE, mens., St-Guillaume, 9 (faub. St-Germain).

— DE LA SOCIÉTÉ POUR L'INSTRUCTION PRIMAIRE.

— DES TAILLEURS, bi-mens.; Compaing, direct., Richelieu, 103, et boul. des Italiens, 1.

— DES TRAVAUX DE L'ACADÉMIE NATIONALE AGRICOLE, etc., Louis-le-Grand, 21.

— DES TRAVAUX PUBLICS, etc, Grange-Batelière, 13.

— DES TRIBUNAUX DE COMMERCE.

— DE VACCINE, mens., Saint-André-des-Arts, 25.

— DES VILLES ET DES CAMPAGNES, etc., tous les 2 jours, Grands-Augustins, 5.

JURISPRUDENCE GÉNÉRALE, mens.; par MM. Dalloz; Faivre, avocat, direct., Seine-St-Germain, 34.

LANCETTE (la), semi-quot.

LETTRES PARISIENNES (les), hebd.

LIEN (le), bi-mens., pl. de l'Oratoire-du-Louvre, 6.

LINGERIE (la), Richelieu, 92.

LION (le); Mariton, dir., Ste-Anne, 64.

LIVRET-CHAIX, Bergère, 20.

LOIS CIVILES ET ECCLÉSIASTIQUES (les), mensuel.

LOUPE DE L'HORLOGER (la); par L. Borsendorff, Vannes, 1.

LUMIÈRE (la); Alexis Gaudin, propr.-gérant, Perle, 7, au Marais.

LYCÉE (le), mens.

MAGASIN DES DEMOISELLES, mens., Laffitte, 51.

— DES ÉCOLES DU DIMANCHE (le), mens., Tronchet, 2.

— DES FAMILLES (le), mens.

— PITTORESQUE; J. Best et Ce, rue Jacob, 30.

— UTILE (le), hebd., Hautefeuille, 9.

— DE ZOOLOGIE, Beaux-Arts, 4.

MAISON RUSTIQUE.

MANUEL GÉNÉRAL DE L'INSTRUCTION PRIMAIRE, hebd.; L. Hachette et Ce, Pierre-Sarrazin, 14.

— DES NOTAIRES, Grands-Augustins, 5.

— DU CAPITALISTE, rue Cherche-Midi, 98.

MATÉRIAUX DU DESSINATEUR; Dessaigne, édit., Cléry, 19.

MÉDECIN DE LA MAISON (le), bi-mens.; Dr Reinvillier, réd. en chef et direct. rue Bergère, 24.

MÉMOIRES DE LA SOCIÉTÉ DE CHIRURGIE.

— DE LA SOCIÉTÉ DE GÉOGRAPHIE.

— DES TRAVAUX DE LA SOCIÉTÉ DES INGÉNIEURS CIVILS.

MÉMORIAL CATHOLIQUE (le), mens.; libr. Julien, Lanier et Ce, Bussy, 4.

— DU COMMERCE ET DE L'INDUSTRIE, mens.; Decrand, direct., boulev. des Italiens, 27.

— DU NOTARIAT ET DE L'ENREGISTREMENT, mens., St-Honoré, 350.

— DES PERCEPTEURS ET RECEVEURS DES COMMUNES; par M. Durieu, Bourgogne, 40.

MÉNESTREL (le), hebd.; Jules Lovy, réd. en chef, Vivienne, 2 bis.

MERCURE FRANÇAIS (le); Hippol. Lucas de Beauvillain, boul. du Temple, 36.

— DE FRANCE (le), Ste-Anne, 55.

— DES THÉATRES, quot., boul. Montmartre, 8.

— UNIVERSEL, bi-mens.; Polowski, réd. en chef; Guillon, dess.; bur., Lamartine, 21.

— UNIVERSEL DE LA CARROSSERIE (le), mens.

MERCURIALE (la) DES HALLES ET MARCHÉS, quot.; Fr. Petit, Coq-Héron, 5.

MESSAGER DES THÉATRES ET DES ARTS, bi-mens.; Achille Delis, réd. en chef; Ch. Hiltbrunner, direct., Grange-Batelière, 13.

— DE L'INDUSTRIE, hebd.

MINEUR (le), mens.

MIRABILIA, mens.; Ch. Malo, rue Taranne, 12.

MODE (la), tri-mens.; vicomte d'Arlincourt, direct., r. Choiseuil, 16.

— PARISIENNES (les), hebd ; chez Aubert, pl. de la Bourse, 29.

— VRAIES (les), St-Roch, 37.

MONDE CHRÉTIEN, mens., pl. de l'Oratoire, 6.

MONITEUR DES ARCHITECTES (le); A. Grim, boul. St-Martin, 19.

— ADMINISTRATIF, hebd.

— DE L'AGRICULTURE, hebd.; Nozahic, Coq-Héron, 5.

— DE L'ARMÉE (le), 6 fois par mois; H. Baudouin, direct.-gér., Grange-Batelière, 13.

— DU COMMERCE ET DES CHEMINS DE FER, rue Sainte-Anne, 9.

— DES COMMUNES, hebd., Vieille-du-Temple, 87.

— DES DEMOISELLES, Richelieu, 92.

— INDUSTRIEL; Darnis, réd., r. de l'Echiquier, 36.

— DE L'EXPORTATION, hebd., passage Jouffroy, 61.

— DES HÔPITAUX, semi-quot.

— DE L'INDUSTRIE ET DES CHEMINS DE FER, hebd.

— DES MARCHÉS, hebd., Sartine, 1.

— DE LA MARINE, hebd.

— DE LA MODE AMÉRICAINE.

— DE LA MODE, tri-mens., Richelieu, 92.

— DE LA PROPRIÉTÉ ET DE L'AGRICULTURE, mens.; J.-J. Birgunion, direct.-gér.; bur., q. Napoléon, 23.

— UNIVERSEL, Poitevins, 6, et Richelieu, 4.

— DES VENTES, quot., rue Feydeau, 24.

MOUSQUETAIRE, quot.; Alex. Dumas, rue Laffitte, maison Dorée.

MOUSTIQUAIRE (le) , hebd. ; Dumasnoir et Cᵉ, rue Richelieu, 27.

MUSÉE BIOGRAPHIQUE ; E.-S. Maurice Cabany, boul. Beaumarchais, 91.
— DES DAMES ET DES DEMOISELLES , mens., Chaussée-d'Antin, 33.
— DU DESSINATEUR DE FABRIQUE, Cléry, 19.
— DES FAMILLES, mens., St-Roch, 37.
— DES IMAGES, rue de Trévise, 37.
— DE LA LITTÉRATURE ET DES ARTS , rue Sainte-Anne, 9.
— DES MODES ; Fontaine père et fils , direct., pl. de la Bourse, 7.

NAYADE (la) ; Lecharpentier, fondateur-administr., Meslay, 21.
NÉCROLOGE (le) UNIVERSEL DU XIXᵉ SIÈCLE ; St-Maurice Cabany, réd. en chef, boul. Beaumarchais, 91.
NEW-YORK HERALD (the), quotid., r. d. la Banque, 17.
NOUVEAUTÉ (la) DES QUATRE SAISONS; Dessaigne, Cléry, 19.
NOUVELLE FLORE, par Fréd. Gérard, St-Jacques 71.
— ANNALES DE LA MARINE ET DES COLONIES , mens. , Gren.-St-Honoré, 45.
— ANNALES DE MATHÉMATIQUES, q. des Augustins, 49.
— DU MUSEUM D'HISTOIRE NATURELLE, rue Hautefeuille, 12.
— DES VOYAGES ET DES SCIENCES , rue Hautefeuille, 21.

OBSERVATEUR (l') ET LE NARCISSE, pl. de la Bourse , 7.
OFFICE COMMERCIAL, trim.

PANORAMA (le) DRAMATIQUE , boulev. Montmartre, 5.
PARIS ÉLÉGANT (le), bi-mens.
— ET LA GRANDE BANLIEUE, hebdom.; Mariton, direct., Ste-Anne, 64.
PARISIEN (le), Richelieu, 92.
PARTERRE DES THÉATRES (le), quot., r. Gaillon, 14.
PASSE-TEMPS DES DAMES (le), mens.
PATRIE (la), quot., Croissant, 12.
PATRONS MENSUELS (les); Mariton, dir., Ste-Anne, 64.
— MODÈLES PARISIENS, mens. , Richelieu, 92.
PAYS (le), Faubourg-Montmartre, 11.
PETIT COURRIER DES DAMES, hebd., Richelieu, 103, et boul. des Italiens, 1.
— COURRIER (le) DES HALLES ET MARCHÉS, r. Coquillière, 10.
— MESSAGER DES MISSIONS ÉVANGÉLIQUES, mens., Tronchet, 2.
— MESSAGER DES MODES , bi-mens. Mariton, direct., Ste-Anne, 64.
PETITES AFFICHES PHARMACEUTIQUES ET MÉDICALES, mens.; C.-A. Philippe, direct., Guénégaud, 3.
PHARE (le) DU COMMERCE , DU CRÉDIT FONCIER ET DES TRAVAUX PUBLICS, hebd., Bouloi, 24, et Grenelle-Saint-Honoré, 45.

PHILOLOGUE (le).
PIERROT (le), journal de théâtres, quot., passage du Caire, 56.
PLAISIR ET TRAVAIL, rue de Lille, 19.
PLAN (le), Neuve-St-Augustin , 5.
PRESSE (la), quot.; Nefftzer , secrét. de la réd.; Rouy, administr., r. Montmartre, 131.
— DE LA BANLIEUE , hebd.
— LITTÉRAIRE (la), hebd., Ste-Anne, 51.
— MÉDICALE, hebd.
PROGRÈS (le), Amboise, 5.
PSYCHÉ, bi-mens., Fontaine-Molière, 41.
PUBLICATION INDUSTRIELLE DES MACHINES, etc. ; Armengaud aîné, direct.; chez Mathias, libr., q. Malaquais, 15 ; bur., r. Saint-Sébastien , 45.
— POPULAIRES (administration des), r. Richelieu, 27.

RECUEIL DES ACTES ADMINISTRATIFS DU DÉPARTEMENT DE LA SEINE, Grenelle-St-Honoré, 45.
— ENCYCLOPÉDIQUE D'AGRICULTURE, r. de l'Eperon, 5.
— GÉNÉRAL DES LOIS, DÉCRETS ET ARRÊTÉS, Saints-Pères, 52.
— GÉNÉRAL DES LOIS ET DES ARRÊTS, EN MATIÈRES CIVILE , CRIMINELLE , COMMERCIALE ET DE DROIT PUBLIC, r. de Savoie, 6.
— RECUEIL DES LOIS ET ACTES DE L'INSTRUCTION PUBLIQUE, mens.; J. Delalain, édit., Sorbonne, 1, et Mathurins-Saint-Jacques, 5.
— DE MÉDECINE VÉTÉRINAIRE PRATIQUE, mens. ; Bouley, réd. en chef, pl. de l'Ecole-de-Médecine, 23.
RÉFORME AGRICOLE, mens., chez Eloff , naturaliste, Ecole-de-Médecine, 10.
RÉGENCE (la), mens., s'adresser au café de la Régence et au cercle des Echecs, pl. du Palais-Royal, 243.
RENOMMÉE (la), rue Pelletier 21.
RÉPERTOIRE DE PHARMACIE, Ecole-de-Médecine, 17.
— GÉNÉRAL, pl. Dauphine, 6.

REVUE ARCHÉOLOGIQUE, mens., Poitevins, 11.
— D'ARCHITECTURE (la), rue Furstemberg, 4.
— DES BEAUX-ARTS, bi-mens., r. Clichy, 75.
— BRITANNIQUE, mens. , Neuve-St-Augustin, 60.
— CATHOLIQUE, mens.; Parent-Desbarres, direct., r. Cassette, 28.
— CATHOLIQUE DE LA JEUNESSE, rue Richelieu, 62.
— CLINIQUE FRANÇAISE ET ÉTRANGÈRE, bi-mens., Saints-Pères, 38.
— COLONIALE, mens., Grenelle-St-Honoré, 45.
— CONTEMPORAINE, bi-mens. , faub. Montmartre, 13.
— CRITIQUE DES LIVRES NOUVEAUX, mens., pl. de l'Orat.-du-Louvre, 36.
— CRITIQUE DE LA JURISPRUDENCE, r. des Grès, 16.

— DES DEUX-MONDES, bi-mens. ; Buloz, direct.; V. de Mars, gér.; bur., Saint-Benoît-St-Germain, 20.

— DU DROIT FRANÇAIS ET ÉTRANGER, rue des Grés, 14.

— DE L'ÉDUCATION NOUVELLE. (Voir au mot *Journal des Mères et des Enfants.*)

— DE L'ENSEIGNEMENT, h-bd.

— ET GAZETTE MUSICALE DE PARIS, boul. des Italiens, 1.

— ET GAZETTE DES THÉATRES, bi-heb. ; Pommereux, direct. Ste-Anne, 55.

— GÉNÉRALE DE L'ARCHITECTURE ET DES TRAVAUX PUBLICS, mens , Furstemberg, 4.

— HORTICOLE, bi-mens, Jacob, 26.

— DE L'INSTRUCTION PUBLIQUE EN FRANCE ET A L'ÉTRANGER; libr. Hachette, Pierre-Sarrazin, 14.

— DE LÉGISLATION ET DE JURISPRUDENCE, mens.; chez Videcoq fils aîné, libr., Soufflot, 1.

— ET MAGASIN DE ZOOLOGIE, mens. : par Guérin Méneville, Beaux-Arts, 4.

— MÉDICALE, FRANÇAISE ET ÉTRANGÈRE, bi-mens., Dragon, 16.

— MÉDICO-CHIRURGICALE DE PARIS, Grenelle-Saint Honoré, 45.

— MENSUELLE.

— MUNICIPALE, bi-mens., boulev. du Temple, 10.

— NUMISMATIQUE, tous les 2 mois, Vivienne, 12.

— DE L'ORIENT, DE L'ALGÉRIE ET DES COLONIES; mens. ; chez Just Rouvier, Ecole-de-Médecine, 20.

— ORIENTALE ET ALGÉRIENNE, mens. ; chez Gide et J. Baudry, Petits-Augustins, 5.

— DE PARIS, bi-mens., boul. des Italiens, 15.

— PROGRESSIVE D'AGRICULTURE, rue Hautefeuille, 12.

— SCIENTIFIQUE ET ADMINISTRATIVE DES MÉDECINS DE TERRE ET DE MER, bi-mens.; V. Rogier, réd.-gér., r. de Childebert, 11.

— SCIENTIFIQUE ET INDUSTRIELLE, du doct. Quesnil, mens., pass. Ste-Croix-de-la-Bretonnerie, 6.

— DE THÉOLOGIE ET DE PHILOSOPHIE CHRÉTIENNE. mens., pl. de l'Oratoire-du-Louvre, 6.

— DE THÉRAPEUTIQUE, MÉDICO-CHIRURGICALE, rue de Grenelle-Saint-Germain, 39.

— DES VOYAGES, mens.

— ZOOLOGIQUE, par Guérin-Méneville, r. des Beaux-Arts, 4.

RUCHE POPULAIRE (la), mens.; Duquesne, gér.; bur., Vieille du-Temple, 75.

SANTÉ UNIVERSELLE (la), mens., r. de Grenelle-St-Germain, 39.

SÉANCES (les) DE L'ACADÉMIE DES SCIENCES MORALES ET POLITIQUES, rue Serpente, 36.

SECRETS DES ARTS, mens.; Quesneville, direct., pass. Ste-Croix-de-la-Bretonnerie, 6.

SEMAINE RELIGIEUSE (la), hebd.

SIÈCLE (le), quot., r. du Croissant, 16.

SOLEIL (le). Pal.-Royal, gal. Valois, 116.

— MYSTIQUE.

SOUVENIR (le), revue des modes et des salons, Neuve-des-Petits-Champs, 61.

SPECIES DES COLÉOPTÈRES, par M. Guérin-Méneville, r. des Beaux-Arts, 4.

SPECTATEUR MILITAIRE (le), mens., r. ue l'Université, 23, et Dauphine, 30.

— UNIVERSEL, hebd.

STORT-ANNONCE (le), r. Meslay, 21.

STRANGERS-ADVERTISER (the); Delarue, direct.-gér., r. Ste-Anne, 64; bur. r. de Provence, 12.

SYLPHIDE (la), tri-mens.; Mariton, dir., r. Ste-Anne, 64.

TAILLEUR (le), par L. Fournier, fond.-gér., r. Fontaine-Molière, 27.

TECHNOLOGISTE ou Archives des Progrès de l'Industrie française et étrangère, r. Hautefeuille, 12.

TERME (le), r. d'Alger, 3.

THÉATRE (le), bi-hebd.; Edouard Fournier, réd. en chef; Eugène Cordier, dir.-gér. ; bur., r. de Valois-Palais-Royal, 8.

THÉORIE DE L'ART DU TAILLEUR, mens., boul. St-Martin, 69.

TINTAMARRE (le), Valois-Palais-Royal, 8.

TRIBUNE CHRONOMÉTRIQUE (la), mens.; Pierre Dubois, réd. en chef; bur. F. Séré; r. du Pont-de-Lodi, 5.

— DES ÉCOLES (la), mens.

— SACRÉE (la), mens., r. Neuve-Saint-Augustin, 40.

UNION (l'), quot., r. Neuve-des-Bons-Enfants, 3, et r. de Valois. 18.

— MÉDICALE (l'), tri-hebd., Faubourg-Montmartre, 56.

UNIVERS (l'), quot., Grenelle-Saint-Germain, 13.

UNIVERSITÉ CATHOLIQUE, mens., r. Babylone, 10.

— ISRAÉLITE, mens., r. l'Echiquier, 22.

— MUSICAL, hebdom., cour des Miracles, 91.

UTILE (l'), mens.; Marchand, dir.-gér., r. des Francs-Bourgeois, 11, au Marais.

VEILLÉES DES SALONS, mens., quai Bourbon, 31 (Ile-Saint-Louis).

VÉRITÉ (la), quot., r. d'Amboise, 20, au Petit-Montrouge.

VIE DES CHAMPS (la), semi-mensuel.

VILLE DE PARIS (la), hebd.

VOGUE-AFFICHE (la), quot., Taitbout, 11.

VOIX DES ARTISTES (la), mens., r. St-Louis, 42, au Marais.

— DE L'ÉPISCOPAT (la), mensuel.

VOLEUR (le), tous les cinq jours, r. Richepanse, 4.

VOYAGEUR (le), journal illustré, mens.

YATRIENHA (l'), irrég.

REVUE

DES

INVENTIONS ET PERFECTIONNEMENTS

INTRODUITS DANS L'IMPRIMERIE.

LA CASSE A UN SEUL COMPARTIMENT. — LA MACHINE-FOUCHER. — LE CHASSIS-BLOC-BOILDIEU. — LES CLICHÉS EN CUIVRE. — LISTE DES BREVETS D'IVENTION PRIS POUR LA TYPOGRAPHIE DEPUIS SIX ANS.

Grâce à l'initiative de M. Serrière, la Chambre des Imprimeurs nous a encore montré, cette année, quelle influence elle pourrait exercer sur la typographie française, si elle était moins disposée à la somnolence. Saisie de la question des casses à un seul compartiment, elle l'a étudiée, débattue et presque résolue à la satisfaction de tout le monde. C'est là un acte sérieux et vraiment utile dans la voie de progrès qui fut inaugurée par le Tarif de 1853. Il nous donne l'espoir que la Chambre voudra bien encore éclairer d'autres points de ses vives lumières.

Notre intention étant de recommander la casse soumise à l'examen de la Chambre des Imprimeurs, nous allons emprunter au rapport une partie des considérations qui démontrent le mérite incontestable de cette invention. L'ancienne casse occupe 64 décimètres 80 de superficie; la nouvelle n'occupe que 38 décimètres 25 : c'est donc un bénéfice de 36 décimètres 55 en superficie, lequel permet d'établir 60 places là où d'abord il n'y en avait que 38, et donne la faculté d'éclairer deux compositeurs avec un seul bec de lumière, en adoptant toutefois le rang à *dos-d'âne*. Pour l'emplacement, la même économie de terrain se produit à l'égard des rayons, bien que les casses nouvelles soient plus profondes. Cette réduction de la casse a aussi pour effet de la rendre plus légère, plus maniable, de diminuer le nombre d'accidents occasionnés par le transport, de faciliter et d'accélérer le montage et le démontage, de rendre les ateliers plus clairs, plus commodes. Enfin, l'accouplement de deux parties de casse étrangères l'une à l'autre et les inconvénients qui en résultent disparaissent complètement. Dans une casse, les petites capitales n'étant ni plus ni moins utiles que l'italique, on les a exclues du nouveau modèle pour former casseau à part, de façon à les faire resservir à un autre caractère, lorsque celui auquel elles appartiennent réellement est est mis à la fonte. Bref, la double casse, l'ancienne, coûte aujourd'hui 6 à 7 fr.; la casse à un seul compartiment n'en coûte que 5. Voilà les avantages de ce nouveau modèle, dont nous donnons la figure page 94. La typographie en est redevable à M. Serrière d'abord, qui en est le promoteur; ensuite à M. Parmentier, qui a développé de judicieuses considérations en envoyant son propre modèle à la Chambre des Imprimeurs; puis aussi aux compositeurs de la *Presse*, qui ont fait une excellente critique des anciennes et des nouvelles casses; enfin à M. Gallay, qui a bien voulu joindre aux différents modèles celui qu'il avait fait admettre à l'Exposition de 1849. N'oublions pas la part prise à cette transformation par la commission de la Chambre des Imprimeurs, dont M. Bonaventure était rapporteur et M. Claye le modeleur chargé de coordonner, par un plan définitif, les études faites sur les casses en usage et en projet.

Nous allons profiter du prétexte tout naturel qui nous est offert en ce moment pour consacrer quelques lignes à la *Machine-Foucher*, qui figure en dessin aux dernières pages de l'*Annuaire*, à côté de celui du *Chassis-Bloc-Boildieu*, dont nous parlerons aussi. Ce n'est point une réclame en faveur de ces mécaniciens que nous voulons faire : notre intention est de signaler à MM. les imprimeurs, en dehors de notre Revue des Imprimeries de Paris, toutes les inventions susceptibles d'apporter l'économie dans leurs travaux, en augmentant la perfection et la rapidité d'exécution de leurs produits. La machine de M. Foucher est un instrument tout mignon, qui a eu les honneurs d'une visite spéciale de plusieurs membres de la Chambre des Imprimeurs. Dans un groupe qui n'a qu'un mètre 5 de hauteur sur 80 centimètres de longueur, et 50 de largeur, elle réunit tout l'outillage multiple qui se trouvait épars dans les ateliers. On y remarque un coupoir d'un mécanisme nouveau, qui permet de convertir rapidement toutes les mauvaises interlignes en espaces parfaitement justes, du 5 au 12, lesquelles tombent dans un tiroir, d'où on les tire sans ébarbure et prêtes à être employées. Elle possède un rogneur à demi-cercle, qui fait toutes les pentes avec une précision que n'ont peut-être pas les outils spéciaux en ce genre et qui coûtent à eux seuls presque autant que la machine-Foucher elle-même. Enfin, elle comporte une scie circulaire qui est vraiment une heureuse idée de l'inventeur. Avec elle, plus de lingots bâtards ni de garnitures perdues : un coup de scie, et les voilà nivelés avec une étonnante justesse aux numéros inférieurs. Pour les maisons où l'on emploie encore du bois au montage des tableaux et des garnitures, rien n'est plus précieux que cette scie coupant parfaitement d'équerre et à laquelle est adapté un conducteur mobile, qui limite les longueurs. Vouloir entrer dans de plus longs détails, ce serait courir le risque de reproduire à cette place l'annonce de M. Foucher, qui dit clairement et beaucoup par elle-même. Nous terminons en engageant vivement MM. les imprimeurs à visiter cette machine. Nous sommes assuré d'une chose, c'est qu'en la voyant fonctionner, ils sentiront la nécessité de la posséder.

Le *Chassis-Bloc* est une idée simple, qui supprime les chassis, les biseaux, les bois, les coins et les blocs de matière dans l'impression des clichés. Il permet de tirer sur des pages brisées en quatre ou cinq parties, et même de réunir dans un seul tirage huit ou dix clichés de grandeurs différentes. A titre de souvenir, il est juste de rappeler qu'une invention à peu près semblable fut enfantée par M. Creuset, prote de l'imprimerie de M. Cosse. M. Boildieu s'étant donné la peine d'expliquer lui-même son système ailleurs, nous en sommes dispensé. Mais nous croyons devoir recommander comme un véritable progrès les chassis-blocs dont il est inventeur, lesquels ne sont guère plus coûteux qu'une forme de blocs ordinaires. L'emploi journalier qui s'en fait dans les imprimeries de MM. Delalain et Migne est là pour attester que c'est une tentative heureuse, qui a le bonheur de détruire les inconvénients et les vices nombreux que recèle l'ancien système de blocs. Avec celui de M. Boildieu, non seulement il y a économie d'argent et de temps, mais il y a encore assurance d'un bon registre et garantie d'une mise en train facile.

Absorbé comme nous l'avons été cette année par nos recherches dans les départements et nos statistiques de toute sorte, nous n'avons pu donner que quelques jours à l'examen des instruments de travail nouveaux ; mais l'année prochaine, dégagé d'une partie de ces recherches et paraissant après l'Exposition, nous nous y livrerons longuement. En attendant, nous terminerons cette partie de notre ouvrage en disant quelques mots des clichés en cuivre de M. Michel.

Sans crainte d'être taxé d'exagération, nous pouvons dire que jamais la stéréotypie n'avait si bien servi la gravure, jamais l'impression ne fut si bien secondée, jamais moule ne conserva les proportions de son modèle avec plus d'exactitude, jamais matière ne reproduisit plus fidèlement les mille détails de la gravure ! Nous croyons même qu'il serait difficile de pousser plus loin la vigueur et la netteté dans les traits. Là ne résident pas les seuls mérites de ces clichés : ils sont d'une solidité à défier les plus longs tirages, et ils ne portent avec eux aucune cause de détérioration. Déjà les imprimeries Best et Dupont en font un usage qui prélude à un emploi plus général.

LISTE DES BREVETS D'INVENTION PRIS POUR L'IMPRIMERIE
depuis six ans.

1847.— Hurang et Demolliens, à Paris, nouveaux caractères d'imprimerie.

Varenna et Piatti, à Paris, presse typographique à mouvement circulaire.

Terzuolo, à Paris, procédé ayant pour objet d'abréger la composition typographique.

Beniowski, de Londres, perfectionnements aux appareils et procédés employés pour l'impression typographique.

Jacob, de Londres, perfectionnements dans la fabrication des surfaces imprimées, modelées, ornées, colorées, relevées en bosse ou moulées.

Paturiaux, à Paris, procédés galvano-stéréotypiques ayant pour objet et pour but la reproduction des vignettes, fleurons, gravures, cadres, couvertures.

Newton, de Londres, perfectionnements aux presses mécaniques.

Petin, à Paris, système de presse-séchoir applicable à la fabrication des clichés.

Rholfs et Schmidt, à Paris, machine à imprimer en caractères typographiques.

Boileau, de Londres, perfectionnements dans la confection des caractères calligraphiques.

Gardissal, à Paris, machine dite le *fondeur de caractères ou types d'imprimerie à jet rapide et continu.*

Joly, à Paris, système complet de machine propre à l'impression typographique.

Naudot, à Paris, fabrication de caractères typographiques en fer, acier, cuivre, etc., par compression.

1848. — Normand, à Paris, système de presse mécanique typographique

Hoe et Newton, de Londres, chez Perpigna, à Paris, découverte pour laquelle M. Hoe a obtenu, aux Etats-Unis d'Amérique, le 4 juillet 1847, une patente de quatorze ans, ladite découverte relative à des perfectionnements apportés à la presse typographique.

Beniowski, de Londres, chez Perpigna, à Paris, perfectionnements aux procédés employés dans l'impression typographique.

Dumery, à Paris, perfectionnements introduits dans l'impression typographique.

Prats, à Paris, perfectionnements dans la fabrication de l'encre pour les impressions.

Bouvard, à Saint-Etienne (Loire), genre d'impression applicable au décor dans le genre étrusque, ainsi qu'aux lettres d'enseignes et d'affiches.

Gaveaux, à Paris, machine typographique.

Rholfs, à Paris, dispositions de machines typographiques continues.

De Colmont et Ducloux, à Paris, fabrication de caractères d'imprimerie par compression.

1849. — Hoe, de New-York, chez

M. Perpignat, à Paris. — Presse typographique propre à imprimer des cartes de visite, d'adresse et autres.

Le même. — Perfectionnements apportés aux presses typographiques dites *presses à labeur.*

Delyart, à Zouafques (Pas-de-Calais). — Presse à mouvement continu pour l'imprimerie, la lithographie, la gravure.

Gilliman et Alauzet, à Paris. — Améliorations et dispositions mécaniques applicables aux presses typographiques.

Calles, à Lyon (Rhône). — Machine à fondre les caractères d'imprimerie.

Dardenne, à Paris. — Machine rotative continue à imprimer.

Barrat et Bodmer, à Paris. — Machine à imprimer.

Giroudot fils, à Paris. — Machine typographique à impression continue.

Holm, de Londres, chez M. Armengaud, à Paris. — Divers perfectionnements apportés dans les impressions.

Deville, à Batignolles (Seine). — Forme à imprimer d'un genre nouveau, à surface ronde.

Dehoul, à Paris. — Machine à composer, à justifier les caractères d'imprimerie et faire épreuve immédiate.

Lespinasse, à Paris. — Divers perfectionnements dans la fabrication des caractères typographiques.

Beniowski, chez M. Perpigna, à Paris. — Perfectionnements apportés aux appareils et procédés propres à l'impression typographique.

Leblond, à Paris. — Machine à composer les caractères typographiques, à les corriger et à les décomposer, machine dite *balistotype.*

Marinoni et Baillet, à Paris. — Machine à imprimer.

Delcambre, à Paris. — Améliorations et perfectionnements sur tous les détails de la machine-compositeur typographique, pour laquelle un brevet a été délivré à M. Arthur Yung, le 7 octobre 1840.

1850. — Garat, à Montmartre (Seine), machine à composer et à décomposer.

Lefas, à Rennes, pianotype pour la composition typographique.

Vialat, à Lagny, (Seine-et-Marne), procédé de tirage sur clichés sans mise en train.

Rose, de Glascow, Ecosse, certains perfectionnements dans les procédés d'impression typographique et dans les machines et appareils y ayant rapport.

Gillot, à Paris, panéiconographie, ou l'art de reporter sur les métaux comme sur pierre, soit en creux, soit en relief, toute espèce de lithographie, typographie ou gravure, pour reproduire ces reports au moyen de la presse typographique.

Daulé, à Paris, appareil à obtenir des stéréotypes.

Singer, de Londres, perfectionnements apportés aux machines propres à graver en typographie et pouvant recevoir d'autres applications.

Loiseau, à Paris, cylindre à composer et à serrer les types typographiques.

Mauduit, à Paris, presse typographique, toucheur à double fonction.

Chaix, à Paris, caractères et machines cylindriques pour l'impression des journaux, labeur, etc.

Vibert père et fils, à Paris, procédé de fabrication de réglure typographique par réunion de lames en cuivre, zinc, matière à caractère ou tout autre métal.

Normand, à Paris, presse mécanique à imprimer.

Garnier et Martin, à Paris, machine à composer.

Paulin, à Paris, application du caoutchouc vulcanisé aux procédés d'impressions typographiques et autres.

Laboulaye, à Paris, modes de fabrication appliqué à tous les produits de la fonderie typographique et de la poterie d'étain au moyen d'un moule hydrostatique.

Firmin Didot, à Paris, procédé de stéréotypage au moyen de moules en plâtre économiques, et donnant des clichés plus parfaits et plus promptement exécutés que par les procédés employés jusqu'à ce jour pour le moulage en plâtre.

Chevalier, Bourlier et Marinoni, à Paris, système de va-et-vient appliqué aux presses typographiques.

Delcambre, à Paris, machine distributeur typographique.

Brooman, de Londres, moyen de recouvrir, enduire ou plaquer des types d'imprimerie, des plaques de stéréotypie et des clichés destinés à l'impression.

Ronjat, à Paris, presse mécanique typographique, système cylindrique, au moyen de laquelle on arrive à produire un tirage beaucoup plus rapide et bien plus économique que ceux obtenus jusqu'à ce jour. En quatre heures, 100,000 exemplaires peuvent sortir des presses de M. Ronjat, a raison de 25,000 à l'heure et presque sans frais.

1851.—Curmer, à Paris, stéréotypie pour l'impression de la musique par la presse typographique.

Duroy, à Paris, composition destinée à remplacer celle employée pour la confection des rouleaux de touche dont on se sert en lithographie et en typographie, et pouvant aussi servir pour tablettes ou tampons pour l'impression au moyen de griffes, crochets, etc.

Piet et Petit, à Paris, machine à imprimer dite cliché-compositeur avec perfectionnements.

Vaucourt, à Sainte-Croix-aux-Mines, machine typographique et autographique à double levier et à engrenage.

Charpentier et Coisne, à Paris, machine propre à l'impression typographique.

Les mêmes, disposition du mécanisme de machines typographiques.

Delamarre, à Paris, appareils et moules à fondre les clichés, dans lesquels les écrous peuvent être remplacés à volonté par une charnière avec fermeture par levier ou de toute autre manière.

Smith, à Paris, perfectionnements dans les machines ou appareils servant à imprimer avec des cylindres en gutta-percha ou autres cylindres couverts en gutta-percha.

Rabatié et Ruchet, à Paris, système d'impression typographique, autographique, lithographique et taille-douce.

Haunet, à Paris, perfectionnements apportés dans les divers systèmes de presse à imprimer.

1852. — Gilbert, à Paris, accélérateur de composition typographique, consistant en une casse qui renferme les caractères usuels et des syllabes simples.

Plon, Paris, aquarelle typographique.

Gaultier, à Paris, genres de châssis et ramettes à barres mobiles, dits *crémaillères typographiques*.

De Locy, à Paris, procédé de clichage.

Quinet, à Paris, système d'impression permettant d'imprimer directement sur toute espèce de matières dures ou flexibles, fixes ou mobiles, et quelle qu'en soit la forme, plane ou plus ou moins sphérique.

Dutartre, à Paris, perfectionnements apportés aux presses typographiques.

Petin, à Paris, système de griffes pour le tirage des clichés.

Vilain et Martin, à Paris, machine à composer et à distribuer les caractères typographiques.

Rude, à Paris, machine propre à la fabrication des types ou caractères.

Petyt, à Paris, machine perfectionnée pour frapper les caractères typograph.

Nicot et Bertrand, à Aix (Bouches-du-Rhône), presses typographique à cylindre.

MODÈLE DE LA CASSE A UN SEUL COMPARTIMENT PROPOSÉE PAR LA COMMISSION DE LA CHAMBRE DES IMPRIMEURS.

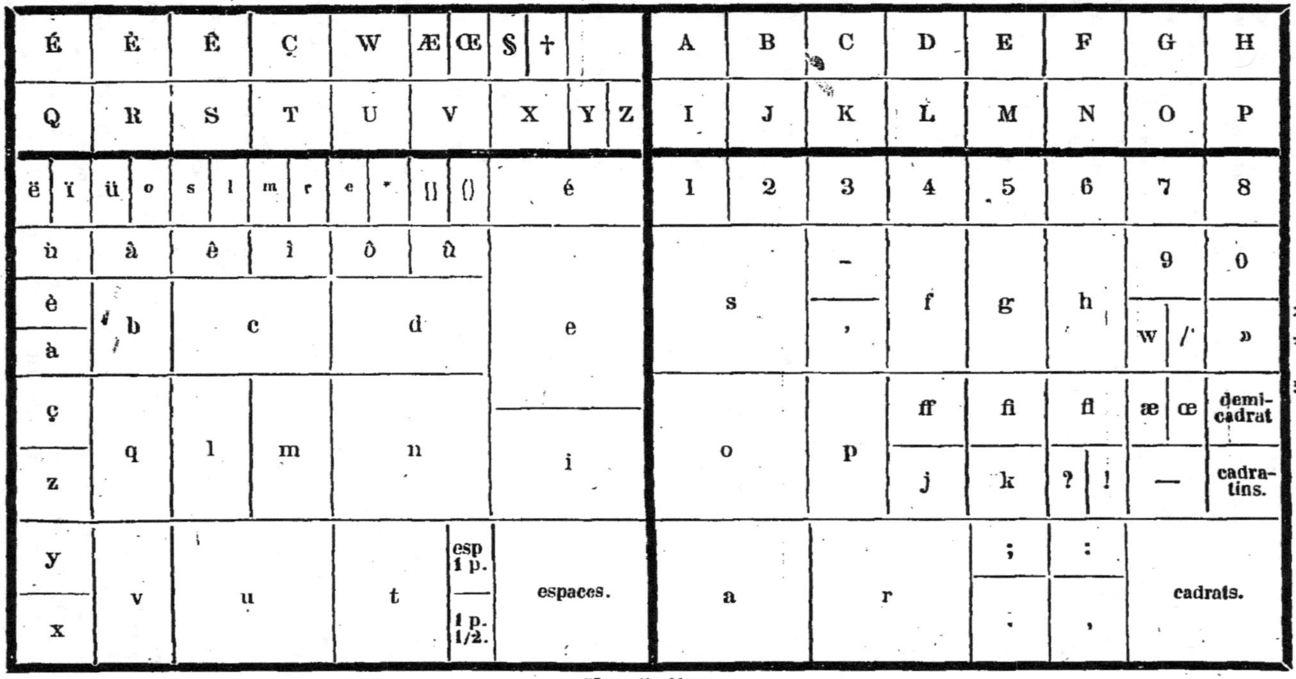

45 centimètres.

85 centimètres.

É	Ė	Ê	Ç	W	Æ	Œ	§	†		A	B	C	D	E	F	G	H
Q	R	S	T	U	V	X	Y	Z		I	J	K	L	M	N	O	P
ë	ï	ü	o	s	l	m	r	e	•	[]	()	é	1	2	3	4	5	6	7	8
ù	à	ê	î	ô	û										–				9	0
è	'	b	c	d			e			s	—	,	f	g	h	w	/	'	»
à																			
ç	q	l	m	n		i			o		p	ff	fi	fl	æ	œ	demi-cadrat
z												j	k	?	!	—	cadra-tins.
y	v	u	t	esp 1 p. — 1 p. 1/2.	espaces.	a	r	;	:	.	,	cadrats.
x											

ADRESSES

DES

FOURNISSEURS DE L'IMPRIMERIE.

BLANCHETS.

LASSIMONNE , rue Bailleul, 2 (voir page K).
THÉVENOT (E.), rue Croix-des-Petits Champs, 30 (voir page K).

BROSSES A LESSIVE.

FAUVEAU, rue des Canettes, 14.

CARTONS A SATINER.

DEHARAMBURE, rue St-Magloire, 2.

ENCRES.

BEAULÈS frères, à la Chapelle-Saint-Denis
BÉNARD (J.), rue Jacob, 5.
DAUMAS, rue Chanoinesse, 2, Cité.
DIDOT (F.) frères, rue Jacob, 56.
DORÉ , rue de la Jussienne, 9 (voir page C).
FONDERIE GÉNÉRALE, Madame, 30.
GALLAY et GRIGNON, place Saint-André-des-Arts, 11 (voir page I).
GAUTHIER fils, Parcheminerie, 13.
HERMAN, rue des Noyers, 36 et 38.
LAURENT et DEBERNY, rue des Marais-St-Germain, 17.
LAWSON et comp., rue Mazagran, 9. (voir page D).
LEFRANC et comp., rue du Four-St-Germain. 21, et r. Princesse, 1-5 (voir page E).
LEPAGE et BOUMARD, successeurs de Favre, r. du Plâtre-St-Jacques, 24.
MALSANG, rue Poupée, 6.
MAUSCOURT, r. Saint-Séverin. 7.
RIVIÈRE-JUETTE, rue de Seine, 40.
ROHARD, rue du Bac, 116.
THIERGARTEN , rue Percée-St-André, 11 (voir page D).

FONDEURS DE FILETS

EN CUIVRE ET EN MATIÈRE ORDINAIRE
et
FONDEURS DE BLANCS.

BLIAUX, rue Suger, 5 (v. page I).
FESSIN, r. de l'École-de-Médecine, 73.
LECLERC, rue de l'École-de-Médecine, 80 (voir page J).
MAURELL, r. Galande, 14 (v. page J).

FONDEURS EN CARACTÈRES.

BATTENBERG, rue du Dragon, 20.
BLIAUX et fils, rue Suger, 5 (voir page I).
COLSON, r Poulet, 5, à Montmartre.
DARMOISE (J.-B.), rue Notre-Dame-des-Champs, 5. (Voir page J).
DEMAILLY (Théophile), rue de Laharpe, 55.
DEMOLLIENS, rue des Noyers, 33.
DERRIEY (Ch.), rue Notre-Dame-des-Champs, 12.
DOUBLET, rue Saint-Jacques, 177,
DUMEIL, rue Hautefeuille, 32,
DUPONT frères. rue St-Martin, 121.
FONDERIE GÉNÉRALE, rue Madame, 30.
GALLAY et GRIGNON , place St-André-des-Arts. 11 (voir page I).
LATOUCHE, rue Laharpe, 92.
LAPLACE et Ce (de Bordeaux), rue Gouvion, 18-20.
LAURENT et DEBERNY, rue des Marais-St-Germain, 17.
LEGRAND (Marcellin), rue du Cherche-Midi. 99 (voir page K).
LOEULLIET (Bertrand), r. Poupée, 7.
MALLET-HELDOORN, rue Mouffetard, 70 (voir page J).
PETIBON et LAUGIEN, r. des Noyers, 8.
PICHERY, rue Poupée, 7.
PLON frères, rue Servandoni, 11.
RENAUD et ROBCIS, rue de Vaugirard, 151, et impasse Charlot. 4 et 6.
RIGNOUX, r. Monsieur-le-Prince, 31
RISTOU, rue Poupée, 20 (v. page J).
THOREY et VIREY, rue Vaugirard, 104.

GRAVEURS SUR BOIS.

BELHATTE, q. Grands-Augustins, 35.
BEST, LELOIR et comp , r. Poupée, 7.
BISSON et COTARD r. du Jardinet 12.
BREVIÈRE, rue Lilas, 12, à Belleville.
CHERRIER, rue Feydeau, 1
DEBRAINE, cloître St-Benoît, 13.
DELAFOND, rue Saint-Jean-de-Beauvais, 30.
DELANGLE , rue Clotaire, 3.
DUFRENOY, rue de Buci, 13.
DUJARDIN, rue St-Séverin, 18.
DULONG, rue des Sts-Pères, 19.

LEGEX, Faub.-St-Antoine, 206.
MALZARD, rue St-Denis, 309.
MAURISSET, quai Bourbon, 35.
PISANT, quai des Augustins, 45
PORRET (Henri), rue du Four-St-Germain, 41.
POUGET, rue Vieille-du-Temple, 110.
ROUGET, rue des Maç.-Sorbonne, 11.

GRAVEURS TYPOGRAPHES.

LŒULLIET (Bertrand), rue Poupée, 7.
PICHERY, rue Poupée, 7
RIGA, rue Saint-Jacques, 124.

LAMPISTE TYPOGRAPHIQUE.

DOUSSE, r. Tiquetonne, 11 (v page C).

NUMÉROTAGE TYPOGRAPH.

QUEMINET et PÉTITOT, rue St-Sauveur, 6.

PAPIERS DE COULEUR

POUR COUVERTURE.

BARTHÉLEMY, rue St-Séverin, 10.

PRESSES ET MÉCANIQUES.

ALAUZET, rue Bréa, 7 (voir page H).
BÉNARD (J.), rue Jacob, 5, et rue de Furstemberg, 2-4.
BLOQUÈLE et LOGÉE, rue de la Perle, 2.
CAPIOMONT et DUREAU, successeurs de Tissier, rue Mazarine, 42 (voir page G).
COISNE, successeur de Coulon, r. St-Romain, 11-13 (voir page H).
DUTARTRE, avenue de Saxe, 60, et rue de Sèvres, 100.
MAGNY, rue St-Benoît, 13.
H. MARINONI CHEVALIER et BOURLER, rue de Vaugirard, 67 (voir page F).
NICOLAIS, successeur de Gaveaux), rue Traverse, 21-23.
NORMAND-ROUSSELET, r. Sèvres, 97.
THIRAULT, rue du Val-de-Grâce, 18 (voir page M).

Agences et Dépôts.

FONDERIE GÉNÉRALE, Madame, 30.
GALLAY et GRIGNON, pl. St-André-des-Arts, 11 (voir page I).
GAUTHIER fils, rue de la Parcheminerie, 14.
LAURENT et DEBERNY, rue des Marais-St-Germain, 17.
LECLERCQ, r. d'Anjou-Dauphine, 10 (voir page B).
LORILLEUX père et fils, rue Suger, 16 (voir page A).

PRESSES A ROGNER.

MASSIQUOT, rue du Fouarre, 12
POIRIER, rue du Faubourg-Saint-Martin, 33.
THIRAULT, rue du Val-de-Grâce, 18 (voir page M).

USTENSILES EN FER.

BOILDIEU, rue Sainte-Placide, 14-19 (voir page L).
BRETTEINSTEIN, rue du Temple, 28 (voir page 31).

CUREL, rue Grénetat, 46.
FOUCHER, petite rue Taranne, 5 (voir page N).
GARSONNET, rue Mazarine, 42 (voir page C).
JOUAULT, rue du Faubourg-St-Denis, 123 (voir page C).
PETIN, rue Cassette, 15 (voir page K).

USTENSILES EN BOIS.

ALKAN aîné (casses), rue de Londres, 52.
BILLIARD, rue Serpente, 8.
CHEVALIER, rue de Lourcine, 69.
DILLY, rue d'Arras, 8.
NEVEU, rue Galande, 45 (voir page C).
ROINVILLE, rue Montagne-Ste-Geneviève, 29.

USTENSILES (MARCHANDS D').

ET CARACTÈRES D'OCCASION.

FONDERIE GÉNÉRALE, Madame, 30.
GALLAY et GRIGNON, place St-André-des-Arts, 11 (voir page I)
GAUTHIER fils, rue de la Parcheminerié, 14.
LECLERCQ, rue d'Anjou-Dauphine, 10 (voir page B).
LORILLEUX père et fils, rue Suger, 16 (voir page A).

ROULEAUX.

LEPAGE et BOUMARD, successeurs de Favre, rue du Plâtre-St-Jacques, 24.
ROYOL (S.), rue des Quatre-Vents, 6.

STÉRÉOTYPEURS

EN CUIVRE.

COBLENTZ, rue Charlot, 52.
MICHEL, rue Poupée, 7 (v. page C).

EN GUTTA-PERCHA.

QUINET, rue Saint-Honoré, 166.

EN MATIÈRE ORDINAIRE.

BUISSON et DAULÉ, rue St-Benoît, 8.
CHABERT, rue Soly, 6, et rue de la Jussienne, 7 (voir page K).
CURMER, r. Marais-St-Germain, 13.
DAULÉ, impasse des Deux-Anges, 2.
DEPAGE, rue du Sabot, 3.
DUVAL, rue Macon, 6.
JUDAS (Ve), rue du Temple, 104.
MÉLIN, rue Montagne-Ste-Geneviève, 37.
PETIN, rue Cassette, 15 (v. page K).
PICHERY, rue Poupée, 7.

EN POLYTYPAGES.

BEDEAUX, rue Garancière, 5.
DORIUS, rue Madame, 51.
LACOSTE aîné, rue des Grands-Augustins, 20 (voir page K).

TYPOGRAPHIE MUSICALE.

CURMER, r. Marais-St-Germain, 13.
DUVERGER, rue des Grés, 7.
TANTESTEIN et CORDEL, rue Laharpe, 92.

VANNIER.

LAVANTURIER, rue du Cloître-Saint-Benoît, 3.

Paris. — Imprimerie française et espagnole de DUBUISSON et Cⁱᵉ, rue Coq-Héron, 5.

Fabrique française

D'ENCRES

TYPOGRAPHIQUES

FONDÉE

en 1818.

Fabrique française

D'ENCRES

TYPOGRAPHIQUES

FONDÉE

en 1818.

LORILLEUX PÈRE ET FILS,

USINE A VAPEUR, A PUTEAUX (Seine),

ET

COMPTOIR, RUE SUGER, 16, A PARIS.

PRIX-COURANT:

			le kilo.					le kilo.
Nos 1.	Extra-supérieure à vignettes,		30 fr.	Nos 6.	Fine, à labeurs de luxe,			6 fr.
2.	Supérieure,	do	20 »	7.	do	do		5 »»
3.	Superfine,	do	15 »	8.	do	à labeurs ordinaires,		4 »»
4.	Surfine,	do	10 »	9.	do	do		3 »»
5.	Fine forte, à labeurs de luxe,		8 ».	10.	do	à affiches et journaux,		2 50

Les importantes améliorations pour la fabrication des noirs introduites, par MM. LORILLEUX PÈRE ET FILS, dans leur établissement et usine de Paris et de Puteaux (Seine), leur permettent aujourd'hui d'offrir à leurs nombreux clients des encres qui, par leur qualité siccative, aussi bien que par leur brillant et leur emploi facile, rivalisent avantageusement avec celles fabriquées à Londres.

Cette maison, la plus ancienne en fournitures typographiques, et, fière à bon droit des félicitations qu'elle reçoit journellement des plus importantes imprimeries de France et de l'étranger, ose espérer que, bientôt, toutes lui adresseront successivement un pareil témoignage de satisfaction, parce que toutes voudront, ainsi, se montrer jalouses d'accorder une juste préférence à un produit national.

Dans leur intérêt, messieurs les imprimeurs devront se rappeler que, dans cette maison, ils trouveront toujours, outre sa

FABRIQUE SPÉCIALE DE ROULEAUX ET D'USTENSILES D'IMPRIMERIE,

Un grand choix de

PRESSES A LA STANHOPE

NEUVES ET D'OCCASION.

PRESSES MÉCANIQUES,

MARBRES EN FONTE.

Caractères ordinaires et de fantaisie

Neufs et d'occasion.

CASSES, CHASSIS, RAMETTES, GALÉES,

VIOLONS, COMPOSTEURS, POINTURES, MONTURES DE ROULEAUX,

ETC., ETC.

RUE D'ANJOU-DAUPHINE, 10, PRÈS LE PONT NEUF.

TYPOGRAPHIE.   LITHOGRAPHIE.
—∘❧❦∘—   —∘❧❦∘—

TAILLE-DOUCE.   **RELIURE.**

Sujets et attributs maçonniques.   Vente et achat de vieille fonte.

LECLERCQ
(DU -NORD [1]),

MARCHAND D'USTENSILES D'IMPRIMERIE NEUFS ET D'OCCASION.

Le cercle d'opérations dans lequel se meut l'activité de M. Leclercq est éminemment favorable à sa clientèle : il lui permet de céder à très bon compte d'excellents ustensiles d'imprimerie, soit neufs, soit d'occasion.

Depuis nombre d'années, M. Leclercq assiste et joue un grand rôle dans toutes les ventes d'imprimeries et de fonderies de Paris et de la province.

Industriel plein de tact, il est d'habitude chez lui de ne faire de transactions qu'autant qu'elles peuvent procurer de notables économies ou de bons profits à MM. les imprimeurs.

D'une expérience consommée en matière d'imprimerie, expérience honorée de plusieurs expertises officielles, il sait apprécier à leur juste valeur tous les instruments qui concourent à l'impression typographique, et rarement sa compétence lui fait défaut, ce qui est une garantie sérieuse de la bonne qualité des produits dont il pourvoit sa clientèle.

Indépendamment de cela, la maison de M. Leclercq est un vaste bazar, où sont entassées toutes les productions qui constituent le matériel et les accessoires d'un atelier typographique.

Le mobilier d'imprimerie étant une spécialité de cet établissement, on y trouvera toujours des casses confectionnées à l'avance, soit de l'ancien, soit du nouveau modèle. Lorsque nous disons nouveau modèle, nous entendons celui de M. Serrière, qui vient d'être adopté, après modifications, par la commission de la Chambre des Imprimeurs, lequel a fait l'objet d'un rapport où le nom de M. Leclercq est cité deux fois. En effet, nul marchand d'ustensiles n'a fait plus que lui pour la vulgarisation de ces nouvelles casses, dont il peut, à bon droit, revendiquer la priorité de confection. Pour terminer, voici ce que nous détachons du rapport de la commission : « M. Leclercq a imaginé un porte-galée en fer qui s'adapte parfaitement à la nouvelle casse, et qui permet au compositeur de lever et de distribuer la lettre sans déplacer la composition. »

Voici, par ordre alphabétique, un aperçu des choses qui forment le fonds ordinaire de son magasin :

Ais en chêne et autres, Biseaux, Bois en chêne, Boîtes de bureau pour timbres, Brosses à lessive, Brosse à épreuves, Burette inversable, Banc de presse neuf et d'occasion, Biscautier, Coupe-Papier Massiquot, Casses (nouveau et ancien modèle), Chandeliers, Chassis de tous formats, Coins, Cordons, Composteurs en fer et en bois, Coupoir, Cartons, Décognoir, Encres de toutes qualités et de toutes couleurs, Encriers, Galées de toutes dimensions, Garnitures, Griffes, Interlignes, Limes et Rapes, Lampes, Maillets, Mentonnières, Moutures brisées, Mandrins, Marbres en fonte et pierre, Marteaux, Marmites, Moules à rouleaux, Pierres lithographiques ; à laver ; Pointures, Pinces, Pointes, Plaque-Chandelier, Pupitres, Presses en tous genres pour typographie, lithographie et taille-douce, Rouleaux, Scies, Soufflets, Sébilles, Table-Encrier ; à épreuves ; Taquoir, Tréteaux neufs et d'occasion.

M. Leclercq occupe toute l'année un certain nombre d'ouvriers dans tous les états qui tiennent à l'imprimerie, et cet avantage lui donne de grandes facilités pour se charger de la construction ou de la réparation de toute espèce d'ustensiles, soit en métaux, soit en bois, soit en pierres.

---

(1) Un fondeur de blancs du nom de Leclerc ayant répandu des prospectus qui attirent l'attention des imprimeurs juste sur un point qui est spécial à l'établissement de *Gutenberg*, M. Leclercq a cru devoir ajouter *du Nord* après son nom, afin d'éviter toute espèce de confusion.

MAISON DORÉ

RUE DE LA JUSSIENNE, 9, A PARIS.

DÉPOT A BRUXELLES ET A BARCELONNE.

Spécialité

POUR TOUT CE QUI CONCERNE

la

LITHOGRAPHIE

et

L'IMPRIMERIE.

FABRIQUE

D'ENCRES D'IMPRIMERIE

POUR

LA TYPOGRAPHIE ET LA LITHOGRAPHIE.

EXPOSITION DE 1849.

RAPPORT DU JURY

« M. Doré a créé en 1840, pour la fabrication des encres, un établissement fort
» bien conçu : une machine à vapeur met en mouvement dix machines à broyer l'en-
» cre. Au moyen de procédés particuliers pour la fabrication du vernis et celle du
» noir, il obtient d'excellents produits. Plusieurs chefs d'imprimerie importantes at-
» testent le mérite des encres de M. Doré, auxquelles le Jury accorde une médaille. »

Fabrique à Clignancourt, près Paris.

Lampe circulaire suspendue.
Lampe à pied de biche.

DOUSSE

Chandeliers pour compositeurs.
Accessoires pour l'éclairage.

LAMPISTE SPÉCIAL DE LA TYPOGRAPHIE,

RUE TIQUETONNE, 11, QUARTIER MONTORGUEIL.

M. Dousse se charge du vernissage, du nettoyage et de la remise à neuf de toute espèce de lampe. En sa qualité de fournisseur spécial de l'imprimerie, il fait ses livraisons à des conditions avantageuses.

DUMEIL ancienne maison Gando. Tous les caractères ordinaires, grecs, allemands, plain-chant nouveau système perfect. se composant en plain-chant ordinaire et en musique sur cinq portées, plain-chant propre à l'impression rouge et noir; expéditions. rue Hautefeuille, 32.

FAUVEAU succ. de Dreux. Spécialité pour les brosses à lessive, brosses à épreuves et toutes celles utiles à la stéréotypie (nouveau système), brosses et balais en tous genres, envoie en province, rue des Canettes, 14.

GARSONNET rue Mazarine, 42, faubourg Saint-Germain. — Fabricant de châssis, de montures de rouleaux à coulisses et ordinaires, de pointures et griffes à clichés. Fait depuis trente et des années la partie.

JOUAULT FABRICANT SPÉCIAL DE COMPOSTEURS, rue du Faubourg-Saint-Denis, 123. — M. Jouault se charge de réparer les composteurs vicieux ou en mauvais état.

MICHEL (VICTOR), breveté, s. g. d. g., pour le stéréotypage en cuivre du texte, lettres de titre, de deux points, d'ornements et d'affiches; reproduction de la gravure sur bois, cuivre et autres matières. (Médaille bronze 1844, 1849, pour l'invention des clichés bitumineux). — Rue Poupée-Saint-André, 7.

MAUDOUX BROCHEUR-ASSEMBLEUR-SATINEUR, rue Bonaparte, 47. — Vastes magasins. — Marchandises des libraires assurées contre l'incendie.

NEVEU Fabricant d'ustensiles d'imprimerie, rue Galande, 45. Spécialités pour casses, réglettes, biseaux, coins, galée, taquoirs, décognoirs, et généralement tous les articles d'imprimerie en bois.

MÉDAILLE D'ARGENT. **EXPOSITIONS** 1844-1849 MÉDAILLE D'OR.

ENCRES
TYPOGRAPHIQUES
DE
LEFRANC ET Cⁱᵉ

Rue du Four-Saint-Germain 21, et rue Princesse, 1, à Paris.

Usine avec machines à vapeur à Grenelle.

Une Fabrique établie dans de grandes proportions et de nouveaux appareils combinés d'après les principes de la science, nous ont permis de créer à bon marché les matières nécessaires à la composition des encres typographiques.

Produisant dans notre usine de Grenelle des quantités considérab'es de *noirs pour différentes industries*, il nous est facile, en fractionnant ces produits, de réserver la partie *la plus intense* de ces noirs pour la fabrication des encres.

Nous devons cette ressource, si précieuse pour nous, à une position tout exceptionnelle, qu'on ne saurait rencontrer chez aucun de nos honorables concurrents.

Soumises, à l'aide de la vapeur, à un broyage puissant, ces encres, d'un noir riche, sont d'une pureté extrême, favorisent l'œil de la lettre, et produisent une impression parfaite.

Quant aux **Encres de couleurs**, fabriquant nous-mêmes les matières premières, telles que *vernis* de t utes sortes, les *carmins, laques, jaunes de chrome, bleus*, etc.; ayant à notre disposition des procédés uniques et une entière connaissance de l'Imprimerie, il nous sera aisé de fournir des Encres d'un emploi facile et d'une supériorité incontestable, à des prix très modérés.

Notre **Album-Spécimen**, se composant de magnifiques gravures sur bois et de délicieux encadrements **en couleurs**, est à la disposition de MM. les Imprimeurs nos clients. Nous ne saurions mieux nous faire connaître qu'en citant un extrait du Rapport du Jury qui nous a décerné successivement la **Médaille d'Argent** et la **Médaille d'Or** pour la beauté de nos Encres.

EXPOSITION DE 1844.

RAPPORT DU JURY CENTRAL.

Rapporteur, **M. DUMAS**, *de l'Institut.*

« Le Jury central décerna, en 1837, une
» *Médaille d'argent* à **MM. Lefranc**
» **frères**, pour l'importante Fabrique de
» couleurs qu'ils avaient créée à Grenelle,
» et dans laquelle de *puissants moyens*
» *mécaniques* leur avaient permis de réunir deux avantages importants : le bas
» prix et une excellente qualité.

» Enfin ils viennent d'aborder une fabrication de la plus haute importance,
» celle des encres d'imprimerie que l'on
» fait venir d'Angleterre pour l'impression des beaux ouvrages. Aujourd'hui,
» MM. Lefranc sont arrivés à faire aussi
» bien que les manufacturiers anglais;
» plusieurs essais ont été faits et ont parfaitement réussi. MM. Lacrampe et comp.
» font usage de cette encre, et reconnaissent qu'elle est d'un aussi beau noir et
» qu'elle s'emploie aussi bien que l'encre
» anglaise. MM. Schneider et comp. en
» portent le même témoignage, après
» s'en être servis pour le tirage de divers
» ouvrages illustrés.

» Le Jury déclare que MM. Lefranc frères
» sont toujours très dignes de la **Médaille d'argent** qui leur fut décernée
» en 1839. »

EXPOSITION DE 1849.

RAPPORT DU JURY CENTRAL.

Rapporteur, **M. DUMAS**, *de l'Institut.*

« Les efforts tentés depuis quelques années par **MM. Lefranc frères**, pour
» donner une vive impulsion à la fabrication des couleurs, ont été couronnés
» d'un tel succès, que le Jury n'a pas
» hésité à leur accorder la *Médaille de
» bronze* et celle *d'argent*. Aujourd'hui,
» ces habiles Fabricants se présentent
» avec un titre nouveau à ses récompenses, par l'importance de leur fabrication d'encres typographiques : *le
» brillant et le velouté* que l'on remarque
» dans les gravures imprimées avec l'encre que MM. Lefranc frères fabriquent
» spécialement pour cet usage, et qui
» jusqu'alors ne se trouvaient que dans
» les gravures imprimées avec de l'encre anglaise; son prix, moins élevé
» *d'un tiers* que celui des encres anglaises, et enfin la quantité bien moins
» considérable que les Imprimeurs emploient pour obtenir les mêmes effets,
» sont des qualités qui attirent vers ces
» habiles Fabricants la clientèle des principaux Imprimeurs de Par's, et surtout
» de ceux qui impriment les livres illustrés. . . . .

» Le Jury leur décerne la **Médaille
» d'Or.** »

PRESSE UNIVERSELLE

H. MARINONI, CHEVALIER, BOURLIER

CONSTRUCTEURS BRÉVETÉS ET MÉDAILLÉS,

RUE DE VAUGIRARD, 67.

La **Presse universelle,** indispensable aux imprimeurs qui veulent faire de bonnes impressions, soit de luxe ou de ville, est la meilleure machine et la plus utile qu'on puisse imaginer. Les ouvrages tirés sur ces machines se font bien vite connaître par leur régularité de couleur et la netteté des types. Messieurs les Éditeurs, soigneux des ouvrages qu'ils éditent, s'adressent de préférence aux maisons qui se servent des **Presses universelles,** étant assurés d'avance de leurs bons produits.

Ce qui distingue ces presses, c'est la grande facilité de mise en train, l'extrême simplicité de leur mécanisme jointe à une solidité à toute épreuve.

La touche et la distribution des encres sont si complètes et si faciles qu'elles n'ont pas besoin d'ouvriers choisis pour donner une impression supérieure aux autres presses.

Ces machines, qui ne nécessitent aucuns frais accessoires, sont livrées à domicile et montées dans toutes les imprimeries de France pour le prix de 4,500 fr.; au delà des frontières, les frais se paient en plus.

Pendant l'année 1853, il en a été livré 40 en France seulement, et 18 hors frontières.

(Voir le dessin de la PRESSE UNIVERSELLE *à notre couverture.)*

ATELIERS DE CONSTRUCTION

DE

MACHINES ET PRESSES TYPOGRAPHIQUES.

ANCIENNE MAISON TISSIER ET Cie.

42, RUE MAZARINE, A PARIS.

CAPIOMONT & DUREAU

BREVETÉS sans garantie du Gouvernement,

SEULS SUCCESSEURS.

La raison sociale de l'ancienne maison dont le sieur Capiomont était un des associés ayant changé, nous avons l'honneur de prévenir MM. les Imprimeurs que nous fabriquons toujours, comme par le passé, indépendamment des machines de toutes espèces, des presses à bras, et tout ce qui a rapport à la typographie, etc. Convaincus que le meilleur moyen de s'attirer la confiance et de faire beaucoup d'affaires est de fabriquer des machines réunissant à toute la solidité désirable la plus grande précision possible pour obtenir le résultat le plus satisfaisant, nous venons vous faire savoir que nous nous sommes attachés à obtenir, avec ces conditions, la réduction de prix la plus forte qu'il soit possible de faire pour ne pas cesser de livrer dans le commerce de bonnes machines exemptes de reproches.

Nous construisons toujours principalement les machines suivantes :

MACHINES A LABEUR à gros cylindres, à retiration, pour ouvrages de luxe.
— A PINCES et à petits cylindres, en blanc et à retiration.
— A AFFICHES, à pinces, de toute dimension, brevetées s. g. d. g.
— EN BLANC, à pinces et à pointures, à temps d'arrêt et à bielles.
— DITES UNIVERSELLES, à pointures, avec et sans trains de galets.
— A PLATINE, en blanc et à pointures, brevetées s. g. d. g.
— A JOURNAUX, à 1, 2, 3 et 4 cylindres pour une seule composition.
PRESSES HYDRAULIQUES (fabrication des tuyaux de plomb, etc.).
MACHINES A VAPEUR de toutes forces et transmissions.
PRESSES EN TAILLE-DOUCE de toutes grandeurs.
PRESSES A BRAS EN FER de tous formats.
PRESSES A PERCUSSION de toutes dimensions.
LAMINOIRS A GLACER LE PAPIER de toutes grandeurs.
MARBRES DE COMPOSITION, châssis et ramettes de toutes dimensions.

Nous tenons en magasin des machines et ustensiles d'occasion que nous avons remis à neuf et que nous vendons garantis.

Nous donnerons aux personnes qui voudront bien nous honorer de leur confiance toute garantie de la bonne exécution de ce qui sortira de nos ateliers. Nous nous chargerons toujours des réparations de machines à l'année ou à l'attachement.

Nous aimons à espérer, Monsieur, que vous voudrez bien continuer les bonnes relations que vous aviez avec l'ancienne maison.

On traite par correspondance pour la France et l'étranger.

CAPIOMONT ET DUREAU,
42, rue Mazarine.

MAISON SPÉCIALE POUR LA FONDERIE.

N. GALLAY & GRIGNON

Place Saint-André-des-Arts, 11.

MM. N. Gallay et Grignon tiennent tout ce qui a rapport à la typographie.

Le spécimen de leur fonderie contient un assortiment complet de caractères ordinaires, lettres de fantaisies et d'affiches.

Un grand nombre de ces caractères étant confectionnés à l'avance, ils sont à même de les livrer de suite.

Ils ont joint aux caractères ordinaires la fonte de ceux en cuivre pour MM. les relieurs ; les boîtes se composent de 100, 130 et 170 lettres, plus les lettres et chiffres à queues.

Indépendamment de leur fonderie, ils fabriquent toujours les casses ancien et nouveau modèle, et tous les bois et réglettes en usage dans l'imprimerie.

Ils tiennent également les presses neuves et d'occasion, ainsi que les encres.

FONDERIE EN CARACTÈRES

DE

BLIAUX ET FILS

RUE DE LA SORBONNE, 9,

AU 1er AVRIL PROCHAIN, RUE SUGER, 5.

Connus avantageusement depuis dix années pour la fabrication de cadrats, espaces, interlignes, filets et garnitures, nous venons encore d'augmenter notre matériel déjà nombreux par l'acquisition de l'ancienne fonderie Barbot, Bailleul et Dercheux. On trouvera toujours dans notre magasin un grand assortiment de blancs en tous genres, ainsi que des caractères-ordinaires du corps 6 au 66 ; des caractères grecs et hébreux, des caractères gras pour affiches, du plain-chant, des capitales grasses, normandes et égyptiennes sur tous les corps, lettres deux-points grasses, ordinaires, ombrées et ornées, vignettes fleurons, coins, filets anglais et ornés, accolades, signes divers, le tout à des prix très modérés.

Nous traiterons de gré à gré avec MM. les Imprimeurs qui voudront bien nous honorer de leur confiance pour reprendre la vieille matière.

FONDERIE DE JULES RISTOU,
RUE POUPÉE, 20, A PARIS.

Prix-courant des produits ordinaires de la maison :

Caractères ordinaires. Cinq (le kilo), 9 fr. Six, 7 50. Sept, 5 fr. Huit, 3 80. Neuf, 3 30. Dix, 2 80. Onze, 2 60. Douze, 2 60. Seize, 2 20. Dix-huit, 2 20. Vingt-quatre, 2 10. Vingt-huit, 2 10. Trente-deux, 2 10. Quarante, 2 fr. — *Initiales ordinaires.* Huit, 6 fr. Dix, 5 50. Douze, 5 fr. Seize, 4 50. Vingt-quatre, 4 fr. Trente-deux, 3 50. — *Deux-points allongés.* Huit, 7 fr. Douze, 6 fr. Seize, 5 fr. Vingt-quatre, 4 50. Trente-deux, 4 fr. Quarante, 3 50. Quarante-huit, 3 fr. Cinquante-six, 2 50. — *Allongées avec bas de casse.* Neuf, 7 fr. Douze 5 fr. Quatorze, 4 50. Dix-huit, 4 fr. Vingt, 3 50. Vingt-quatre, 3 fr. Vingt-six, 2 50. Vingt-huit, 2 50. Trente-six et quarante, 2 30. Quarante-huit, 2 20. Cinquante-six, 2 10. — *Lettres grasses.* Huit, 6 fr. Dix, 5 fr. Douze, 4 50. Seize, 4 fr. Vingt-quatre, 3 50. Trente-deux, 3 fr. — *Normandes.* Cinq, 10 fr. Six, 7 fr. Huit, 4 50. Neuf, 4 fr. Onze, 3 50. Douze, 3 fr. — *Antiques allongées.* Six, 8 fr. Huit, 6 50. Douze, 5 50. Seize, 4 50. Vingt, 4 fr. Vingt-quatre, 3 50. — *Antiques larges.* Huit, 6 fr. Douze, 5 fr. Seize, 4 50. Vingt, 4 fr. — *Egyptiennes allongées.* Six, 7 fr. Huit, 6 fr. Douze, 5 fr. Seize, 4 fr. Vingt, 3 50. Vingt-quatre, 3 50. Vingt-huit, 2 50. — *Egyptiennes ordinaires.* Six, 6 fr. Huit, 5 50. Douze, 4 50. Seize, 4 fr. Vingt, 3 50. — *Fantaisies.* Douze, 6 fr. Seize, 5 50. Dix-huit, 5 fr. Vingt, 4 50. Vingt-huit, 4 fr. — *Vignettes.* Six, 5 50. Douze, 5 fr. Vingt-quatre, 4 fr. Accolades sur 3 points, 5 50. — *Espaces.* Cinq, 5 50. Six, 4 fr. Sept, 3 50. Huit, 3 50. Neuf, 2 60. Dix, 2 20. Onze, 2 fr. Douze, 2 fr. Du corps 13 au 56, espaces et cadrats, 1 60. — *Interlignes.* 3 points et 4 au cicéro, 1 10. 2 points 1/2, 1 20. 2 points, 1 30. 1 point 1/2, 1 50. 1 point, 2 fr. *Lingots,* 1 10. *Garnitures,* 1 20. *Filets,* 1 50. — *Cadrats.* Cinq, 3 50. Six, 3 fr. Sept, 2 50. Huit, 2 fr. Neuf, 1 75. Dix, 1 60. Onze, 1 50. Douze, 1 40. Du corps 13 au 56, espaces et cadrats, 1 40. — Je reprends la vieille fonte, poids pour poids, à 1 fr. le kilo, déduction faite de 5 0/0 pour le déchet.

Fonderie spéciale pour les blancs et les filets,
EN MATIÈRE ORDINAIRE, EN ZINC ET EN CUIVRE.
LECLERC,
Rue de l'École-de-Médecine, 80, à Paris, près la rue de Seine-Saint-Germain.

On trouvera toujours dans cet établissement une réserve considérable de cadrats, espaces, cadratins, demi-cadratins, interlignes de toutes épaisseurs, lingots, blocs simples et blocs à combinaison, garnitures, filets de cuivre, de zinc et de matière ordinaire, le tout livrable à premier ordre.

FONDERIE DE MALLET-HELDORN
RUE MOUFFETARD, 70, FAUBOURG SAINT-MARCEAU.

Cette ancienne maison est bien connue pour les soins qu'elle apporte à ses fontes et pour sa matière forte. On y trouve, prêts à livrer, des caractères ordinaires, des normandes depuis le corps cinq jusqu'au corps vingt; — belle collection d'accolades sur trois et six points ; — des filets, interlignes, garnitures, etc.

Fonderie spéciale pour tous les blancs.
MAURELL,
RUE GALANDE, 14, PRÈS LA PLACE MAUBERT.

Cette maison a toujours en disponibilité des espaces, demi-cadratins, cadratins et cadrats ; — des interlignes sur toutes les épaisseurs et des garnitures sur tous les corps et de toutes les longueurs, système à colonne, système à bouchon. Tous ces blancs sont fondus avec une justesse irréprochable et à des prix excessivement réduits.

Messieurs les imprimeurs qui voudraient faire fondre des blancs pour des corps intermédiaires joindront trente *m* à leur commande, afin d'établir la concordance des blancs avec les caractères à policer.

J. B. DARBREMONT,
FONDEUR TYPOGRAPHIQUE,
5, RUE NOTRE-DAME-DES-CHAMPS, PRÈS CELLE DE VAUGIRARD, A PARIS.

Caractères ordinaires, grecs et hébreux, caractères gras, initiales, ordinaires et allongées, gothique ornée et de fantaisie, normandes, égyptiennes, rondes, anglaises, lettres d'affiches, plain-chant, filets anglais en lames, systématiques sur tous les corps, accolades, vignettes et fleurons, signes divers sur tous les corps, interlignes, espaces et cadrats, garnitures, blocs et lingots, etc., etc.

Paris : Médaille d'or, 1844-49 ; Londres : 1851, première médaille.

FONDERIE DE MARCELLIN LEGRAND ET Cie,

Rue du Cherche-Midi, 94, à Paris.

Caractères ordinaires pour labeur sur tous les corps, très bonne matière ordinaire ou en matière dite ferrugineuse ; caractères de fantaisie, ombrées, ornées, etc., maigrettes, égyptiennes ordinaires et allongées, lettres grasses sur tous les corps, normandes, lettres pour affiches, vignettes, accolades de 3 et 6 points, filets anglais, filets en lames, garnitures, lingots, interlignes, etc., ustensiles d'imprimerie.

Extrait du prix-courant, très bonne matière.

Corps 5 1/2, le kilo............ 7	Corps 9 romain, n° 1, 3, 4, le kilo. . 3 »
— 6 n° 3, le kilo 5 40	— 9 italique, le kilo......... 3 50
— 7 romain, le kilo. 4 40	— 10 romain, le kilo. 2 80
— 7 italique, le kilo. 4 80	— 10 italique, le kilo......... 3 »
— 8 romain, le kilo. 3 40	— 11 romain, le kilo. 2 60
— 8 italique, le kilo......... 4 80	— 11 italique, le kilo. 2 80

GRAVURE DE CARACTÈRES FRANÇAIS ET ÉTRANGERS.

STÉRÉOTYPIE

CHANGEMENT DE DOMICILE

Pour cause d'expropriation,

Depuis le mois d'octobre dernier, **M. PETIN** a transféré son établissement de clichage, dans de vastes ateliers, **rue Cassette, 15.** Ce changement lui permet de mettre encore plus de célérité que par le passé, pour répondre aux besoins de MM. les imprimeurs et libraires de Paris et des départements. En portant ce fait à la connaissance du public, il rappelle à MM. les imprimeurs libraires de la province qu'il est l'inventeur breveté, s. g. d. g. d'une *presse séchoir* très avantageuse au nouveau système de moulage, dit au papier, qu'il se charge d'établir en province. Il est aussi l'inventeur des nouvelles *griffes droites inremontables* pour le tirage des clichés.

MÉDAILLES DE BRONZE 1834-39-44-49. — GRAVURES SUR BOIS ET CLICHÉS.

LACOSTE aîné

RUE DES GRANDS-AUGUSTINS, 20, A PARIS.

Spécimen contenant 2,000 sujets nouveaux, attributs, pour l'industrie, le commerce, les sciences, sujets de piété, collection d'alphabets, têtes de pages, passe-partout pour étiquettes, pour couvertures de cahiers d'écoliers in-4°, et in-12.

Aigles et armoiries impériales de France.

Spécimen contenant 1,000 autres sujets pour illustrer toute espèce de littérature. Les deux spécimens seront communiqués aux frais du demandeur par lettres affr.

CHABERT

rue de la Jussienne, 7, et rue Soly, 6, à Paris. — Stéréotypie de toute espèce d'ouvrages ou gravures ; entreprend le clichage des plus grands labeurs comme des plus petits, et exécute ces différents travaux avec une perfection acquise par une expérience qui date presque de l'origine de la stéréotypie.

A LA BARBE D'OR.

Rue Croix des-Petits-Champs, 30, à Paris.

E. THÉVENOT,

Fabrique de draps, feutres, cuirs-laines, casimirs satinettes, cachemires pour blanchets à l'usage des imprimeurs typographes, lithographes et sur étoffes.

Spécialité de lainages, ratines, flanelles, molletons et autres étoffes pour la taille-douce.

SPÉCIALITÉ DE DRAPS POUR LA TYPOGRAPHIE ET LA TAILLE-DOUCE.

J. LASSIMONNE,

Rue Bailleul, 2, près les rues de l'Arbre-Sec et de Rivoli.

Joint à la belle qualité des étoffes, on trouve dans cette nouvelle maison une grande amélioration dans les prix antérieurement établis.

BOILDIEU,

MÉCANICIEN,

BREVET D'INVENTION ET DE PERFECTIONNEMENT (sans garantie du gouv.)

Rue Sainte-Placide, 14 et 19, faubourg Saint-Germain,

A PARIS.

Monsieur,

J'ai l'honneur d'appeler votre attention sur plusieurs inventions nouvelles dont je suis l'auteur et que je crois destinées à rendre de grands services à l'art typographique. Ce sont :

1o **COMPTEUR** perfectionné susceptible de s'adapter à toutes les presses, soit mécaniques, soit à bras, se montant avec une clé et s'arrêtant pour laisser passer les décharges. Cet appareil, d'une grande solidité, est garanti pour un an; comptant 10,000, prix : 40 francs; comptant 100,000, prix : 60 francs, non compris les frais de pose ;

2o **CHASSIS-BLOC** universel, servant à fixer les clichés, quel qu'en soit le format et supprimant complétement les châssis, les blocs, les garnitures, les griffes et les coins. Ce châssis est en fer ou en fonte, il a le format jésus ou toute autre dimension demandée, et l'épaisseur d'un bloc ordinaire ; il est dressé dessus et dessous comme un marbre, ce qui présente un immense avantage pour la mise en train. Les griffes sont montées sur un portegriffe en cuivre, dit coulisseau, et muni d'une vis. On fait glisser la griffe, et pour fixer le cliché, on serre la vis, le cliché tient solidement, jamais les griffes ne remontent et on peut varier le châssis à volonté sur le marbre pour arriver en registre. — *Manière d'imposer.* On coupe une feuille de carton de 4 millimètres d'épaisseur, un peu moins large que le cliché, on fait glisser une griffe double de petits blancs qui tient deux clichés au milieu du châssis, et on l'arrête. On prend un lingot de la quantité de points du grand blanc, et on le fixe ; ainsi de suite. Les griffes des petits blancs sont doubles et varient de trois points en trois points, on peut ainsi mettre les blancs que l'on désire. Pour faire la mise en train, on dévisse les deux griffes de côté dans les grands blancs et la vis de pied, on ôte le cliché ; la mise en train faite, on replace le cliché et on est certain de tomber en registre, si on a soin de ne jamais toucher aux griffes de tête ni aux griffes doubles. Prix du châssis : jésus, 100 francs ; raisin, 90 francs ; carré, 80 francs. Griffe double, 20 cent.; griffe simple, 15 cent. la pièce.

3o **GRIFFES** à coulisses et à repos en fer, de 22 à 24 points d'épaisseur, se posant dans les garnitures avec les blocs d'ancien système. L'emploi de ces griffes dispense de desserrer les formes pour faire la mise en train. En apposant au cliché trois griffes d'ancien système et trois du mien, il suffira de faire glisser la griffe avec un crochet pour qu'elle laisse échapper le cliché, que vous retirez. La mise en train faite, vous refermez la griffe sur le cliché. Si la page est trop large, vous faites une pesée entre la griffe à l'aide d'un tournevis, et vous la fermez aisément ; si la griffe est trop haute, vous frappez avec le chasse-griffe sur le porte-griffe, et elle tient solidement. Elles sont faites à droite et à gauche, pour qu'elles soient toujours fermées du côté du cylindre pour les machines dites *Normandes* ou les *Rousselet;* elles doivent être fermées du côté de l'encrier pour les autres systèmes. — Prix : 20 et 22 points, 35 cent. ; 24 points, 40 cent. la pièce.

Par arrêt du tribunal correctionnel (7e chambre), le brevet de M. Debergue, pris pour les griffes en cuivre et à couteau, a été annulé. Cette décision, en confirmant la spécialité de mes griffes, m'autorise à exécuter, à 60 c. la pièce, celles que ma partie adverse avait conçues d'après mon système.

4o **RAMETTE A CLICHER** de toutes dimensions, en fonte, parfaitement dressées, avec vis de pression, tête carrée et coins à coulisse, épaisseur, 54 points, à 3 fr. le kilo ; équerre double à clicher, avec manche fonctionnant par un coulisseau et une vis de pression parfaitement dressée, 15 à 30 francs ; équerres à deux coudées et à manche, de 5 à 10 francs ; châssis ordinaires à 1 franc 10 cent. le kilo, très soignés 1 franc 20 cent., à traverse mobile 1 franc 40 cent.; châssis rainés, les deux s'ajustant ensemble, fort bien faits, 2 fr. le kilo. — Mandrins de presses à bras, garniture en fonte, de tous formats, 1 franc 75 cent. — Pointures de toutes dimensions, à 50 cent. la paire. — Boulons de pointures, nouveau modèle, 75 cent. la pièce. — Griffes en tôle ordinaire et arrêts de tête de toutes dimensions, 1 franc 50 cent. le cent. — Montures de rouleaux, à coulisses et ordinaires, depuis 1 fr. 50 c. jusqu'à 6 fr.

LE TOUT AU COMPTANT.

Dans l'espoir que vous voudrez bien me favoriser de vos commandes, je vous prie, Monsieur, d'agréer mes très humbles salutations.   BOILDIEU.

Je me charge de toutes les commandes qui me seront adressées concernant l'imprimerie.

Paris, — 18, rue du Val-de-Grâce, 18, — Paris.

Récompense nationale

••••

BREVET DE 15 ANS

S. g. d. g.

••••

MÉCANIQUES

Typographiques.

••••

PRESSES

Stanhope

et

Gutenbergeoises.

Récompense nationale

••••

BREVET DE 15 ANS

S. g. d. g.

••••

MÉCANIQUES

à rogner et à satiner.

••••

MACHINES

Hydrauliques

et

à percussion.

THIRAULT,

MÉCANICIEN,

ancien élève de l'École des Arts-et-Métiers de Châlons-sur-Marne,

SUCCESSEUR DE **Giraudot** PÈRE.

◆

CONSTRUCTION ET PERFECTIONNEMENTS DE PRESSES LAMINOIR.

EXPOSITION DE 1849 (n° 4116).

◆

Instruit de l'intérêt que MM. les imprimeurs et papetiers ont à exécuter promptement leurs travaux, sans néanmoins négliger la perfection voulue, je viens avec confiance leur offrir une presse mécanique à rogner le papier, qui ne laisse rien à désirer sous le rapport de la solidité, de la perfection, de la coupe et de l'élégance. J'ai étudié toutes celles qui ont été faites jusqu'à ce jour, et je crois pouvoir dire que je suis parvenu à obvier à tous les inconvénients qu'elles présentent.

Mes presses sont montées sur plateau en fonte, ce qui les met à l'abri de l'action de la température, et mon couteau immobile en écarte si bien tout danger que l'on peut sans crainte la faire manœuvrer même par la personne la plus inexpérimentée.

Un nouveau régulateur vient d'y être ajouté, avantage immense, car avec cette adjonction, on peut varier la coupe instantanément. Un plateau sur lequel le papier est posé, mu par un chariot mécanique marchant à volonté, soit en avant, soit en arrière, rend le travail prompt et facile. Ce plateau revient de lui-même se placer à son point de départ aussitôt le travail terminé.

Je continuerai, comme mon prédécesseur, la fabrication des presses typographiques Stanhope et gutenbergeoise, des presses à gauffrer, à glacer, hydrauliques, à percussion, à engrenage, avec volant, nouveau système, et des laminoirs. Je travaille avec activité au perfectionnement des presses mécaniques à imprimer, en y apportant tous mes soins et les améliorations désirables. Aidé par de bons conducteurs de machines et praticiens, j'espère parvenir à détruire tous les inconvénients qui pourraient se présenter. 1,200 Stanhopes et 88 presses mécaniques livrées par mon prédécesseur à la typographie sont une garantie de leur bonne confection.

B. THIRAULT.

FOUCHER, MÉCANICIEN
Petite rue Taranne, 5, à Paris.

Ustensiles DE FONDERIE — **Ustensiles POUR IMPRIMERIE**

MOULES ORDINAIRES POUR FONDRE LES LETTRES. — Du corps 5 au 12, 28 fr.; du 14 au 16, 30 fr.; du 18 au 20, 31 fr.; du 22 au 24, 32 fr.; du 26 au 28, 34 fr.; 32 au 36, 36 fr.; du 40, 38 fr.; du 42 au 44, 45 fr.; du 48 au 52, 50 fr.; du 56, 55 fr.; du 64, 60 fr.; du 72, 75 fr.

Moules d'anglaises penchés, acier trempé, 90 fr. — Moules à interlignes depuis 30 fr. jusqu'à 55 fr. — Moules d'accolades fondant 30 nompareilles avec jets haut, 35 fr. — Moules fondant 60, 60 fr. — Moules à filets en fonte et justifieurs, 300 fr. — Moules en fer, 400 fr. — Moules pour fondre les clichés, pour la stéréotypie au papier avec ses équerres, 150 fr. — Moules pour fondre les garnitures, système Didot, avec 4 forces de corps, fondant toutes les longueurs, 600 fr.

Moules à garnitures, à colonnes, composés de 4 forces de corps et 112 noyaux qui forment les longueurs suivantes, savoir : de quatre 12, jusqu'à 50 fois 12 points, qui sont 4, 5, 6, 8, 10, 12, 15, 20, 25, 30, 35, 40, 45 et 50. Le corps du moule est fait sur un nouveau modèle et d'une construction très solide, le prix de 1,200 fr.

Moules mécaniques pour fondre des interlignes de 33 c. de longueur, parfaitement justes, depuis 1 point jusqu'à 25, avec 5 bandes et 5 pièces de recouvrement. Ces moules sont en fonte et d'une forte construction, prix : 1,200 fr.

Moules à lingots creux, qui font suite et collection aux moules de garnitures.

Moule en acier fondu, trempé, système Wilsone. Un fondeur produit avec ces moules régulièrement 8,000 par jour, prix : 110 fr. — Moules ordinaires en acier fondu, 36 fr. — Moules à bloc, avec ses 20 noyaux; la hauteur se met au tour, 80 fr. — Moule spécial pour fondre des cadrats du corps 5 au 24, 30 fr. — Moule combiné, moule mécanique pour fondre la lettre, et id. pour fondre les blancs.

tiers simples à filets, 75. — Rogne a interligne, 20 fr. Rogne à garnitures, 75 fr. — Tour pour tourner le polytypage et les pages, avec support à chariot, 450 fr. — Machine à biseauter, à échopper et à corriger et ses deux rabots en fonte, 90 fr. — Presse à sécher à double marbre et colonnes, avec poêle et chaudière tenant aux marbre, platine de 55 sur 36, marbre double, dans lequel passe la chaleur, de 72 sur 100. — Boîtes à clicher à la main les vignettes et polytypages, à 3 fr. — Couteaux d'apprêts, 5 fr. — Ramette à imposer, dressée de tous côtés à hauteur de la lettre, moins l'œil, de 12 à 25 fr. — Ramettes à vis. — Echoppes pour la correction. — Pinces à corriger. — Ciseaux à échopper, depuis 60 centimes jusqu'à 1 fr. — Boîte et petit appareil pour fondre au plongage les vignettes moulées au plâtre avec la chaudière et le poêle, 40 fr. — Biseaux en fonte, tout dressés, 1 fr. 25 c. — Brosses à mouler, 5 fr. — Pinceau pour faire les flancs, 2 fr. — Rouleaux pour mouler, en fer et bois, 8 et 10 francs. — Pochons depuis 60 c. jusqu'à 4 fr. — Chaudières de diverses grandeurs, par centimètres. — Justifications et jetons, 6 fr. — Creusets en fonte de toutes dimensions, à 2, 3, 4, 6 et compartiments. — Cuillers à fondre le caractère depuis 40 c. jusqu'à 4 fr. — Matrices de cadrats creux, depuis le corps 18 jusqu'au 56, de 2 fr. 50 c. à 6 fr. — Pierres à frotter en grès, depuis 8 fr. jusqu'à 12 fr. — Pierres d'émery, ayant un mordant plus fort qu'une lime douce pour le fer, l'acier et le cuivre; cette pierre sert surtout pour justifier les matrices, elle conserve sa droiture et est dure, de 7 à 30 fr. — Mouton à clicher depuis 150 fr. — Calibre en acier fondu depuis 1 jusqu'à 96 points, la hauteur du caractère se trouve dessus et l'exactitude est parfaite, 50 fr. — Pointes à justifier les matrices, 8 fr. — Calibre à coulisses

Dessin de la machine Foucher.

pour vérifier les interlignes, 15 fr. — Limes à frotter les vignettes et autres limes.

Fers à souder depuis 1 jusqu'à 3 fr. — Coulisses à justifier pour voir les pentes, 6 fr. — Petite machine à justifier d'approche les grosses matrices de caractères sans tirer de lettres depuis le corps 12 jusqu'au 16, 12 fr. — Composteur en fer par assortiments, 4 fr. 50 c. — Marbres en fonte de toutes grandeurs. — Griffes à tenir les clichés sur les blocs le cent : 3 fr. — Fourneaux à pistons, en fonte et autres. — Trois-branches. tourne-vis, tourne-écrou et heurtoir, 2 fr. 25 c. — Composteur en bois à 20 fr. le 100.

Banc à tirer, depuis 200 fr. — Coupoir en fonte pour couper la lettre, nouveau modèle, avec bâtis en fonte remplaçant le coffre en bois, 700 fr. — Rabots ordinaires, depuis 22 jusqu'à 28 fr. — Rabots mécaniques et demi-mécaniques, depuis 40 fr. jusqu'à 75 fr. — Justifieur à couper la lettre, 70 c.; pour le gros, 90 c. — Fers pour les pieds et l'œil, 1 fr.; pour les crans, 1 fr.; à filet. — Machine à créner des lettres, prix : 90 fr. — Machines simples à espaces, 100 francs. — Typomètres Didot, Fournier et métrique, 25 francs. — Biseautiers garnis de deux couteaux aux extrémités, pour faire les angles du filet, 35 fr.; biseau-

MACHINE FOUCHER, BREVETÉE SANS GARANTIE DU GOUVERNEMENT.

1o Machine à faire des espaces du 5 au 12, et au-dessus au besoin, garanties parfaitement justes. Les vieilles interlignes peuvent servir à cet objet. — 2o Rogne à demi-cercle, faisant toutes les pentes. — 3o Rogne à garnitures, filets et interlignes, — 4o Machine à raboter, avec deux rabots en fonte; l'un pour mettre les polytypages d'équerre, et mettre aussi les lettres d'affiches de force et de corps entre elles; l'autre, pour biseauter les pages, clichés et autres. — 5o Une scie circulaire, avec conducteur mobile, sciant parfaitement d'équerre, pour faire les filets systématiques depuis la longueur de 6 points jusqu'à 120 fois 12 points. Sur l'arbre de cette scie s'adaptent deux lames: l'une à denture fine pour les filets, et l'autre pour scier le bois et tout ce dont on a besoin dans l'imprimerie. — 6o Régite pour mettre de longueur fixe les filets, couper les angles aigus, les angles droits. — 7o Un typomètre.

Cette machine est peu volumineuse, puisqu'elle n'a que 80 centimètres de long et 50 de large, et 1 mètre 5 centimètres de hauteur. Toutes les pièces sont de la plus grande facilité à monter, et on en reconnaît de suite la place et l'usage. Toute personne est à même de se servir immédiatement du tout sans le moindre embarras. La justesse et le fini de cette machine ne laissent rien à désirer. Son prix est de 450 fr.

COMPTOIR DES IMPRIMEURS-UNIS, 15, QUAI MALAQUAIS, A PARIS.

COMPTES-FAITS
DES PRIX DE TOUTE COMPOSITION[1]
DE 50 à 85 C. LE MILLE

SUR

LES JUSTIFICATIONS DE 15 A 90 N, QUEL QUE SOIT LE NOMBRE DE LIGNES

AU MOYEN D'UNE SIMPLE ADDITION

SUIVIS

DE LA CONCORDANCE DES CARACTÈRES ENTRE EUX POUR FACILITER LE COMPTE DES SURCHARGES
DU TARIF RÉVISÉ DES PRIX DE COMPOSITION,

ET DE LA LISTE DES IMPRIMEURS DE PARIS.

Prix : **50 c.** pour Paris; **60 c.** pour les départements.

Pour les départements, on pourra se servir des tableaux correspondant au double du prix de la main-d'œuvre, en prenant ensuite la moitié du total.

L'association des Maîtres Imprimeurs de Paris, dans sa conférence du 3 octobre dernier, a constaté l'utilité de ce travail et lui a accordé son approbation spéciale. — Les membres présents à la séance ont souscrit pour 80 exemplaires.

(1) Les Comptes-Faits ne sont pas moins utiles aux compositeurs qu'aux protes chargés d'examiner les bordereaux; ils forment seize tableaux, au moyen desquels on peut résoudre par une addition tous les calculs typographiques.

TYPOGRAPHIE GÉOMÉTRIQUE (Inventée en 1842 par J.-B.-A. CHARPENTIER.)

Cette découverte a pour but de reproduire les figures géométriques avec des interlignes de huit au cicéro; les cassetins d'une casse sont faits par ce procédé. Vous fendez l'interligne ou filet chaque fois qu'ils se croisent d'un côté et de l'autre, pour les enfourcher l'un sur l'autre; lorsque vous êtes obligé de plier votre interligne pour faire des angles, vous l'amincissez à la lime. Les fontes se font au canif ou à la scie; vous emplissez votre modèle de plâtre à modeler, l'œil en dessous, à hauteur de la lettre; le modèle étant retourné, le plâtre se tasse et l'œil du filet reparaît, en le lavant avec une brosse et de l'eau.

La Notice se vend 60 centimes, avec les modèles, papier métrique et interlignes, à Paris, chez l'auteur, rue Saint-Antoine, 143.

J.-B. CHARPENTIER.

A la librairie de Jules RENOUARD, rue de Tournon, 6.

DE L'ORIGINE ET DES DÉBUTS DE L'IMPRIMERIE
EN EUROPE.

Prix : 16 fr.   **Par Auguste BERNARD,**   Prix : 16 fr.

MEMBRE DE LA SOCIÉTÉ DES ANTIQUAIRES DE FRANCE.

Deux forts volumes in-8o, avec une série de *fac-simile*. (Voir page 19.)

En vente chez MAME, imprimeur-libraire, à Tours, — et à la librairie de DELARUE, quai des Grands-Augustins, 11.

MANUEL DE LA TYPOGRAPHIE.
Par Henri FOURNIER.

Un fort beau volume in-12. — Prix : 2 fr. 50 c.

SOCIÉTÉ FRATERNELLE
DES
PROTES DES IMPRIMERIES TYPOGRAPHIQUES DE PARIS,

Autorisée par décision de M. le Ministre de l'intérieur, en date du 17 mai 1847.

CONSEIL D'ADMINISTRATION POUR L'ANNÉE 1854 :

BAILLEUL, *président.*
BOURDIER, *secrétaire.*
BRAMET, *commissaire-vérificateur.*
PORTIER, *trésorier.*

MONPIED, *vice-président.*
GRUCHÉ, *vice-secrétaire.*
LABORDE, *vice-commissaire-vérificateur*
DURMOY, *vice-trésorier.*

SIÉGE DE LA SOCIÉTÉ, RUE JEAN-JACQUES ROUSSEAU, 8.

SOCIÉTÉ DE SECOURS MUTUELS DE GUTENBERG
(CONDUCTEURS DE MÉCANIQUES)
AUTORISÉE PAR DÉCISION DU 9 SEPTEMBRE 1843.

Conseil d'administration.

VACQUELIN, *délégué.*
SEIGNEURY, *délégué-adjoint.*
JACQUINET, *vérificateur.*

GOURGON (Onésime), *vérificateur-adj.*
GRUMEL (Adolphe), *trésorier.*
JACOBI, *secrétaire.*

SOCIÉTÉ DE SECOURS MUTUELS DES MARGEURS TYPOGRAPHES
POUR LE PLACEMENT, LA MALADIE ET LES CAS DE CHOMAGE,
AUTORISÉE LE 14 JANVIER 1853.

CONSEIL D'ADMINISTRATION POUR L'ANNÉE 1854.
KAUFFER, *délégué.*

PRIN, *sous-délégué.*
DRUETTE (Léon), *caissier.*
FAULE fils , } *secrétaires.*
FOURRIER jeune , }

LEGUAY,
HOCLET,
BOUVIER, } *administrateurs.*
HEINNEMANN ,

AGENCES DE PUBLICITÉ.

ADM. DES GRANDS CADRES, boulev. Montmartre, 5.
ADM. DES LETTRES D'OR, quai de Conti, 3.
BARAQUIN et comp., passsage de l'Opéra, 31.
BASSE, rue Neuve-St-Eustache, 6.
BÉNARD, rue Feydeau, 26.
BER, rue Bleue, 5.
BIGORI, rue de Valois, 2.
BIGOT et comp., place de la Bourse, 8.
BOUCHON, boul. Montmartre, 8.
CASTILLAN, r. Notre Dame-des-Victoires, 42.
COMPTOIR général d'annonces, rue Richelieu, 103.
DELBECQ, rue de Seine, 81.
DEPLANQUE, boul. des Gobelins, 26.
DE POUMEYRAL, rue Trévise, 37.
DOLLINGEN, rue Vivienne, 48.
DUPORT et comp., r. Montmartre, 111.
ENGLANDER, boul. des Italiens, 4.
ETOURNAUX, rue Saint-Marc, 30.
FICHON, rue de la Banque, 21.
FÈVRE fils, rue Saint-Honoré, 398.
FONTAINE, rue Trévise, 2.
GIROUD DE GAND, rue Favart, 4.
HAVAS, rue J.-J. Rousseau, 3.
JONAS, rue Basse-du-Rempart, 72.
JONAS-LAVATER, boul. Montm , 5.
LAGRANGE et comp., pl. Bourse, 4.

LAFITTE, BULLIER et comp., rue de Banque, 29.
LALOUBÈRE, rue Vivienne, 16.
NORBERT-ESTIBAL et fils, place de la Bourse, 6.
OFFICE CORRESPONDANCE LEJOLIVET et comp., rue Notre-Dame-des-Victoires, 23.
OFFICE COMMERCIAL, r. St-Marc, 7.
PRINCIPALES ADRESSES DE PARIS, rue de la Bourse, 10.
SAAVEDRA, rue Hauteville, 13.
SERRE-ABAT, rue Grammont, 16.
SERRES, rue Notre-Dame-des-Victoires, 44.
SULOT et comp., rue Montmart., 129.

DISTRIBUTEURS D'IMPRIMÉS.

ALAUX (Estafette des Arts et de l'Industrie), rue de Grenelle-Saint-Germain, 4.
AZUR, rue Bertin-Poirée , 3 , près le Pont Neuf.
BONNARD, CAMPMAS et compagn. (Estafette du Commerce), rue de la Jussienne, 9 et 11.
DORY, dist. de journ., r. Croissant, 20.
JUIN (A.) (Messager parisien), rue Gît-le-Cœur, 12.
LECOCQ, rue Montmartre, 30.
BIDAULT (J.) et comp., rue de la Jussienne, 4.

Paris. — Imprimerie française et espagnole de DUBUISSON et Cⁱᵉ, rue Coq-Héron, 5.

Machine américaine servant à l'impression du journal *la Patrie*. (Voir page 35.)

Paris. — Imprimerie française et espagnole de Balitaison et Cie, rue Coq-Héron, 5.

www.ingramcontent.com/pod-product-compliance
Lightning Source LLC
LaVergne TN
LVHW021900170726
843503LV00003B/1320